義大利・海洋城市的精神

中世紀城市如何展開空間美學和歷史

イタリア海洋都市の精神

陣內秀信（法政大學名譽教授）——— 著

義大利的四大海洋城市

以威尼斯、阿瑪菲、比薩、熱那亞四大海洋城市為首的義大利海港，自古便透過與拜占庭帝國、阿拉伯帝國等東方世界通商交易，發展出獨特的文化。威尼斯共和國在全盛時期的領土自亞得里亞海岸延伸至克里特島、再到東側的賽普勒斯島。

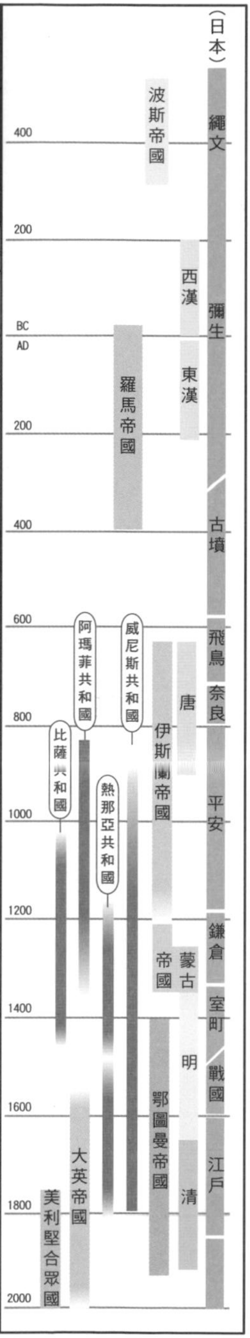

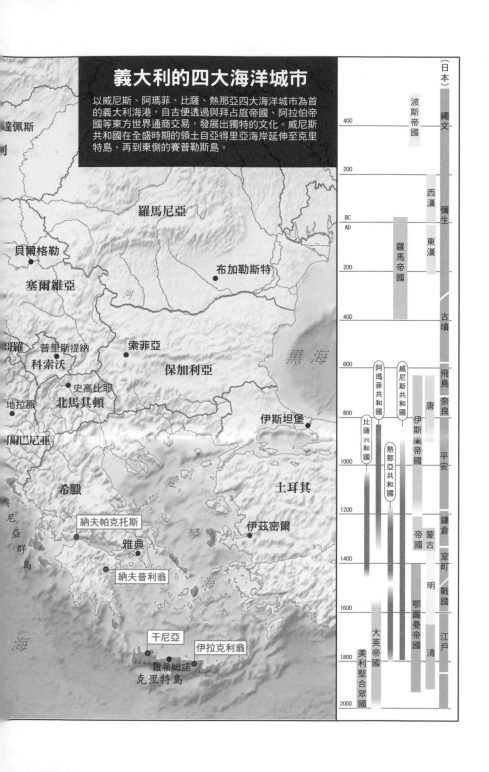

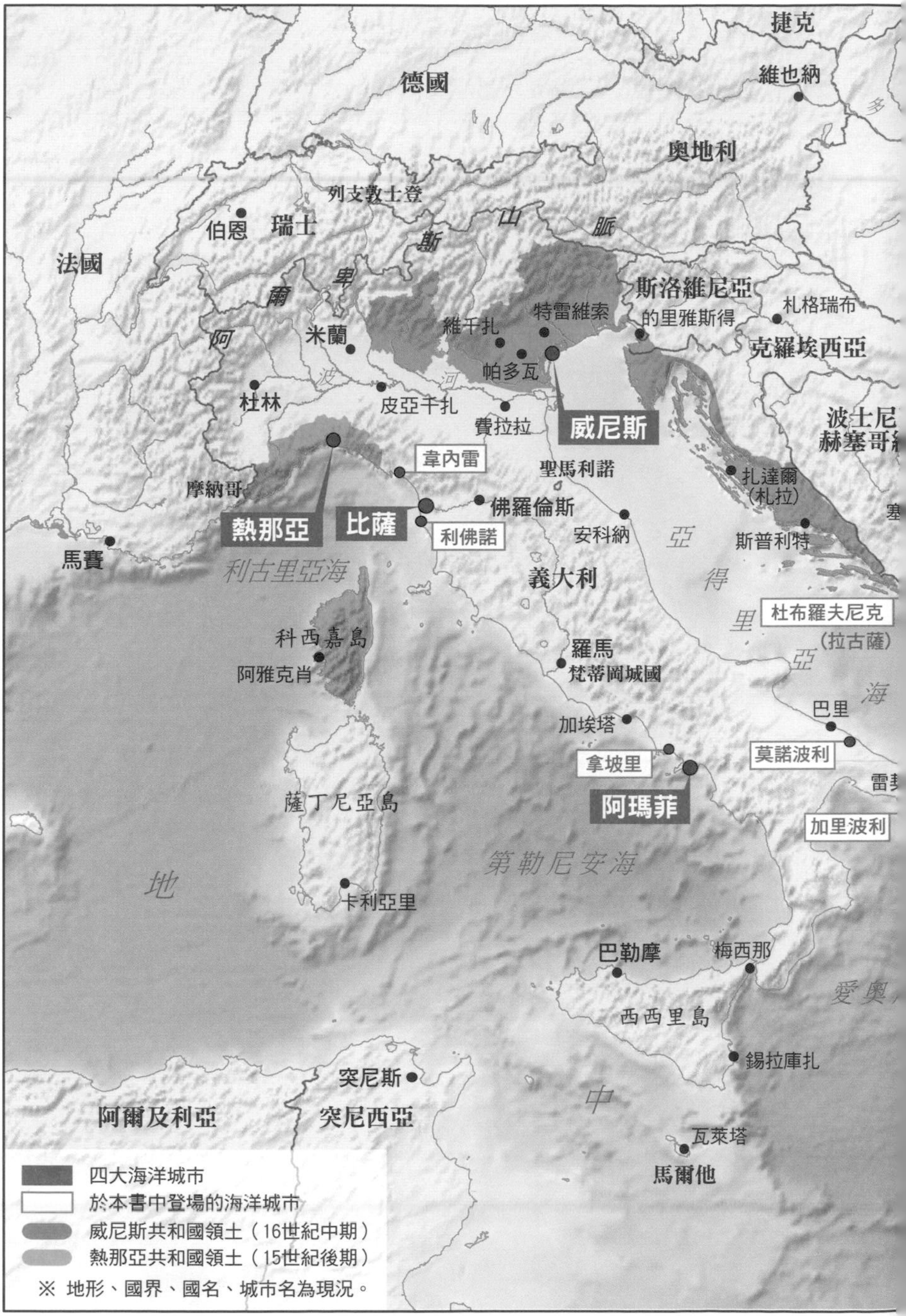

捷克
維也納
德國
奧地利
列支敦士登
伯恩
瑞士
阿
爾
卑
斯
山
脈
法國
斯洛維尼亞
札格瑞布
特雷維索
維千扎
的里雅斯得
米蘭
帕多瓦
克羅埃西亞
杜林
波
河
皮亞千扎
費拉拉
威尼斯
波士尼
赫塞哥
韋內雷
聖馬利諾
摩納哥
扎達爾
(札拉)
佛羅倫斯
熱那亞
比薩
利佛諾
安科納
斯普利特
馬賽
利古里亞海
義大利
亞
得
里
亞
海
杜布羅夫尼克
(拉古薩)
科西嘉島
羅馬
梵蒂岡城國
阿雅克肖
加埃塔
巴里
拿坡里
莫諾波利
阿瑪菲
薩丁尼亞島
加里波利
第勒尼安海
地
卡利亞里
巴勒摩
梅西那
愛奧
西西里島
錫拉庫扎
突尼斯
中
阿爾及利亞
突尼西亞
瓦萊塔
馬爾他
四大海洋城市
於本書中登場的海洋城市
威尼斯共和國領土（16世紀中期）
熱那亞共和國領土（15世紀後期）
※ 地形、國界、國名、城市名為現況。

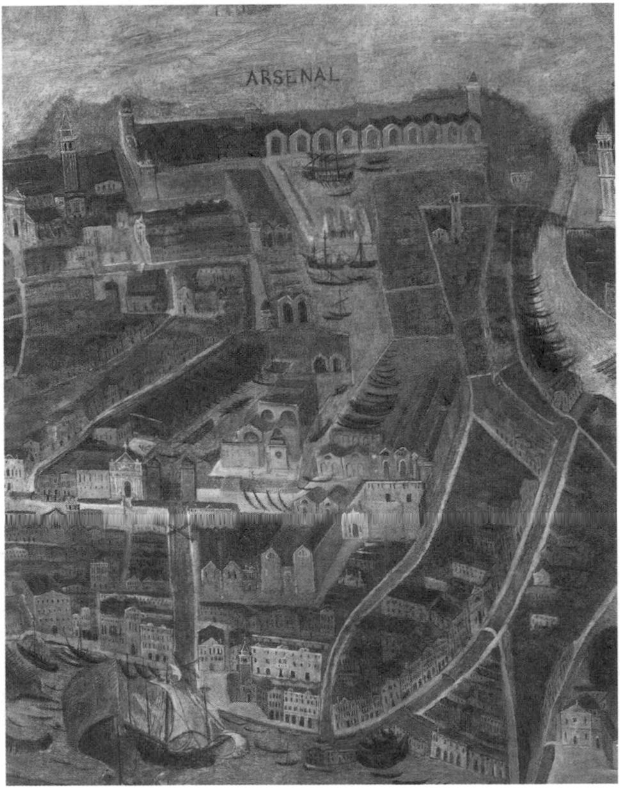
ARSENAL

目錄

序章

於現代復甦的中世紀海洋城市

水上城市——威尼斯　威尼斯的聖馬可廣場、鐘樓（左側）與總督府（右側）。

從海洋望向城市

◎遺忘海洋的現代人

造訪一座城市，沒有比搭船前往更令人心情雀躍的了。在火車、飛機等交通工具尚未發達之前，許多旅人都是以這種雀躍的心情，從海洋進入城市。然而，現代人卻早已遺忘了這種感動。

我的研究歷程始於威尼斯的城市史研究，因此從海洋的視角來思考城市，對我來說是再自然不過的事了。早在三十年前，當我在研究地中海世界時，同時也以歷史的視角在東京進行田野調查。曾有一次，我和出生於瀨戶內海小島上的學生一同搭乘水上巴士（Vaporetto）時，他不經意的一句話：「城鎮是由海洋連接起來的」，打開了我研究的新視野。從這個角度來看事情的話，就連東京這樣的城市，都變得有趣多了。自此，「從海洋望向城市」逐漸成為我心中的一個重要的命題。

然而，隨著火車、汽車等近代陸上交通網的發達，在這段漫長的近代歷史中，海洋已被人遺忘，人們對港口城市漠不關心，也不見新的研究。在建築領域裡，從水岸凝視城市的研究更是鳳毛麟角，而這樣的現象不只日本，即便是擁有眾多魅力城市、長久以來在城市史研究上都相當活躍的義大利，也是在近期才開始關注港都的研究——就連「水都」威尼斯也不例外。

一九七〇年代前期，我留學於威尼斯，學習城市形成的歷史，雖然那時我對於這座形成於水上的獨特城市及其建築構造有相當濃厚的興趣，但真正將其視為與東方具有深刻連結的海洋城市、貿易城市空間，並開始研究其社會、文化的特色，則是進入一九八〇年代後期的事了。

◎重生的港口城市

所幸，進入一九九〇年代，針對港口城市的專門研究與重建的行動，在各地開始蓬勃發展。藉由了解人、貨物與資訊聚集的港口城市，對於去思考與世界各地以情報網的方式相互連結的二十一世紀城市，提供了相當重要的提示。

比如說熱那亞（Genova），為了配合舉行一九九二年世界博覽會，開始著手進行古都港口周邊的重建開發工程，不但讓中世紀港灣建築群的評價水漲船高，同時展開的大規模城市挖掘，發現了許多中世紀、文藝復興時期的橋樑、堤防等遺跡，讓當時港口的結構再次出現在世人面前。位於熱那亞西側三百公里遠的法國馬賽，也相繼挖掘出古希臘・羅馬時代的港口遺跡。

值得注意的是，這些地中海的港口城市，近年來都相當生氣勃勃。熱那亞保存了古老港口對面的歷史建築群，形成充滿個性的獨特風景，再開發區域的建設也如期的推進。活用以往港口的設施，加入現代建築、多世代住宅、大學校區等，打造出充滿魅力的二十一世紀水岸空間。

例如：巴塞隆納不只是完美再現了古老的港口周邊，規劃出文化觀光區，還重建了因臨海工業而令人不忍卒睹的海岸區，打造出供市民休憩的美麗長灘；馬賽則是在魅力十足的舊港之外，將建造於十九世紀、現已荒廢的工業港周邊，進行了大規模的區域復興建設，政府、民間齊心協力積極投入，其結果有目共睹。

這些海洋城市以往是以盟主身分君臨地中海，如今，身負連結北非與歐洲的重任，再度以核心城市之姿重獲新生。海洋、港口，再次受到重視。也可以說，為了活化社會經濟，海洋城市的文化形象、風景認同都再次備受矚目。

◎地中海遊船的停靠地——拿坡里

最近，搭乘地中海大型豪華遊輪的旅遊越來越受歡迎。不只是一直以來就廣受歡迎的代表性港口，就連重要性已大不如前的拿坡里（Napoli）、巴里（Bari）等，也成為遊輪停靠站。從海洋的角度，讓沉睡於地中海世界的各城市之歷史、文化，得以再次被發現、再次受到注目。

眺望南義海洋的大城市拿坡里，自二〇〇七年秋季以來，就不斷因為道路上滿溢的垃圾問題出現於新聞報導中，負面的形象深植於人們的心中。不過，與以往的狀況相比，我們不能忽視這十多年來拿坡里針對城市重建所做的種種舉動。

拿坡里直到一九〇〇年左右，都是全球最具國際性的城市之一，它擁有生氣勃然的經濟活動、華麗的文化，然而卻因為沒有跟上近代化的腳步，逐漸被世人遺忘，結果導致城市內部環境惡化，淪為骯髒、盜賊橫行、惡名昭彰的城市，讓觀光客聞之卻步。

然而，可以確定的是，拿坡里無疑是繼古希臘之後擁有豐富歷史底蘊的一級文化城市。以魄力著稱的市長巴索利諾（Bassolino）[1]上任後，在一九九四年成功地讓G7峰會於拿坡里舉行，此舉也成為城市再生的契機。之後，拿坡里發揮城市的實力，逐漸削弱負面形象，開始展現出獨特的魅力。在舊市區規劃行人徒步區、修復與重建古老的建築、活化商業……等也都對提升形象做出貢獻。不過其中最重要的，還是與海洋連結的重要性再次獲得重視。拿坡里以海洋為媒介，將周邊魅力十足的島嶼群、半島串連起來，驚豔世人。

每一天都有在地中海上展露優美身型的大型豪華郵輪，翩然航進被太陽照得金燦燦的巨大港灣。港口的中樞轉運站，也在最近完成了翻修工程。建於一九三〇年代的近代建築，以充滿現代感的時尚風格重生後大受好評。以往雜亂、喧囂，狀態混沌又令人生畏的港口周邊，也已恢復了昔日的秩序。

在拿坡里的港岸，讓人能夠實際感受到地中海的海洋文化精神，至今依然歷久彌新。連結卡布里（Capri）、伊斯基亞（Ischia）、普羅奇達（Procida）等著名觀光離島的汽船，一艘接著一艘進出港口。船上除了有將汽船作為生活交通工具的島上居民，也載著眾多旅客，前往他們所憧憬的度假勝地。這些旅客用行動告訴我們，什麼才是這裡最有意思的旅行方式。

◎從拿坡里到阿瑪菲

進入「近代」之後，每個城市莫不爭先恐後開發港口周邊及臨海地區，將這些地方打造為物流運輸的基地和工業區，積極推動工業化。一直到二十世紀末期，海洋才終於逐漸回到人們的手中。

二十一世紀，被視為環境與文化的時代。人們開始著迷於大自然的恩惠及歷史底蘊所帶來的想像力。拿坡里周邊風光明媚的大自然海景今日依然令人讚嘆，而以往為這片海景吸引而來的古希臘人、古羅馬人，其足跡也深深烙印在各地遺跡中，成為城市的底色，留傳至今。

前往位於拿坡里西側、高級住宅聚集的波西利波高地（Posillipo），放眼眺望拿坡里灣，那美景著實令人難忘。蔚藍的大海與天空下，左手邊是充滿歷史風情的拿坡里市街，以及突出陸地、浮現於海洋中、帶有神話色彩的「蛋堡」（Castel dell'Ovo）；海洋後方聳立的則是維蘇威火山。將視線沿著陸地向右移動，則會看到自龐貝相連至蘇連多（Sorrento）

的半島。另一側，若將視線從波西利波高地向右移動，則是與古希臘城市巴亞（Baiae）相連的歷史區域，這裡被稱為佛萊格瑞野地（Campi Flegrei），熱帶植物生長茂密。拿坡里及其周邊區域最大的魅力在於：這裡是完整展現地中海大自然與歷史的寶地。能夠擄獲現代人的心，實在毋庸置疑。拿坡里的垃圾問題嚴重，希望當地政府能盡早解決，讓城市能夠早日重拾屬於它的光榮。

令人興奮的是，從拿坡里港出航的船隻，也有前往我最喜歡的中世紀海洋城市——阿瑪菲（Amafi）的航線，這座城市也是本書的主角之一。

如果是先搭船前往薩雷諾（Salerno）這座率先自阿拉伯世界引進了醫學、科學知識的中世紀大學城，途中還可順道造訪著名的度假勝地卡布里島、波西塔諾（Positano）等地，不用一小時，就能抵達迷人的海港城市阿瑪菲。一般來說，自拿坡里前往阿瑪菲，多採取陸上巴士路線，跨越山地，在灣岸的複雜地形中穿梭。雖然如此能欣賞到陡峭的山崖與蔚藍大海

波西利波高地的眺望景致　拿坡里灣對面綿延的山脈為維蘇威火山。作者拍攝。

形成的對比性美景，卻難逃暈車的痛苦。所以還是以正統的路線，從海洋造訪當地，感受一次海上旅行的醍醐味。當然，在近代的汽車道路建設完成前，任何旅人都是利用海路造訪阿瑪菲的。

◎「海港城市」與「海洋城市」

所謂的「海洋城市」，與水邊城市、濱水區等，在內涵上天差地別。日本於一九八〇年代時，將濱水區的重建視為城市再造的重要項目，函館、門司、橫濱、東京等眾多的城市都在港口周邊興建起時髦的商業設施，吸引人們的目光。但這些建設的構想可以說還是以陸地為出發點，只是將喪失功能的港灣地區轉化為現代性的用途而已。而我希望能用更宏觀的角度，從海洋的視角來重新思考城市。歷史學家一般而言多採用「海港城市」這個說法。而我更想將這些因海上貿易而繁榮、透過與海洋的相繫，創造出獨特文化的中世紀義大利海港城市，稱為「海洋城市」。從這層意含上來看，鹽野七生[2]將威尼斯稱作「海都」，可謂匠心獨具。

繼威尼斯後，我第二個認識的、令人著迷的義大利中世紀海洋城市，是比威尼斯更早君臨地中海，於九至十世紀率先盛極一時的阿瑪菲。這座城市讓我淪為海洋城市的俘虜卻甘之如飴。當時我深深著迷於地中海周邊的阿拉伯城市，徘徊各地進行了多次田野調查，而讓我燃起欲望、想要更進一步研究的，便是與阿拉伯世界有深厚連結，在中世紀初期就已成功打造出完美市鎮的海洋城市——阿瑪菲。

過去每年夏天，我和研究室的學生都會造訪這個擁有光榮歷史的海都，進行為期長達六年的研究。阿瑪菲利用險峻山崖的狹窄土地，建起高密度建築的城市。若你是乘船從海洋前往這座城市，一定會著迷於眼前的美景。我與當地的歷史學家一同進行田野調查，對這座城市的形成、構造，有相當的了解。在面海的有限土地上建造的海洋城市，每一處都富含變化，展現出充滿魄力的空間，相當值得調查研究。

從海上眺望阿瑪菲　以岩山為背景，聳立的鐘樓是當地的地標。作者拍攝。

此外，像阿瑪菲這樣的海洋城市，不但保留了許多與港口連結的設施遺跡，也擁有複雜且發達的空間結構，無處不令人著迷。在研究城市史的過程中，調查這類與地形相輔相成而產生的型態特異的城市，加上其多樣的功能性以及充滿活力的人們，是過程中最令人感到愉悅的地方。

再者，阿瑪菲是對外開放的國際性海洋城市，隨處可見城市受到當時最先進的阿拉伯文化之影響，走在巷弄之中，可親身感受到與異文化融合的趣味。近年，水下考古學的調查不斷進行，發現了許多沉沒於水下的中世紀初期的港口遺跡。

◎四大海洋城市的交流

以海洋城市的光榮歷史為傲的城市居民們，在他們身上，至今仍然清晰可見傳承自過去的海洋城市精神。阿瑪菲為了促進和推廣這座城市歷史、文化的相關研究，設立了著名的「阿瑪菲文化與歷史中心」（Centro di cultura e storia amalfitana）。這裡收藏了龐大的文獻史料，並不斷地出版具有高度學術價值的刊物，同時也不時舉辦知性又新奇的展覽會、座談會。小城發揮出強大的實力，彷彿在向全世界宣告，海洋城市的精神直到今日依然健在。

透過阿瑪菲的號召，這幾年對於地中海中世紀海洋城市有研究的專家們開始集結，與比薩、熱那亞、威尼斯一同舉辦交流會。這四大海洋城市為了讓能彼此共享過往的光榮，自一九五五年以來便輪流主辦具有歷史性的帆船大賽。帆船大賽前，參加者會穿上中世紀服裝，以華麗的遊行揭開序幕。阿瑪菲自中世紀以來，一直以港口的外海作為賽事舞台，威尼斯在大運河、比薩在阿諾河，熱那亞則是在海灣上舉行。

帆船大賽由電視台進行全國實況轉播，舉國上下都陷入瘋狂。「阿瑪菲文化與歷史中心」的所長朱塞佩・加爾加諾（Giuseppe Gargano）向我解釋此一大賽的歷史性意義。此大賽也與「大旗賽馬節」[3]並列為義大利最受歡迎的全國性規模慶典。若輪到阿瑪菲主辦，那政府當局更不會錯過此一機會，投下重金，同時舉辦國際研討會。例如在二〇〇一年、二〇〇五年時都舉辦了國際研討會、研究交流會等，聲勢浩大。

會中研究的對象，並不侷限於這四個海洋城市，而是放眼從中世紀以來，彼此間締結緊密關係的地中海各地的海港城市，其中也包括了過往殖民統治的地區。當然像拿坡里、巴勒摩、錫拉庫扎（Siracusa）、巴里、特拉蒙蒂（Tramonte）等義大利的代表性海洋城市，都是大家關注的焦點。許多中世紀開始發展的地中海世界海洋城市，都具有與阿瑪菲相似的特性，研討會中針對這些城市進行比較研究：在城市的位置、歷史、結構、港口型態、造船廠、商隊驛站等城市設施，到經濟貿易活動、於東方世界的殖民模式，還有透過與拜占庭或阿拉伯世界的交流所得到的文化特徵等，讓海洋城市在研究上有不少的共通點。

阿瑪菲散發出中世紀海洋城市的風格，成為世界著名的觀光景點、度假勝地，但實際上，由市民們引以為傲的歷史所帶出來的生活空間，也非常引人入勝。從傍晚到入夜的時間，在觀光客離去後的大教堂廣場、港口周邊舒適的水岸空間，市民們開始聚集，這裡是放鬆休憩、社交的華麗舞台。能夠同時兼顧市民生活與觀光，讓人相當佩服。

◎南向傳播

近五年來，南義各地海港城市的改造讓人眼睛一亮。自拿坡里展開的城市重建風氣向南傳播，影響了不少海洋城市。

普利亞地區（Puglia）的巴里、特拉尼等地的舊市區、西西里島錫拉庫扎的古城區奧提伽島（Isola di Ortigia）等特別受到注目。這些城鎮在十年之前，密集的老城區不但環境荒廢、治安不良，光是走在路上都令人生畏，但是近年卻紛紛改頭換面，重獲新生。一直以來，人們的注意力都放在十九世紀中期建設的綠意盎然、棋盤狀市區，直到最近，複雜且富含變化、充滿個性的城市空間，像港口、水岸周邊的歷史區域，吸引了眾人目光，此一顯著的現象著實令人玩味。其中歐盟自一九九〇年代中期開始，針對南義城市重建支出的經濟援助，可以說是功不可沒。

南義的海洋城市　位於義大利半島「腳跟」位置的普利亞地區的巴里（上）、特拉尼（下）。雖是小小的城鎮，舊市區廣場、海濱區域入夜後依然人聲鼎沸，人氣不墜。作者拍攝。

海洋城市每年急速復興的景象，讓我為之動容。每一次造訪，我都會發現雅致的店鋪變多了，繁榮、熱鬧的氣息與日俱增。這一切並非偶然，在這個現象的背後是時代價值觀的變遷，可以說，改變是一種必然的結果。

◎近代喪失的「網路」

義大利的古老港口城市，本來就帶有歷史的浪漫情懷，藏有許多令人驚喜的空間。許多地方都可追溯到中世紀或古代，層層堆疊的歷史厚度讓人著迷。城市景致中，帶有過去記憶的刻痕，藏著令人著迷的故事，這些都是不斷刺激著我們，促使想像力前進的力量。

活用自然條件所建造出的高密度港口城市是符合人體工學的空間，是由細窄巷弄組合而成的迷宮城市。不少港口城市建在坡地上，所以能夠從高地眺望美景，感受自在的開放感。這些城市空間正好符合現代人追求豐富感官享受的需求。

此外，港口城市還擁有許多和獨特功能相互連結的多種設施、建築，讓人可以欣賞富含變化的景致。同時，對外開放的特性讓資訊集中於此，更擔負起經濟、文化據點的功能，不論在物資上、文化上，到處充滿著刺激。這些豐富的過往歷史，都是現代城市努力的目標。

海洋城市讓我們認識到與海洋、大自然共生的重要性。被水環繞的城市，隨著季節與時間的變化，展露出不同的面貌，有許多地方都可以欣賞到美麗的日落和夜景。以威尼斯來說，綿密的運河深入城鎮內部，潮夕的漲退是生活的一部分，它完全就是一座生態城市，是與自然共同呼吸的最新型二十一世紀城市。

這裡，我想喚起讀者們對於喪失在近代洪流中的一件重要事物。在過去，港口相互連結、形成地域間的網路，讓文化交流得以成立，這個事實極其重要。在日本，不只瀨戶內海，北陸、伊勢灣與知多半島等地，也都可以見到這類的網路。在地中海世界，不論是亞得里亞海、第勒尼安海還是愛琴海，或是義大利與北非之間，也都以海域作為媒介，形成緊密的經濟、文化網路。然而火車、汽車卻讓我們喪失了這樣的媒介。在二十一世紀，這樣的地域性網路，應該具有更加重要的意義。飛機能讓人輕易在點與點之間移動，但如何讓地域間產生有機性的連結，復興文化上的認同，都要向港口城市學習。

從多樣的視角重新思考城市與港口的關係，對生活在二十一世紀的我們而言，是益發重要的命題。本書想以義大利為核心，將地中海作為故事舞台，針對上述各點進行考察、檢視。

探索生活空間的歷史

◎行走、觀察、敘事

我希望在這套「興亡的世界史」叢書中，本書能採取稍微不一樣的敘事風格。地中海世界城市以石頭和磚瓦建造，其建築的構造彷彿直接以視覺的方式呈現出層層堆疊的歷史。身為建築史、城市形成史的專門研究者，我希望能盡可能對建築、街道、廣場、港口風景進行實際觀察，藉此解讀這些以義大利為核心的地中海海洋城市。此外，也期望能深入當地人們生活的場域，思考海洋城市的生活空間是如何建立的，並實際描繪至今依然存在於市民間的海洋城市精神。

世界各地都存有許許多多訴說著歷史、由人類打造出的美好紀念物及城市。它們除了訴說統治者的榮光，也展現了民眾的智慧、技術及感性。人們一方面建造出配合該地區氣候風土的社會經濟結構、生活模式以及建築與居住形式，另一方面，在民族相互競爭與交流的過程中，人、物、技術不斷流動，文化的傳播具有躍動感。從這個觀點來看，人類的歷史，直至今日依然刻畫在城市和地域的風景之中。不僅是以留存下來的文字、繪畫等史料為依據，以雙腳行走在遺留著豐富歷史訊息的城市裡，藉由觀察其結構，重新思考地域歷史的再建構，也是有效的方法。以義大利的海洋城市為首的地中海世界，正是最適合的研究對象。我抱著愉悅的心情，造訪這些充滿歷史的舞台。

◎海洋帶來的連結與障蔽

海洋具有雙面性格。作為媒介，海洋孕育出此岸與彼岸的緊密交流。與此同時，海洋也為彼此的往來、帶來重重的阻斷與隔閡。

自古以來，特別是在地中海世界，海上交通盛行，眾多船隻來往交會，帶來了各種人事物的資訊，也在各地打造出高度的城市文明。地中海周邊地區屬於民族多元、語言豐富、宗教繁雜，在交流的同時當然也會產生利害衝突，戰事頻仍。尤其是中世紀時，伊斯蘭教的擴張，和眾所周知的十字軍，讓這裡成為激戰的舞台。海洋始終如此，這裡既是文化交流的場合，也是血流成河的戰場，帶著鮮明的兩面性。

自從美索不達米亞文明、埃及文明以及米諾斯文明衰退後，古代地中海被希臘、腓尼基與羅馬等勢力瓜分，建立起高度文明。過去羅馬掌握了地中海霸權，歌頌著「羅馬和平」（Pax Romana），並於各地建設計劃城市。其中也有不少城市延續了腓尼基、希臘、希臘化時代城市的形式，延續著城市繁華，並留下令人嘆為觀止的遺跡。

其後，羅馬帝國分裂為東西兩部分。中世紀初期，遭到日耳曼人入侵、原本居住在羅馬式城鎮的居民紛紛逃至其他安全的地方。日耳曼人不懂得用船，這也讓海岬、離島以及背倚險峻山地的海岸地帶，成為理想的避難所。從亞得里亞海東岸，原為威尼斯屬地的地區北上，古名拉古薩（Ragusa）的杜布羅夫尼克（Dubrovnik）、扎達爾（Zadar）等地，都是在這樣的情況下迎來人群，建立起城市。跨過義大利的國境，位於威尼斯東北方的格拉多（Grado），也是一座由逃至此地的人們所建成的海上城鎮。由這個歷史脈絡來看就可以了解到，建造於潟湖、淺海上的水都威尼斯其實並非特例。

接著來談談阿瑪菲。拿坡里周邊肥沃的坎帕尼亞（Campania）平原上，散布著許多羅馬時代的城市。當日耳曼人入侵時，當地的居民選擇了背後是斷崖、腹地狹小，向海上延伸的溪谷之地——阿瑪菲，作為最佳的隱身之地。乍看之下，阿瑪菲與威尼斯從所在位置、城市型態上都是相反的兩極，然而在激烈變動的中世紀初期，從為了躲避不會用船的日耳曼人之侵襲，而選擇避難地的觀點來看，其實兩者並無不同。

不論是哪一座城市，那裡的居民都擅於造船，且擁有高超的航海技術，加上面海延伸的城市位置，奠定了朝向海洋發展的絕佳地理條件。就這樣，海洋城市的歷史開始萌芽。

◎來自東方的影響

特別是阿瑪菲這個地方，很早就與拜占庭、阿拉伯世界交流，更是世上率先將羅盤運用於航海上的城市，進而君臨地中海，成為海洋城市中的霸主。之後第勒尼安海的比薩與熱那亞、亞得里亞海的威尼斯相繼崛起，展開了地中海勢力的爭奪戰。

羅馬帝國崩解後，陷入商業經濟停滯、城市衰退的西歐，藉由這些義大利海洋城市的活躍，再次有了生氣。中世紀的義大利海洋城市，在康士坦丁堡（今日的伊斯坦堡）、亞歷山大港等地都設有商業、貿易據點，它們藉由與拜占庭、阿拉伯世界進行商業貿易，取得了莫大的財富，其中有些城市還將勢力範圍擴展到敘利亞、黑海方向。以威尼斯為中心的第四次十字軍東征（一二〇二～一二〇四年）[4]，便趁拜占庭帝國內亂之際，成功地攻下了康士坦丁堡，之後威尼斯便從拜占庭帝國那裡取得了希臘各地、甚至到賽普勒斯的廣大領土，展開殖民統治。在利益和霸權的爭奪中，義大利的海洋城市有時也會彼此對立、交戰，毫無情面可言。

義大利海洋城市靠著中介貿易獲得龐大財富，不過，只要比較十二世紀地中海東部與西部，便會發現兩地在文化程度的差異格外引人注目。和西方相比，東邊的拜占庭、阿拉伯世界明顯更上一層樓。憧憬先進文化的義大利各城市，在建築、美術等領域以及城市建設方面，都深受拜占庭、阿拉伯世界的影響。眾所周知，十一世紀時威尼斯在聖馬可廣場興建城市的中心教堂——聖馬可大教堂時，並非以西歐建築為範例，而是仿效康士坦丁堡的聖十二使徒教堂而建。

12 世紀時地中海地區勢力範圍及主要城市

巴勒摩、薩雷諾、威尼斯等地成為引入東方文化的重要窗口，這些城市大量美麗的建築和藝術品，無不展現出拜占庭、阿拉伯的高度美感，令人驚訝不已。也因此走在散發著異文化氛圍的海洋城市裡，欣賞街上的一景一物，總能令人感到樂趣無窮。在街道上，你會驚喜地發現帶有東方色彩的拱門、浮雕，在阿瑪菲甚至還留有阿拉伯式浴場遺跡。

◎麥克尼爾與布勞岱爾的《地中海》

率先以宏觀的角度，精彩地描繪出位於地中海世界義大利海洋城市榮景的，是一本由麥克尼爾（William H. McNeill）寫成、於一九七四年在芝加哥出版的關於威尼斯的著作。那時我恰巧在威尼斯留學，而這本劃時代的大作幸運地由研究義大利經濟史的先驅清水廣一郎先生翻譯，於一九七九年由岩波書店出版，日本版的譯名為《威尼斯——東西歐的要衝・一〇八一年至一七九七年》。

剛回國的我，也在讀了此一著作後茅塞頓開。留學期間，我曾走陸路前往伊朗，途中造訪伊斯坦堡而大為感動，對伊斯蘭文化的高度發展驚喜不已，當時一口氣讀完整本書的興奮心情，如今仍讓我記憶猶新。

一九七〇年時我正在讀大學，那時關於歐洲城市史的書籍還相當有限，我十分關注比利時的歷史學家亨利．皮杭納（Henri Pirenne）在二戰前提出的，關於古代世界轉移至中世紀初期世界的著名學說。正如「沒有穆罕默德就沒有查理大帝（查里曼）」這句話所示：在伊斯蘭征服地中海周邊之後，商業領域開始走向封閉，最後殘留的古代經濟生活、古代文化逐漸消逝，進而才產生了西歐的概念。雖然這已是過時的學說了，但仍舊是充滿魅力的史觀。

另一方面，麥克尼爾的研究則大大扭轉了地中海世界的形象。以威尼斯為中心，他依時序詳細描繪出熱那亞、比薩、及黎凡特地區（Levant，東地中海之北、東、及南三方向之沿岸），從多面向的繁榮到衰退的情形，並生動地記述了西方拉丁人、希臘人與黎凡特地區的希臘人、斯拉夫人、土耳其人、阿拉伯人之間，不斷反覆出現的征戰與交流的歷史。描寫西歐人進軍黎凡特地區，積極展開與遠方的貿易，同時還指出支撐這些貿易的技術和社會的基礎，亦即軍事、造船、農業技術、企業經營和行政管理技術的重要性。不過在麥克尼爾的著作中幾乎沒有提到阿瑪菲。

隨著奧斯曼帝國領土的擴張及勢力的擴大，帝國與威尼斯之間的對立雖然逐漸加深，但一般來說，兩者還是維持著良好的關係。彼此在海上和港口的各種活動上，也保持著和諧的秩序。一六六九年時，雖然威尼斯將克里特島讓給了奧斯曼帝國，不過在十六、十七世紀前半葉，威尼斯與東方世界的交流始終活絡。

麥克尼爾強調，威尼斯一直到共和體制瓦解為止，都與東正教維持著強而有力的連帶關係。特別是在威尼斯屬克里特島，融合了義大利與希臘的文化，孕育出多元的社會風氣。威尼斯共和國著名的帕多瓦大學，和東方也有豐富的交流，在十六、十七世紀時，這樣的大學對東正教世界來說相當有吸引力。威尼斯的政策時而帶有反教宗的色彩，帕多瓦大學校園內的風氣受其影響，追求自由思想，甚至反抗基督教，這對東正教圈裡的學生們來說，具有莫名的魅力，許多人都來到此地學習醫學、哲學。

進入十六世紀，繼熱那亞、威尼斯之後，西班牙也成為勢力龐大的強國，在地中海上占有一席之地。費爾南・布勞岱爾（Fernand Braudel）的名著《地中海》[5]中論及，十六世紀西班牙帝國與奧斯曼帝國在地中海上爭奪霸權，該書以地中海世界——從地中海這片海域以及以此為中心發展出的世界——為出發點撰寫歷史，書中提出的視角與至今為止以陸地領土國家之發展為出發點的歷史觀截然不同，為史學界吹皺一池春水。

◎日本的義大利中世紀城市研究

在日本，也有開創義大利中世紀社會經濟史研究的二位學者。其一為清水廣一郎先生，他以佛羅倫斯為中心，進行了威尼斯、比薩的研究，並翻譯了前述麥克尼爾的著作。另一位則是留學義大利後就此定居、並持續進行研究的波隆那大學教授星野秀利。他運用義大利各地文史館、資料館收藏的第一手史料，研究佛羅倫斯在文藝復興時期的經濟基礎——毛織工業，並將它置於西歐地中海的經濟史，長期且動態的變化之中。他的研究於一九八〇年在佛羅倫斯當地出版成冊[6]，在歐美學界獲得高度評價。

為星野秀利的著作譯成日文的齊藤寬海受到上述二位前輩的薰陶，推進了佛羅倫斯、威尼斯等中世紀後期義大利商業與城市的相關研究，是此一領域中的佼佼者[7]。齊藤寬海詳細論述了威尼斯、熱那亞等地交易商品種類的變化及其背景時代。此外還述及活躍於航海領域的槳帆船、稱為柯克船的單桅帆船及圓型帆船等。

齊藤先生提出來最讓人感興趣的論述是：拉古薩與安科納（Ancona）兩地一直以來受到威尼斯的妨礙而難以發展海上貿易，當他們轉而與奧斯曼帝國締結友好關係，朝東地中海發展後，反而對威尼斯壟斷的海上貿易帶來很大的打擊。十六世紀初期，受到葡萄牙從事東印度貿易的影響，威尼斯進口的來自黎凡特的商品中，尤其是胡椒的數量大為減少。然而進入一五三〇年代，在奧斯曼帝國的保護下，穆斯林商人回到印度洋商業市場，再度恢復了經黎凡特地區前往義大利的地中海商業路線。不過，拉古薩與安科納的崛起，還是讓威尼斯再難保有以往以香料、調味料為主要獲利來源之商業市場的壟斷地位。當時積極與土耳其市場交易的佛羅倫斯商人，也以安科納作為毛織品等主要商品的出口路徑，讓威尼斯的壟斷全面崩解。另一方面，熱那亞人則是在十五世紀後半起，將商業活動重心移至西方，積極參與葡萄牙、卡斯提爾王國（Castile）的大西洋商業市場。齊藤明白地表示，至此威尼斯、熱那亞等作為地中海商業主角的時代宣告結束。

◎海洋民族的信仰與節慶

擁有面海港口的城市，雖然在貿易活動上占了地利之便，得以獲得龐大的財富，但同時卻也容易成為外國勢力攻擊的對象，需要建造堅固的城牆增加防禦能力。對此，本書不只聚焦在活躍於中世紀的四大海洋城市，也會論及崛起於十七至十八世紀「遲來的海洋城市」。南義普利亞地區的莫諾波利（Monopoli）、加里波利（Gallipoli）等地坐擁廣大的腹地，積極栽培橄欖，卻不是作為橄欖油食用，而是製成照明用的燈油產品，大量出口至阿爾卑斯山脈以北各國，創造出繁榮經濟，打造出巴洛克風格的美麗城市。這些城市自中世紀起就建設了堅固的防禦體系，特別在十六世紀，依循文藝復興的築城理論，再次加強了城堡與城牆的防禦結構。

海洋雖然帶來了眾多的恩惠，卻也總是伴隨著危險，因此海洋民族間發展出深厚的信仰，許多教堂都建於海岸附近，祈願平安、繁榮，與海洋共存。各式水上的宗教遊行等，至今依然在各地海洋城市舉行。

其中將在第六章提及的莫諾波利聖母馬利亞慶典令人印象深刻——活動當天的傍晚時分，乘坐在舟上的聖母馬利亞像莊嚴地於海上緩緩前進，航向眾人聚集的港口。城鎮上的居民都是馬利亞虔誠的信徒，家中都放置馬利亞聖

莫諾波利的海濱　中世紀以來受到堅固城牆保護的海岸，今日也成逐漸成為人們的度假勝地。作者拍攝。

像，走在路上，不論是巷弄的盡頭，或是公路隧道中，到處都能見到設有馬利亞像的祈禱堂，每個地方都能感到住民們虔敬的心。

熱情的義大利容易讓人以為，當地的慶典一定也相當歡愉、華麗，有如嘉年華會般熱鬧，但其實這是個美麗的誤會。慶典多是虔誠祥和，尤其扛著聖人像的宗教性遊行更是莊嚴肅穆。

長年與義大利人相處下來，總會切實地感受到日本人對義大利的印象相當片面。特別是拿坡里著名的人生觀：「Cantare」（唱吧）、「Mangiare」（吃吧）、「Amore」（愛吧），總是被拿出來強調當地人謳歌人生的歡朗性格。然而，人們卻忘了像是二戰後大受歡迎的《單車失竊記》（*Ladri di biciclette*）、《粒粒皆辛苦》（*Riso amaro*）[8]等新寫實主義[9]的義大利電影，多是在描述沉重、灰暗的現實故事。此外，他們喜愛戲劇化的故事發展，像《阿依達》（*Aida*）、《托斯卡》（*Tosca*）等義大利的歌劇作品，故事的結局多以悲劇收場。義大利文化中因為有著明與暗的雙重性格，才讓這個國家的社會、文化如此富含深度，永遠令人津津樂道。

◎本書的主旨與目的

本書雖以照亮了中世紀歷史的四座海洋城市——阿瑪菲、比薩、熱那亞、威尼斯為主角，但像拿坡里、韋內雷港（Porto Venere）、亞得里亞海的杜布羅夫尼克、莫諾波利，以及加里波利等充滿魅力的海洋城市也都會在書中粉墨登場，作為配角和主角一起訴說整個故事。此外，本書也會論及勢力龐大的四大海洋城市如何向東方世界發展，和被建設為據點的東方城鎮，同時還會述及這些海洋城市是如何透過與東方世界的交流，進而培育出特有的精神與美感。

海洋城市的歷史，並非終結於中世紀。阿瑪菲雖然在中世紀後期讓出了主角的寶座，卻在十八世紀末、也就是所謂大航海時代的末期，因為其海洋城市經驗所培育出帶有濃郁伊斯蘭色彩的異國情調城市風情，而受到來自北方歐洲人的關注，成為社會頂層人士喜愛的觀光勝地。

比薩的阿諾河　比薩為依河而繁榮的港都，過去更與威尼斯相爭地中海的霸權。作者拍攝。

比薩在中世紀末期納入佛羅倫斯的梅迪奇家族的領地，結束了共和制的海洋城市自治時代。在梅迪奇家族的統治下，當地於阿諾河畔建起了唯美的城市，打造出氣派的造船廠。同時，作為理想城市範本的外港利佛諾（Livorno）也興建完成，在漫長的歷史中轉變為新型的海洋城市。

威尼斯經過文藝復興、巴洛克時代，始終都站在歷史舞台的聚光燈下。如今它依然對外宣揚其海洋城市的性格，讓世界各地的遊人為之著迷。此外當地還設置了「國際水都中心」此一符合威尼斯形象的國際機構，進行世界水岸城市的研究交流、重建活動等。我的好友布魯特梅索（Bruttomesso）[10]也在這裡發行雜誌、舉辦國際會議和有趣的展覽會，活躍於國際舞台上。

和威尼斯共同推廣海洋城市魅力的熱那亞，最近幾年的行動也相當引人注目。在保存古老港口周邊歷史建築的同時，還加入了嶄新的設計，以大膽的創意成功重建了港口城市。過

熱那亞的港灣地區　以出生於當地的國際級建築師倫佐・皮亞諾的設計方針，進行開發的港灣區域。

程中主要的操刀手為出生於當地、聞名於世界的建築師倫佐・皮亞諾（Renzo Piano），他除了擔任整體的設計之外，並親自設計了許多建築物。熱那亞成功主辦了G7峰會，並獲選為歐洲文化首都，致力於城市的再生重建。

本書所關注的是這些義大利海洋城市之間交錯的歷史，同時也向各位讀者介紹其至今依然生生不息，源遠流長的精神。

1 巴索利諾：Antonio Bassolino，義大利政治家，1993～2000年曾任拿坡里市長。

2 鹽野七生：1937年7月7日出生於東京的日本作家，畢業於學習院大學文學部哲學科，1970年起移居義大利，作品多以義大利歷史為主題。

3 大旗賽馬節（Palio）：在托斯卡納地區迷人的中世紀城市錫耶納（Siena）的「場之廣場」（Piazsza del Campo）舉行。

4 第四次十字軍東征：1202年至1204年，由教皇英諾森三世發動、法蘭西王國香檳伯爵提奧波德三世率領的軍事行動，主要目的為進攻穆斯林阿尤布王朝所屬之埃及作為基地，以利日後解救被穆斯林控制的耶路撒冷。

5 原名為《菲利浦二世時代的地中海和地中海世界》，日本由濱名優美翻譯、藤原書店出版，共五冊，1991～1995年。

6 日文版由齊藤寬海翻譯為《中世紀後期佛羅倫斯毛織品工業史》，名古屋大學出版會，1995。

7 齊藤寬海《中世紀後期義大利的商業與城市》，知泉書館，2002年。

8 《單車失竊記》（Ladri di biciclette）：1948年上映的義大利電影，由狄西嘉（Vittorio De Sica）執導。《粒粒皆辛苦》（Riso amaro）：1949年上映的義大利電影，由朱塞佩・德・桑蒂斯（Giuseppe De Santis）執導。

9 新寫實主義（Neorealismo）：1945年至1951年義大利盛行的電影拍攝風格，又稱作義大利電影黃金年代，為一場國家電影運動，多聚焦窮人、工人階級的故事為其特徵。

10 布魯特梅索（Bruttomesso）：當代城市規劃者、建築師，現任RETE（港口與城市合作協會）總裁。

第一章

水上城市——威尼斯

威尼斯鳥瞰圖　知名的「水都」，曾經在中世紀的海上貿易霸主，如今成功轉型為全球知名的觀光勝地。

迷宮城市的誕生

◎延續千年的榮耀

威尼斯是義大利引以為傲的四大海洋都中，繁榮最久、維持發達的文化時間最長的城市。在近一千年的歲月中，威尼斯始終保有自由與獨立，以共和國之姿存在於歷史的洪流中。威尼斯與地中海世界各地區都有保持交流，被譽為「亞得里亞海的新娘」[1]；威尼斯始終貫徹自己獨特的生存方式，孕育出個性十足的文化，活用了依海而生的地利之便，自古便是集結地中海世界所有智慧、技術、品味的據點。

特別是在十二、十三世紀左右，相較於在羅馬帝國滅亡後，城市衰退回到農村社會的西歐，威尼斯緊接著承續古代文明拜占庭帝國，與伊斯蘭等東方世界在經濟上的活動更加活躍，展現出高度發展與繁榮的城市文化。再加上透過絲路與中國交流，讓威尼斯與擁有先進的文化及高度城市社會水準的東方世界，有了密切的接觸，因此成為人、事、物及資訊情報的匯聚地，打造出華麗的繁榮水都。雖然這座城市位於義大利，只是西歐的一隅，卻飄盪著來自東方的氣息，擁有獨特的城市氛圍。

雖然東方世界裡並沒有像威尼斯這樣的水上城市，但是阿拉伯的伊斯蘭世界，其城市景致卻與威尼斯具有令人驚訝的相似性。不論是建築物從道路兩側逼近，彎曲狹窄的巷弄打造出宛如迷宮般的空間，還是略帶異國情調的圓頂宗教建築，抑或是色彩繽紛的裝飾形塑出貴族宮邸美豔的立面，威尼斯皆與東方的偉大城市有許多相同之處。此外，在貴族宅邸的中庭裡，也帶有阿拉伯風格的家居元素。威尼斯和其他的海洋城市一樣，目送了眾多商人、旅人出發前往東方先進的地區，積極發展交易，同時藉此習得豐富的經驗與知識，在中世紀早期便已建造出經濟繁榮、擁有高度城市文化的城市。如同〈序章〉所詳述的，義大利海洋城市以地中海為媒介進行交易活動，為西歐帶來龐大的經濟和文化上的刺激，對城市的復興、發展都有顯著的貢獻，在歷史上扮演舉足輕重的角色。

◎來自潟湖與運河的守護

從空中鳥瞰威尼斯是相當有意思的體驗。自馬可波羅機場搭乘國內線班機向南飛行，當飛機在天空盤旋時，正好就能將此一海洋城市孕育出的獨特潟湖景致盡收眼底。這應該是威尼斯原始的景致——寬廣的淺灘內海中，隱約可看到自水面露出臉龐的海濱泥灘土地。其中布滿了如蛇行般的水道，就像人體的筋脈一般。隨著潮起潮落，地面也在水上若隱若現，是相當細緻而獨特的地形。

之後，華麗的水都威尼斯便出現在世人面前。城市裡看似空地的廣場散落各處，城市內部卻又以細緻的高密度空間而著稱，威尼斯彷彿是一條浮現在淺灘上，織工繁複，帶著不可思議色彩的絨毯。大小運河自在穿梭於市街之中，讓這座城市宛如一個有機體。只有周邊與運河（水道）相連的潟湖，才能成為航路。其他的就只是普通的淺灘，要是不小心闖入，船隻便會立即觸礁。唯有熟知水道路線、潟湖水文的當地人，才能自由地在水上航行，這是外地人無法輕易進入的世界。

調查地中海世界的港口城市歷史時會發現，在許多港口、海口都有設置管理船隻出入的帶鎖閘門。即便是在易守難攻的威尼斯，也有史料指出：在九世紀後半，貫穿城市的大運河出入口，設置了管理船隻出入的閘門。此外，根據一三八一年威尼斯大議會（Maggior Consiglio）的記錄可知，當時為了安全，曾考慮在麗都（Lido）聖尼可洛教堂附近的亞得里亞海出海口設置閘門。儘管如此，相較於那些必須建造堅固的城牆、把防禦做到滴水不漏的大陸型城市，威尼斯可謂是受到水路守護的天然要塞。

威尼斯所散發出的令世界各地著迷、明亮而開放的華麗風貌，也是由此而生。位於威尼斯玄關的「聖馬可廣場」，大開大闔地面對著海——一般城市很難拿出如此華麗的排場來迎接世人。沿著大運河，開放性十足的商冑宅邸林立，這也是在城市看不到的景致。一般城市裡，考量到馬車、人來人往的喧囂街道及持續不安定的政治社會狀況，絕不會把住宅建造於如此對外開放的地區；從古至今，只有浮在水上的悠緩城市（slow city）威尼斯，才得以維持如此開放性的構造。

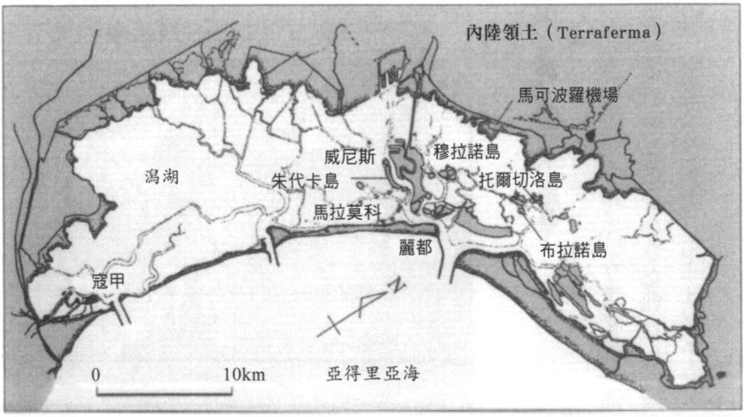

威尼斯周邊　深度較淺的潟湖與多條水道（虛線部分）交錯。

◎中世紀城市固有的景致

義大利是在十九世紀中期，才成為現今的統一國家；中世紀的義大利，其實是由許多各自獨立的城市共和國所組成的。到了中世紀後期，南部有西西里王國、拿坡里王國，中部有教宗屬地，北部是威尼斯、佛羅倫斯、熱那亞、米蘭等各據一方。發展於中世紀的義大利海洋城市，個個都誕生於獨特的自然環境中，並活用其地形特徵，建設出充滿個性的城市。探討它們是如何利用不同的地理位置，打造出不同的原生城市景致與人們的生活形態，也是本書最大的重點。

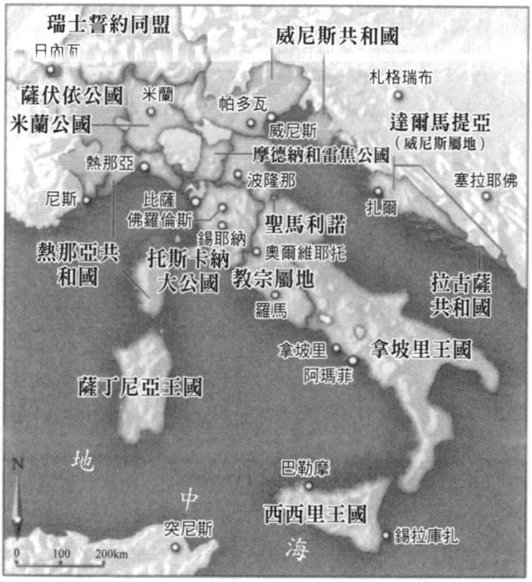

16世紀左右的義大利半島

阿瑪菲和威尼斯一樣，都是人們受到異族入侵而移居到安全之地後所打造出來的城市：威尼斯人為了追求安全而遷移至潟湖上的小島，阿瑪菲則在激盪的中世紀初期，於倚山面海的溪谷斜坡上發展出城市。相較於此，比薩沿著阿諾河下游流域而發展成河港；熱那亞的歷史發源自高地城鎮，進入中世紀後擴展至沿海地區，形成一個面海的城市。

活用地理條件，以有限的技術巧妙開發，讓每座城市，都富含相異的變化，成為令人玩味的精彩作品。將當地的地形、自然條件做最大的發揮，打造出個性城市，正是中世紀城市的特色。相反地，以高超的技術與龐大的經濟力，計劃性地建造單一式的城市，則是近代的趨勢；也因此，看在近代人們的眼裡，這樣的中世紀海洋城市，不但充滿魅力，也帶有全新價值，受到高度評價。

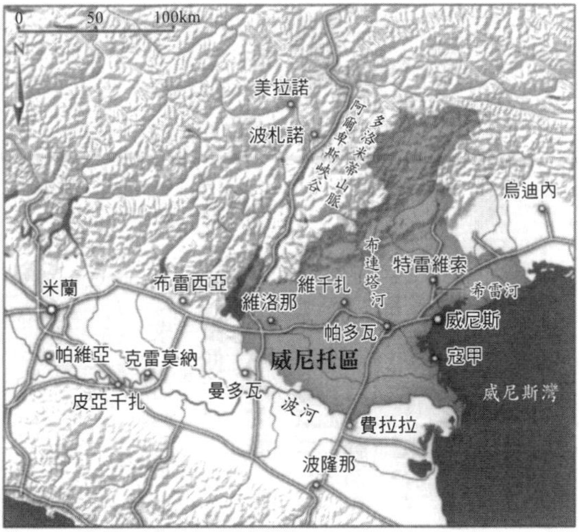

威尼托區周邊

其中，浮現於水上的威尼斯具備的特異性質尤其醒目。首先，對於誕生於文藝復興之後的人們而言，因合理邏輯與科學洗禮，打從一開始就不會想到要在如此特殊的環境中建造城市。因為這是在動盪的中世紀初期，人們為求安全才做出的選擇。

位在義大利半島與大陸相連處東側的威尼托大區（Veneto），在五世紀至七世紀之間，飽受來自北方的匈人（Hun）、哥德人（Goths）、倫巴底人（Lombard）入侵的威脅，散落在大陸各地的古羅馬城市居民，不得不移居至突出於潟湖的海岸地帶及小島上。此一為了防衛而選擇的據點，恰好也便於和地中海的政治經濟中心康士坦丁堡進行交易，從一開始就具備了走向繁榮的可能性。接著，在六三九年，古代城鎮阿爾蒂諾（Altino）的主教移居至托爾切洛島（Torcello），並在這建造了主教座堂，此舉也成為眾人移居到散落於潟湖上的島嶼的關鍵。威尼斯東側的聖彼得島在很早的時期就被視為重要的據點，七五五年這裡建造了威尼斯第一座主教堂，現在則為擁有聖彼得教堂的寧靜小鎮。

◎威尼斯的起源

威尼斯一邊與倫巴底王國保持良好關係、一邊和拜占庭帝國維持緊密的關係，雖然只是隸屬於帝國的潟湖州，卻能一步步擴大其自治權。六九七年，散居於潟湖水岸周邊的威尼斯居民選出了自己的領袖──「總督」，並以其官邸為中心，組織起小小的自治機構。可以說威尼斯創建了義大利的第一個海洋共和國，此後政經中心慢慢移至馬拉莫科（Malamocco）。

法蘭克王國查理大帝之子丕平．卡洛曼（Pepin Carloman）於八一〇年進攻馬拉莫科，這是威尼斯歷史上關鍵性的轉捩點。不諳潟湖作戰的法蘭克軍隊以失敗告終，威尼斯人於八一一年前後，成功抵禦了來自法蘭克王國的威脅。之後威尼斯人意識到，須壯大公國以求自保，他們開始考量建設單一的新政治中心。這個新的政治中心的首選之地位於珊瑚礁中央的里奧托，那裡不但安全性高，也不受既有複雜的關係所束縛。這個做法讓威尼斯成為拜占庭帝國的一份子，免於被納入法蘭克王國的統治下。

相較於歐洲大陸上多數的城市皆起源於羅馬時代，威尼斯是建立於中世紀的城市，正因如此，它能以柔軟的身段適應被水環繞的環境，創造出這麼一座不可思議的城市。當然，在安全的潟湖海域裡，自羅馬時代便有眾多的船隻往來。六

西元 800 年前後的地中海世界

世紀時，侍奉於拜占庭帝國國王的卡西奧多羅斯在他的書信中寫道：「威尼斯島上的人們依靠漁業及製鹽為生，他們的住家有如鳥巢般分散各地。」由此可知，對於居住於此的人們而言，鹽的買賣自古就是重要的生計產業。

十多年前，在位於潟湖的托爾切洛島周邊水域裡，挖掘到古羅馬時代的別墅，掀起了威尼斯起源的論爭。其中有人提出，古代潟湖的水位較現在來得低，讓此處得以開發為廣大的農地。不過，在威尼斯的土地上正式建設起城市，還是以九世紀初期為起始較為合理。沼澤地上棋布著眾多的島嶼，形成了群島，島與島之間皆以水相連，除了依靠船隻往來其間，別無他法。人們在地勢較高、被稱為「高岸」（Rivo Alto）的土地上開始建造市中心；Rivo Alto 唸快些成為 Rialto（里奧托）。當時里奧托指的是現在威尼斯中心的一大片地帶，現在將里奧托市場一帶稱為里奧托，其實是後來才出現的說法。

◎聖馬可大教堂與總督府

九世紀中期以前，威尼斯發生了重大的改變——隨著首都遷移至高地，之後被稱作聖馬可廣場的面海空地上，建起了總督府（Palazzo Ducale），其東側島嶼上還建造了重要的聖薩加利亞修道院，成為城市的核心地帶。

八二八年時，原本安置於亞歷山大港的《福音》作者聖馬可的遺體被盜運至威尼斯。據說這是威尼斯人急於自拜占庭帝國完全獨立，為了尋求奉厝新的守護聖人，來取代原本希臘籍的守護聖人西奧多羅（Theódoros）而採取的手段。

為了安置其遺體，威尼斯人建造了總督的私人禮拜堂，也就是聖馬可大教堂，形成了總督府與聖馬可大教堂南北並列的景致。在義大利的主要城市裡，一般而言，作為宗教權力中心的大教堂與世俗權力中心的市政機關，設置地點大多會分隔兩地。然而在威尼斯，兩者卻合而為一，此舉在政治和宗教上都具有重大的意義。這種透過政教合一，發揮強大力量的方式，是拜占庭世界中的共同之處。

總督府　威尼斯共和國的總督府面對著聖馬可小廣場（聖馬可廣場南側）與威尼斯潟湖，是威尼斯富裕與繁榮的象徵，建築物連細微之處也都裝飾得富麗堂皇。

◎「海婚節」和「迎賓禮」

讓我們再一次把目光拉回到威尼斯初建時中世紀動盪的時代，此一地形獨特的潟湖上。眾多的河川自內陸領土（terraferma）流入，帶來了土石、形成了礁岩；另一方面，陸地在不斷抵抗亞得里亞海浪潮侵蝕的過程中，形成了自麗都潟湖延伸至馬拉莫科、寇甲

聖馬可大教堂　立面聖人像以馬賽克嵌畫表現。

聖馬可大教堂內部　天花板和牆壁上的畫都是模仿拜占庭的教堂，繪有各種聖經故事，金色的馬賽克低調地閃耀著光芒。

（Chioggia）的細長島嶼，成為天然的防波堤。其中共有三處小小的海口連結外海與內海，讓海水得以進出，淨化潟湖水質。這三處海口讓船隻得以出入，對威尼斯而言具有相當重要的功能，特別是位於麗都的出海口尤其重要，在歷史上稱之為「港」（porto）。據說由此處進入潟湖的船隻，隨著船的行駛，逐漸看到浮現於前方水面上的島嶼城市時，威尼斯壯麗的美景總令船員們屏息。

在戰爭不斷的大陸上，一般的城市多是以城壁區隔出內外。相較於此，坐擁天然要塞，不需要城壁的威尼斯人，則將亞得里亞海視為充滿危機的「外」海；而潟湖則是安穩的「內」海。最能夠展現出此一特徵，並具有象徵意義的，便是自中世紀早期就開始舉行的國家級大型慶典活動「海婚節」（Festa della Sensa）。在這個慶典上，水的形象相當強而有力地展現出來，並帶有些許神聖的色彩，符合與水共生的威尼斯形象。

在耶穌升天節這一天[2]，金碧輝煌的「大龍船」（Bucintoro）自聖馬可大教堂前碼頭起程，在水上巡遊，之後從位於內側的潟湖航向外側的亞得里亞海，接著船上的總督會將金戒指丟入外海中，並吟唱「大海啊，祈念永恆統治這片汪洋，威尼斯將與您結婚」，藉此向神聖的水獻上祈禱，祈求能永遠統治海上一切，並維持城市的繁榮與和平。在始終與這片伴隨著危險的汪洋共存的威尼斯人心中，對粗暴的大海產生恐懼與敬畏也是理所當然的。從這個活動中也可以清楚看到，潟湖屬「內」、亞得里亞海屬「外」的內外分隔意識。

到了現在，「海婚節」依然選在耶穌升天節後的周末舉行，威尼斯與亞得里亞海舉行合巹之禮。當然，當時使用的船隻難以保存到至今，現在則是由威尼斯市長取代共和國時代的總督，搭乘以三色花布裝飾的新式船，與周圍的船隻一同進行莊嚴的水上巡遊。從麗都的海峽航向亞得里亞海時，依然會進行丟下金戒指的儀式。接著在一周後會舉行帆船大賽，此時潟湖的水面上熱鬧非凡，這是最能夠展現出，象徵始終傳承於威尼斯市民心中，海洋城市精神的一幕了。

再舉另一個展現出內外意識的例子。「迎賓禮」也是歐洲城市重要的慶典之一。為了歡迎他國領袖、國賓，城中高官權貴會來到城門迎接，連結城門到城市中心的主要道路也會舉行盛大的遊行。同樣地，威尼斯為了迎接重要

海婚節　十八世紀威尼斯的畫家卡納雷托（Canaletto）於 1730 年左右時所繪的「龍船歸來」。

的外賓，總督會乘船前往麗都，並以潟湖為舞台進行華麗的水上遊行以示歡迎之意。透過這些具有象徵性的慶典，對城市而言，重要的元素、領域也跟著視覺官能化了。

◎城市的「內」與「外」

城市的內外關係性，在市民生活的日常次元中也相當重要。特別是對於位在潟湖上，建築於人工環境中的城市威尼斯而言，幾乎所有生活所需的糧食等資源，都必須仰賴外部供給。威尼斯的蔬菜、水果等多是依靠周遭位於潟湖內側的島嶼——聖伊拉斯莫（Sant'Erasmo）、馬佐爾博（Mazzorbo）、馬拉莫科、寇甲、麗都等提供。威尼斯中央的里奧托市場，其廣大的腹地內，就有大片區域專門給這些離島來的商人販售蔬果，能夠使用這寬敞的空間，是專屬於他們的特權。

前面雖提到潟湖屬於「內」，不過實際上在潟湖屬內的同時，它其實也帶有「外」的雙面性格。因為提供蔬果、魚類的外部農村、漁村，許多都分布於潟湖上。

從這個角度來檢視威尼斯的傳統產業——玻璃工藝，將可發現相當有趣的面向。玻璃工廠原本多位於威尼斯島上，不過十二世紀前威尼斯木造建築眾多，為火災問題苦惱不已。於是人們開始將可能會導致祝融之災的玻璃工廠一口氣全遷移到了北側的穆拉諾島（Murano）。此外，之所以將工匠們都集中在孤立的島嶼上，則是為了防止獨家技術的外流。

十八世紀後，建有亞美尼亞人修道院的聖拉扎羅島（S. Lazzaro）上，曾設置收容麻瘋病人的醫院。當時的歐洲城鎮將麻瘋病、梅毒等視為「惡魔之病」，不讓患者進入一般醫院，並將他們集中到城市郊區、靠近城牆的收容所以便隔離。

城市裡墓地的所在，也是思考內外關係的重要依據。一般而言，中世紀之後的前近代歐洲城市，依據基督教的習俗，死者多是葬於生者所生活的城市範圍內。墓地設於上帝之家——也就是「教堂」的土地之內當然是最理想不過的，但畢竟空間有限，一般庶民多將死者埋葬於教堂周邊。威尼斯裡有幾處和義大利文的santo（聖人）、morti（死者）、cimitero（墓地）等，名稱與墳墓有關的「campo」的廣場，這些地方都是墓園。不過，在拿破崙統治時期，開始推行城市近代化政策，其中一項便是整頓位於城市北側的聖米凱萊島（Isola di San Michele），並將至今散落於城市各地的墓地集中在一起設為公墓。由此可知，潟湖的島嶼隨著時代不同，具備的功能與意義也不同，此外位於城市邊緣的地區，通常都帶有某種「異界」的氣息。

另一方面，就算是從大範圍的政治、經濟等層面來看，城市內外的意識也會隨著時代不同而有所變動。以往被視為外海的亞得里亞海，在十二、十三世紀，共和國的海軍壯大，能夠穩定的統治這片海域後，威尼斯人便開始將亞得里亞海視為「我們的海」。之後在漫長的歲月裡，直到十八世紀，我們都能從地圖上看到，亞得里亞海被標示為威尼斯的海灣。

◎腹地與船運

自十五世紀初期開始，威尼斯正式進軍內陸，將帕多瓦（Padova）、維千扎（Vicenza）等城市都納入統治範圍內，擴張了威尼斯共和國的版圖。不過，從和人們的生活意識息息相關的城市內外關係上來看，在中世紀早期便已成形的威尼斯印象——與海相連的民族，這一點基本上依然沒有改變。

威尼斯此時看似藉由亞得里亞海與東方各國交流，但我們不能忘記的是，其實在更早的時期，威尼斯便已透過眾多河川、運河等網路，靠著船運與大陸上的其他城市相互連結。靠著波河，威尼斯人來到費拉拉（Ferrara）、曼多瓦（Mantova）、克雷莫納（Cremona）、皮亞千扎（Piacenza）；藉由雷諾河，他們得以前進波隆那（Bologna）。從糧食到建材，對於生活中所需的一切都必須從外部取得的島嶼城市而言，藉由船隻運送物資的輸送網路極為重要。此外，和一般的陸地城市一樣，考量到自身土地資源短缺，海洋城市威尼斯也相當重視周邊的腹地。

威尼斯西南部的札泰瑞堤岸（Zattere）面對著廣闊的朱代卡運河（Giudecca），向南開展的市區就像城市的公用露台，水上設置了許多咖啡廳，供市民享受悠閒時光。札泰瑞原為木筏之意，往昔人們將木材以木筏從大陸地區順流而下，經過潟湖運到此處存放，因而得名。即便到了現在，我們仍然可以搭船前往帕多瓦或特雷維索（Tresiso）。聖馬可廣場的乘船碼頭，也有遊覽船專門沿布連塔河（Brenta）而行，帶遊客參訪過往貴族們在沿岸建造的別墅。文藝復興之後，居住於此的貴族開始對大陸地區產生興趣，建造了名為「Burchiello」的觀光遊船。他們先讓馬匹將其拖行至岸邊，再優雅地沿著河出航前往別墅所在地。今天我們也能體驗同樣的遊船之旅，令人興奮不已。河中在各處設有閘門用來調整水位高度，讓船隻能緩慢而順利地向上游航行。

◎體驗希雷河遊船

布連塔河的遊船路線雖然是相當著名的觀光行程，不過倒是意外地鮮為人知，現在也有遊船路線是由北側的特雷維索向南流入潟湖的希雷河（Sile）。我始終認為，要調查港口城市、水岸城市，就要盡量以船為媒介，從海上或河上來觀察城市。於是，我搭上了位於特雷維索南部一間由家族經營的船運公司的遊船，和其他六名調查成員一同順著希雷河而下，前往潟湖上的布拉諾島（Brano），體驗了一趟舒適愉快的旅行。

船長說他的父親直到一九六〇年代都是用船來經營運輸業，雖然現在船運已經江河日下，但整個家族仍然在希雷河上，以行駛觀光遊船、或舉辦遊艇派對等，傳承著威尼斯的船運文化。他們甚至還自費出書，書中大量刊載了舊照片以及繪畫史料，來詳述希雷河過往的船運歷史。當他們將這本書送給我作為禮物時，我真的是又驚又喜。海洋城市的精神在這裡仍歷久不衰。

沿河而行，眼前不斷出現各式風景，才看到開闊的田園風光，接著就航入宛如原始林的深邃綠蔭中，以往被乘船旅行的人們當作休憩地點的村莊裡，高聳的鐘樓出現在眼前。和知名的布連塔河一樣，希雷河沿岸也散落著許多文藝復興時期貴族們建造的風雅別墅，到了下游區域，近代磚牆建造的工廠映入眼簾。河中也設有一處閘門用以調節水位。比起布連塔河，希雷河沿岸的風景較為樸實，更能享受悠閒緩慢的時光。在船上品嚐船長太太的家庭料理與葡萄酒，享受派對般歡樂氣氛的同時，還能一邊欣賞周邊美景。穿過布滿漁網的河口附近便是潟湖，接著就抵達了熱鬧的終點站——布拉諾島。要理解威尼斯的歷史，除了東邊偌大的地中海世界，其實支撐著水都，遍布於大陸上的水路網，也具有同樣重要的地位。

◎順明喬河而下

二〇〇七年十月下旬，我嘗試了一項有趣的體驗。以貢扎嘎家族（Gonzaga）的文藝復興式宮廷文化而聞名的北義內陸城鎮曼多瓦，自中世紀以來便因三面環湖而被稱為「水上城市」。到了近代，南側的水域被填為陸地，如今只剩下北部面明喬河（Mincio）與水相連了。不過，曼多瓦仍有重返榮耀、再現榮光的可能性。

我的朋友寶拉·法里尼（Paola Falini）教授任職於羅馬大學，是一位都市計劃專家。曼多瓦市請她來協助，讓這座獨特的內陸「水上城市」能名列世界遺產之林。為了從國際的觀點來評價這座城市，她找我一起加入這項行動。於是我和法里尼教授造訪曼多瓦，與市長一同乘船順著明喬河而下進行視察。從河上眺望貢扎嘎家族的曼多瓦公爵府，能感受到其非凡的氣勢。流域中完整保存了豐富的自然景觀，從事自然保護推廣運動的年輕專家沿途不斷為我們進行解說。義大利現在不只關心城市的歷史與文化，對自然和生態系的關注似乎也更勝從前。

我和船長熟稔之後，從他那得到了許多關於船運的珍貴資訊，可以說是這趟視察的意外收穫。自曼多瓦出發，在明喬河與波河匯流前轉入比安寇運河（Bianco），再向東轉進波河，便能乘船輕鬆前往威尼斯。沿途會經過五個閘門，一面調節水位一面前進。曼多瓦周邊的工業區與威尼斯之間，每日會有五、六班船隻往來。最近，特別是夏季，觀光導覽行程、婚禮宴會，或是研討會、會議等，都會使用船隻，讓水運成為重要的交通方式。從冬季到三至四月的雨季，則可以從更上游的克雷莫納搭船前往威尼斯。

曼多瓦　三面被湖與河川圍繞的內陸水上城市。照片為自明喬河眺望曼多瓦公爵府。

令人意外的是，這位船長一樣是繼承家業，堅持延續在希雷河上的船運文化。他與觀光船運公司家族交情匪淺，兩家每年都會在威尼斯的河上交流，增進情感。威尼斯的船運文化，不只是在亞得里亞海與地中海上發展，同時也深植於內陸的河川和運河上。

水都的基本結構

◎造城之初

威尼斯相當符合水上迷宮城市這個稱號，那麼它究竟是如何打造而成的呢？要想解開這個謎團，必須從它建立初期的情況開始說起。

威尼斯原本是百來個珊瑚礁島集結成似沼澤的群島狀態。五世紀初有難民居此，至九世紀初期才有權貴的家族前來占領礁島，並在上面建造教堂，形成小小的聚落，這才有了今日的風貌，乃城鎮之興。當然，此時每座小島上盡是長滿蘆葦的濕地與沼澤，島與島之間沒有橋樑，只能靠船隻往來聯絡。之後開始將島與島之間的沼澤及水面填為陸地，僅留下水路供船隻運行，打造成居住地。這種以教堂廣場為中心的小規模島嶼，之後成為威尼斯各個鄰里。

這些島原本都是以教堂為中心劃分的教區，同時也是被稱作「鄰里」（Contrada）的行政區。各區居民的日常生活便是以稱作 campo 的「廣場」為中心，其中在教堂旁一定會建造高聳的鐘樓，作為該教區的象徵。每座島都是城市發展的單位，在中世紀早期，便已經能看到如此高自治的生活圈。

在初期，威尼斯東邊建有主教座堂的奧利沃洛島（Isola d'Olivolo），現改名城堡區（Castello）與聖馬可區便已成為威尼斯的核心，成立了四十二個教區。之後周邊城市建設開始發展，最後形成了宛如精緻鑲嵌木盒般密集的七十二個教區，打造出獨特的城市結構。由此觀點，中世紀的威尼斯以眾多的教區作為分散的中心，形成了多核心式的城市結構。

威尼斯的城市開發絕大部分依靠的是民間的力量。在十一、十二世紀，填海造陸的工程主要是由民間來推動，主導權掌握在個人的手上，之後才納入國家的管轄，由政府來推動。一二八二年設置了專司城市計劃的職位，稱作地區建設開發官（Giudici del Piovego，此職位其實自一二二四年起就已存在），負責處理保護水岸的建設工程、整頓公共道路及填海造陸，讓城市建設能夠有效地推行。實際上一直到一五〇〇年，填海造陸大半的工程，都是靠民間地主或宗教團體的財源所完成的。

填海造陸的許可，是威尼斯大議會所授與，工程並非是在龐大的計劃下有系統地進行，而是配合各個場所特殊的條件，才能打造出順應淺海微妙地形條件，且富含變化的版圖樣貌。筆直的運河、河岸步道等計劃性打造的城市空間，要一直到中世紀後半才會出現於蘆葦區（Cannaregio）周邊。不論是伊斯蘭教還是猶太教，都相當尊重個人的所有權，這種思考模式，也與展現出多樣化、複雜形態的城市樣貌息息相關。即便之後威尼斯因和東方貿易而榮極一時，城市中也出現了以紅磚、石材打造的正統城鎮形式，但與生計相繫的獨特城市結構不但沒有消退，反而更加受到強化、精緻化，到了一五〇〇年左右進入文藝復興時期後，水都威尼斯流傳至今的城市骨架已近乎完成。

威尼斯的城市骨架，並非是以某處為中心，明確而快速地形成城市的輪廓，而是以無數錯綜的水路，連結起一個又一個獨立的島嶼而形成的。因此才得以打造出威尼斯這麼一個迷宮狀的水路網城市。

◎運河、步道與廣場

建築家湯瑪索・帖曼察（Tommaso Temanza）在十八世紀時發現了繪製於十四世紀前葉的古地圖，之後由他加上註解後出版發行。在這張地圖中已經能看到威尼斯結束初期發展之後呈現出來的獨特樣貌，因此可以推測圖中畫的是威尼斯在十二世紀時的模樣。古地圖與現在精確的地圖不同，為了突顯當時人們重視的元素，繪製時會經過形變，但這樣反而可以更明確地展現出該城市結構的本質特徵。在這張古地圖中，支撐著城市生命線的運河和當時已形成的七十二教區的教堂，都清晰可見。此外，潟湖上的水道路線也都標示得非常明確，彷彿

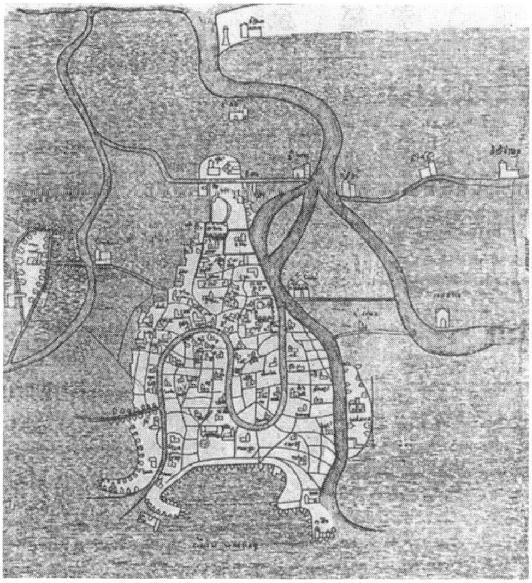

繪製於 14 世紀時的威尼斯古地圖　18 世紀建築家湯瑪索・帖曼察（Tommaso Temanza）發現，並重新描製之古地圖。上方為東方。取自：G.Cassini, Piante e veduteprospettiche di Venezia, 1892.

訴說著船運交通對與水共生的共和國是何其重要。

因為威尼斯原是由散落於沼澤地上的群島所構成，島嶼之間原本僅能靠船隻以水運相連，但隨著城市的發展，也開始加強島嶼之間便於人行的聯絡網路。於是乎威尼斯出現了二種交通方式：一種是以貢多拉鳳尾船（gondola）為主的船隻行駛的水路交通，也就是運河；另一種是交錯於島嶼中的行人專用步道。而在步道路線中，一定會出現宛如節點般寬敞的廣場。橋樑連繫起這二種交通路線，早期的橋樑多為木造拱橋，底下供船隻通過，一直到一四〇〇年左右才開始轉為石造拱橋。此時威尼斯也開始著手鋪設道路，起初以紅磚打造，之後轉為石板步道。至於其他的交通工具，別說是車輛了，威尼斯自中世紀起就連馬匹也禁止通行。島上的生活從一開始就蘊含著以人為本的空間設置。

島內的城市建設，像是以手工製作的方式精雕細琢。巷弄巧妙地穿梭其間，每一個角落都被有效地利用、開發，沒有一塊土地被閒置，這種做法讓威尼斯宛如活生生的有機體。

在漫長的歷史中，人們磨練出對於公共空間纖細的感受，城市空間依明確的類別劃分出不同區域，每個區域都有用方言命名的稱呼。生活的中心是被稱作 campo 的「廣場」，宛如礁島脊椎的主要道路稱為「中央石板路」（salizzada）。和一般稱為 calle 的細窄巷弄不同，以較新的工法打造的運河沿岸道路則稱作「堤岸」（fondamenta），以做區別。要從巷弄（calle）通往廣場或是中央石板路，大多要經過「屋下穿廊」（sotopòrtego）。威尼斯便是透過如此多樣的空間單位巧妙組合，成為一有機體。

此外間距設置得宜的拱橋，讓人們行走於城市之中時，能夠自然感受到舒暢的韻律感。不過這些拱橋，其實大多是在之後城市面臨需要做統整時，不得已而搭起的橋樑，每一座幾乎都呈現扭曲的有趣形狀。威尼斯就在歷史流變的過程中，打造出以人為本，富含變化又充滿魅力的城市空間。

◎整合全體的計劃性思維

威尼斯雖然呈現出一副錯綜複雜的迷宮城市樣貌，但我們不能忽略有一巧妙的計劃性思維在其背後運作，整合了這座城市的整體。首先，在十一世紀左右，在狀似比目魚形的威尼斯中央出現了倒S形的大運河（Canal Grande）。此一巨大的水路，原是自大陸流入潟湖的川流之一，經過人工的整頓，成為象徵整座城市的重要空間軸，這條水路一方面活用自然，另一方面則透過人工精密的計算打造而成。近代之後，隨著蒸汽機的發明，從一八八一年起，水上巴士開始運行在這條大運河上。水上巴士直到今日依然是市民重要的交通工具。為了克服潮差，採用飄浮移動式巴士站，讓使用者不論住在哪裡，只要徒步數分鐘就能抵達巴士站牌，相當便利。此外，威尼斯選擇了相當巧妙的地點來建設經濟中心里奧托地區。在倒S型串流的大運河正中央，也就是河寬最窄之處，架設了唯一一座橋樑來連結兩岸。早期僅是將小船橫向連接形成暫時性的橋樑，之後改建為木造的拱橋。一直到一五八〇年代，才改為留存至今的氣派石造拱橋。

另一方面，從九世紀前半起，擔負政治、宗教文化中心的聖馬可廣場，也選擇建造在方便前往亞得里亞海的南側水域旁，成為水都對外的玄關口。共和國入口處聳立著兩根華麗的圓柱，就算放眼全球的濱水區域，仍難找出可以和它匹敵者。

除了里奧托與聖馬可廣場，城市的東側還建起了海洋共和國威尼斯引以為傲的造船廠（Arsenale，同等於海軍基地），形成第三個城市中心。十二世紀初期開始出現核心的雛型之後，隨著共和國的力量增強，在十四世紀前葉進行大規模擴張。基地位置接近亞得里亞海，卻又大隱於城市內部，除了便於槳帆船等船隻進出，還考量到防禦上的安全，是精心挑選過後的地點。此一位置的選擇，其實也與共和國宗教上的運作息息相關。威尼斯在列強環視中巧妙地運用平衡外交，維持了一千年的自治、獨立，是相當稀有的城市國家；然而不只是政治，在宗教上，威尼斯也是始終堅持其獨立性。也因此，為了削弱羅馬教廷的主教座堂之影響力，威尼斯巧妙地將主教座堂設置於城市最東側的城堡區，並在其西側建設起巨大的造船廠，讓主教座堂與城市核心聖馬可區，產生更大的隔閡。

在里奧托尚未建城的七五五年，主教座堂便被設置於奧利沃洛島（Olivolo），現今的城堡區聖彼得主教座堂則是建於九世紀，經歷了數個世紀依然屹立。然而它與威尼斯繁華的市中心距離稍遠，總讓人感到些許寂寥。造船廠作為軍事中心，為了與相關產業有效連結進行生產，在開發新技術之餘，還促進了周邊相關產業的發展，形成世界首座專業工業區。無需贅言，威尼斯的這三大中心，都是以水路相互連結才得以形成的。

◎與侯貝荷・吉斯卡的戰爭

威尼斯自九世紀開始進軍亞得里亞海、地中海，藉由與周邊鄰國簽訂和平通商條約，掌握了制海權。其後威尼斯人的活動範圍擴展到達爾馬提亞、希臘諸島、康士坦丁堡、黑海沿岸等地。他們靠著二桅、三桅帆船隊，運送奢侈品到了西方世界。在九六八年左右，威尼斯人還與阿瑪菲人聯手，進行與內陸城鎮帕維亞（Pavia）販售走私布料之交易。

一〇八〇至一〇八五年間，威尼斯人與統率諾曼人的南義大利霸主侯貝荷・吉斯卡（義文 Roberto il Guiscardo，法文 Robert Guiscard）[3]進行亞得里亞海上戰爭，這是威尼斯人強化海上貿易霸權的絕佳機會。侯貝荷・吉斯卡在一〇五九年至一〇七一年間，自希臘人手上奪取了南義，統治了普利亞、卡拉布里亞等地。其弟侯杰（Roger）自伊斯蘭教徒手上取得巴勒摩，征服了西西里島，侯貝荷・吉斯卡封侯杰為西西里伯爵，打造了諾曼王朝的基礎。

由於侯貝荷・吉斯卡的姓氏吉斯卡（Guiscard）在法文中與古法語「狡猾的」（Viscard）有諧音關係，被當成了侯貝荷的綽號。擅於謀略的侯貝荷征服、掠奪了羅馬後，將目光轉向康士坦丁堡，拜占庭帝國受到了莫大的威脅。

此時從另一方面來看，義大利的海洋城市在地中海各地已確立起海運與商業的優勢地位。拜占庭帝國皇帝、科穆寧家族的阿歷克塞一世（Alexius I Comnenus）選擇與威尼斯簽訂協定，期望仰仗其力對抗諾曼人，守護首都康士坦丁堡。而威尼斯人那時已與埃及、康士坦丁堡進行遠距貿易，並從中獲利超過了一個世紀，並視時常出沒亞得里亞海入口的諾曼人為眼中釘。這場戰役之後，威尼斯憑仗軍功取代了阿瑪菲，成為拜占庭帝國在西方世界最重要的夥伴，並獲得了以康士坦丁堡為首，包含愛琴海、地中海等帝國港口的關稅免除特權。相反地，自十世紀起取得了進行商業活動的許可，還居住於首都康士坦丁堡金角灣沿岸的阿瑪菲商人，卻反而需要支付稅金給威尼斯人，兩者的立場徹底反轉。之後威尼斯人更在一〇八二年得到能在阿瑪菲商人居住的金角灣西側地區定住下來的許可，他們不只開設商店、倉庫和領事館，甚至還設置了威尼斯船專用的泊船場。就這樣，海上貿易集中到威尼斯人手上，於此同時，威尼斯還將貿易版圖延伸至埃及。

附帶一提的是，侯貝荷在進攻克基拉島（Kérkira，又名 Corfu）時病倒，於一〇八五年逝世。其子博希蒙德一世（Bohemund I）在之後的第一次十字軍東征時，率領令人懼怕的諾曼戰士，在安提阿（Antioch）、耶路撒冷等地留下威名。第一次十字軍東征（一〇九六～一〇九九年）時，威尼斯的艦隊一直到一〇九九年基督徒已奪回耶路撒冷後，才終於參戰。為了打壓受到比薩擁護的諾曼人及博希蒙德一世，威尼斯採取推舉耶路撒冷國王鮑德溫（Baudouin de Boulogne）的策略。自此，威尼斯與比薩在利害關係上開始對立。

◎讓亞得里亞海成為「我們的領域」

在與東方貿易活絡的十二世紀裡，威尼斯人並非以分散的商業組織進行貿易，為了保證能夠永續經營和通商，確立了共和國之下的制度和體制，在經濟、社會、文化等各個領域用心經營，強化威尼斯的存在感。特別是在亞得里亞海上，健全商業基地的組織，並設置與本國政府直通的機構，增加威尼斯在該海域上的影響力。結果就是，亞得里亞海成為威尼斯的海域範圍，被納入「我們的領域」。進入十三世紀，威尼斯一方面持續加強其影響力，另一方面則更加將注意力放在貿易活動上。當時不論是亞得里亞海還是地中海皆有海盜橫行，走私業者為數眾多，威尼斯以保護本國船隻與友邦船隻免於海盜侵犯為藉口，除了加強共和國內部的團結力量，並在海域配置艦隊，擴張其制海權。

◎和熱那亞的鬥爭、馬可波羅的東方見聞

第四次十字軍東征（一二〇二～一二〇四年）時，威尼斯總督恩里科・丹多洛（Enrico

Dandolo）改變方針，派遣共和國的艦隊前往康士坦丁堡，成立了拉丁帝國（一二〇四～一二六一年）。威尼斯把握了拜占庭帝國衰弱的契機，取得伯羅奔尼撒半島至基克拉澤斯群島、克里特島的領土，強化並鞏固了其在東方的統治版圖。以往從屬於絕對強勢的拜占庭帝國之下的威尼斯，如今卻成為統治該帝國的角色。

然而，拉丁帝國的立國基礎相當薄弱，熱那亞人為了對抗威尼斯人，與東羅馬王國（Basileia Romaion）結盟，於一二六一年推翻了拉丁帝國，拜占庭帝國再次復活。為了爭奪海運、貿易之霸權，威尼斯與熱那亞不斷發生衝突，兩者對於海域的爭奪已不可避免。熱那亞的艦隊在一二九八年的海戰中獲勝，並俘虜了威尼斯的商人馬可波羅。馬可波羅跟隨父親、叔叔，在蒙古帝國皇帝忽必烈時代周遊了中國各地，長期旅居外地的經驗讓他累積了眾多珍貴的體驗。在熱那亞的監獄中，馬可波羅將自身的經驗，以回憶的方式口述給同樣在比薩對熱那亞的梅洛利亞海戰（The Battle of Meloria）中，遭到俘虜的比薩小說家魯斯蒂凱洛（Rustichello da Pisa），之後魯斯蒂凱洛將馬可波羅的回憶寫成了《東方見聞錄》。

如今，馬可波羅這號人物是否存在屢遭質疑，不過這本《東方見聞錄》的內容，很多都是只有身處忽必烈身邊才得以知曉的事情。也有其他觀點認為，本書可能是綜合了多位威尼斯商人的經驗，再透過虛擬的「馬可波羅」這號人物之口，統整之後完成的。

◎造船廠與共和國的繁榮

沒有偉大的造船廠，就不會有海洋城市威尼斯的發展。仿效拜占庭帝國打造的國營造船廠（軍備廠），創建於一一〇四年，之後隨著時間的推移規模不斷擴大，到了一二七〇年時，不論在貿易或海運中都擔負起重要角色，擁有具備強大承載量的巨型船隻，都出自造船廠。造船廠擁有具備高度技術的匠人，推行標準化作業，並率先採用了近代的帶狀輸送機系統，打造出得以大量生產的機制。正因為徹底推行規格化，因此在維修上也相當方便。

十四世紀時，威尼斯與海運相關的法律，是以阿瑪菲過去的法律為藍本，經過細緻的修訂而完成的。在許多條例中都能看到，其反映了造船廠工匠們社會經濟的勞動條件，可以看見國家直接參與貿易活動的痕跡。到了十五世紀，威尼斯共和國達到繁榮的巔峰。其領土涵蓋了義大利半島的東北部和達爾馬提亞沿岸，甚至延伸至希臘。之後透過賽普勒斯國王詹姆士二世（James II of Cyprus）的遺孀凱瑟琳・科爾納羅（Catherine Cornaro），取得賽普勒斯（一四五四年），擴大了在東方的領土。

在一五七一年的勒班陀戰役（Battaglia di Lepanto）中，威尼斯、西班牙、羅馬教宗聯軍擊敗了奧斯曼帝國，威尼斯艦隊在這場戰役中做出了極大的貢獻。繼承世族摩多吉尼家族（Morosini）、布拉卡丁家族（Bragadin）血統的威尼斯海軍大將和隊長們，為了守護基督教世界，多次為了名譽勇敢的和土耳其人作戰。

通往伊斯蘭世界的窗口

◎與伊斯蘭城市的共通點

威尼斯與希臘古典文化和以基督教為中心的拜占庭世界之間的深厚連結，很早就受到關注，研究領域多元廣泛。然而，與伊斯蘭世界，特別是阿拉伯各國的關係，相對來說則是到了最近才終於受到注目。除了經濟史領域之外，專注在美術、建築、城市空間方面，進而擴大至文化整體，來探討威尼斯與伊斯蘭世紀的密切關係，更是嶄新的研究課題。

這個領域的先鋒是原本就對威尼斯文藝復興建築進行正統研究而聞名的英國女性建築史學家霍華德（Deborah Howard）。她在《威尼斯與東方》（二〇〇〇年）這本書中，跳脫出至今為止的研究方式，放眼威尼斯和伊斯蘭世界在建築、城市上的眾多相似點，深度比較了兩者在視覺上的特徵，並論述東方先進的建築與城市文化對威尼斯帶來的重大影響。她還以埃及的亞歷山大港、開羅，敘利亞的阿勒坡、大馬士革等重要城市作為考察對象，於當地收集文獻史料、觀察現存的建築物，親身去感受那裡的空間、文化，進行了相當有意思又具深度的調查。我也在一九九〇年前後，以相同的立場關注威尼斯、南歐的海洋城市與伊斯蘭世界城市之關係，所以相當關注霍華德的研究。在認識了威尼斯的城市景觀後，再去檢視它與伊斯蘭世界城市的共同之處，是研究中相當重要的一環。

大馬士革（Dimashq）、阿勒坡（Aleppo）、開羅、亞歷山大港等地，都是威尼斯人在中世紀造訪、旅居之地。當時的威尼斯旅人對於高度發展的東方城市，究竟是抱持怎樣的感覺去看待的？這些問題確實耐人尋味。霍華德也提到，特別是在馬木路克蘇丹國（Sultaant Misr al-Mamalik，一二五〇～一五一七年）的首都開羅與亞歷山大港，都是讓威尼斯人備感親切，並為之稱羨的模範城市。其中開羅與威尼斯一樣，都是擁有十五萬人口的城市。

讓威尼斯人最讚賞的地方是這些伊斯蘭城市中活絡的商業氣息。中世紀的威尼斯雖然商業也相當熱絡，不過這些東方城市則更為活躍。每個城鎮的大清真寺周圍，都發展為蘇克市集（souq），是作為公共活動的中心的商業特區，與人們居住的住宅區明確劃分。住宅區以高密度的方式聚集，狹窄的道路交錯，裡頭還暗藏許多死巷，宛如一座隱密的迷宮。

從上述伊斯蘭城市的城市特性來看威尼斯主要的市場、公共建築，從聖馬可到里奧托一字排開，均十分相似。另一方面，周邊

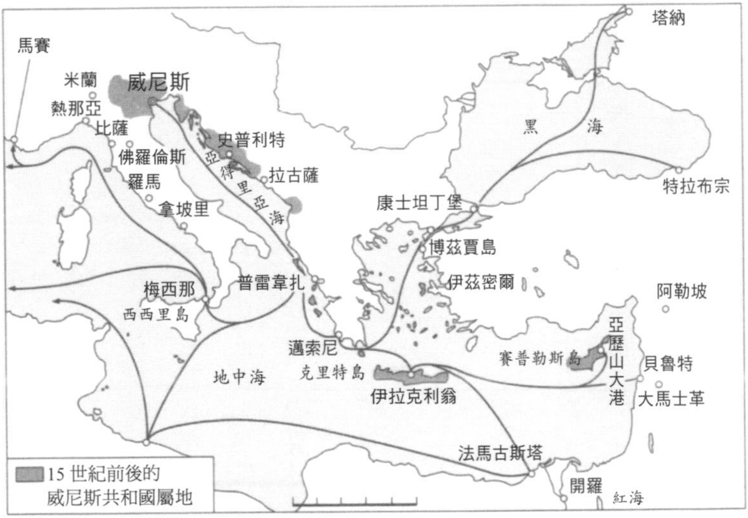

威尼斯商人造訪的東地中海城市　依永井三明《威尼斯的歷史》（刀水書房，2004 年）製成。

的住宅區作為私人的空間，以複雜的方式展開，讓外地人一走進去立即就會迷失方向感。

在城市內部的明暗對比中，無論是從狹窄且即使是在白天仍依然昏暗的「商店街」（Merceria），走到明亮的由迴廊環繞的華麗聖馬可廣場；或是自敘利亞阿勒坡混雜的市場，走到廣大的清真寺中庭，兩者帶來的感覺可謂如出一轍，相似性真是不勝枚舉。不過說到威尼斯的拱型狀建築裝飾等是受到阿拉伯地區的直接影響，則沒有任何疑問。到底源自伊斯蘭世界的城市景觀和空間結構等多元的要素，是如何進入並影響威尼斯的，要直接去檢證這些問題並不容易。

◎外國商棧

所幸，有明確的建築物能夠證明威尼斯確實受到阿拉伯/伊斯蘭世界的影響，那便是形式獨特的商棧（Fondaco）。當時的威尼斯就像是東方的商人城市，境內到處都可以見到異邦人。十五世紀末，法國大使菲利普・德・科米納曾言：「城市裡的多數是外國人。」來自米蘭的神父卡索拉（Canon Pietro Cassola）也回憶到：「彷彿所有的世界都聚集在這裡了。」

商棧是受理、接納這些來到威尼斯做生意，必須長期滯留的外國人的機構。里奧托橋旁設有日耳曼商棧，旁邊是波斯商棧，稍遠一點的地方則是土耳其商棧，這樣的排列方式相當典型。「Fondaco」一詞，其實是來自於以北非為中心的阿拉伯圈常見的 Funduq，在埃及的馬木路克蘇丹國最為常見，至今在摩洛哥依然將這樣的設施稱作 Funduq，這也等同於波斯語的 Kervansaray，阿拉伯語中則多稱為 Khan，土耳其語則是 Han，也就是商隊驛站之意，同時也是交易的場所。

這樣的商棧多為石造的二層建築，設有中庭，一樓為貯貨倉庫及辦公室，二樓則是客房。開羅、摩洛哥還有更高樓層的商棧。販售、交易的商品依各地區的特色有所不同，中庭多設有噴水池，是相當舒適的空間。不只是名稱，設置商棧這種思考模式，也是威尼斯人向擁有漫長且豐富交易經驗的阿拉伯／伊斯蘭世界學來的。直到現在，敘利亞境內許多旅館依然稱作 Funduq。

土耳其商棧　稱作 Fondaco 的商棧建築。現在是自然史博物館。

◎伊斯蘭世界的威尼斯商棧

相對於霍華德教授以歐洲的視角來看伊斯蘭世界，專門研究馬木路克蘇丹國、奧斯曼帝國的日本學者堀井優，則是以伊斯蘭的視角來論述義大利海洋城市與伊斯蘭世界的外交、通商關係及異文化的接觸。根據兩人的研究，我們得以了解旅居於埃及重要貿易港亞歷山大港的威尼斯人和熱那亞人活動的樣貌。

在很長一段時間裡，亞歷山大港設有兩座威尼斯商棧，這對西方國家來說是相當特例的做法。第一座可以追溯至十二世紀，自一一七三年便已存在；第二座則是在一二三八年，由威尼斯得了使用權的建築。亞歷山大港中，威尼斯的對手——熱那亞，則是在十五世紀初期曾短暫設置商棧。

雖然一直到十五世紀後半，都還能確認這兩座商棧依然存在於威尼斯，但確切的位置卻不得而知。只知道從其中一棟能從客房看到港口，眺望威尼斯商船抵達時的景致。在十五世紀亞歷山大港的地圖中，可以看到在教堂、紀念塔之間散落著平式屋頂的建築，或許那就是歐洲商人們的商棧。亞歷山大港在這兩個世紀內劇烈地變化，不過霍華德的研究指出，有許多疑似中世紀商棧的建築仍然留存至今。

東地中海的威尼斯商人、旅人們在東方的種種經驗，也是共和國設置商棧的重要推手。在十字軍的殖民地、大馬士革、阿勒坡，以及拜占庭帝國各地，這些商棧成為威尼斯人進行在地交流的核心據點。我也曾在前往阿勒坡時，造訪了喧囂的老街市場後，來到設有中庭的商隊驛棧（Khan），聽到人們說，以往威尼斯共和國的領事館也曾設置於此。商棧受到當地公權力的管制，除了隔離外國人，同時也為了保障他們及商品的安全，夜晚還會上鎖。在威尼斯，同樣在不同族群聚集的地方或商棧也有類似的政策，相信這應該也是曾居住於伊斯蘭商棧的威尼斯人、歐洲人反映出自身經驗而制定的規矩。

由此可知，商棧其實並非威尼斯的

亞歷山大港的城市景觀　15 世紀的抄寫本。收藏於梵蒂岡教宗圖書館。

專利，和義大利透過商業交易為生的城市，處處都可看到這樣的設施。當然其他四大海洋城市——阿瑪菲、比薩、熱那亞與拿坡里、巴勒摩也都能看到商棧的存在，甚至在內陸城市維洛那（Verona）也曾出現。只要是在地中海的舞台上，曾與東方各地直接、間接交流過的城市，可以說一定都設置過商棧。

◎掌握制海權

對中世紀的西歐城市而言，與東方進行貿易本就是相當重要的商業競爭行為。威尼斯在八世紀時便已經開始從東方進口奢侈品來販賣。如果照《年代記》作者所言，在九九一年時，總督歐塞歐洛二世（Pietro II Orseolo）更曾派遣大使前往所有伊斯蘭國君主領地。

威尼斯在地中海貿易上，早在十字軍東征前，便向拜占庭帝國的首都康士坦丁堡確立其優越性，在阿拉伯世界的埃及、敘利亞也占有一席之地。十一世紀時，對威尼斯的商船而言，亞歷山大港與的黎波里（Tripoli）都是伊斯蘭世界的重要港口。

一三八四年，佛羅倫斯人佛列斯寇巴蒂（Leonardo Frescobaldi）曾言，在開羅只有威尼斯的大公金幣（ducato）是唯一流通的貨幣。此外在一四二〇年，來自克里特島的威尼斯商人皮洛堤（Emanuel Pilotis）也曾說過，在亞歷山大港、大馬士革的香料市場，商家也只接受威尼斯的大公金幣。之後隨著阿瑪菲、比薩以及熱那亞力量的衰退，十四世紀後半至十五世紀，威尼斯的貿易更壓制了歐洲其他競爭對手，傲視群雄。

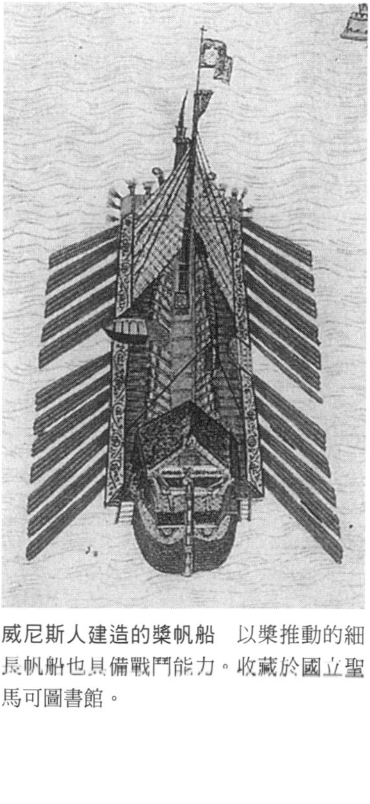

威尼斯人建造的槳帆船　以槳推動的細長帆船也具備戰鬥能力。收藏於國立聖馬可圖書館。

威尼斯相當重視亞歷山大港與貝魯特（Bayrut）的槳帆船航線，從一三四五年起，每年都會實施一次（有時一年二次）由官方正式護送運輸船前往亞歷山大港的活動。貝魯特則是在一三七四年之後，開始有規律的定期航線。隨著時間的推移，船隻的規模越來越大，這些航線也成為威尼斯的主要貿易路線，威尼斯在地中海上對於東方的貿易有著壓倒性的支配力量。

◎運往東方的出口品

成為海洋強權國家後的威尼斯強勢發揮其制海權，它不再只是建立商業基地，還經營殖民地。為了加強與本國的連接性，殖民地的要塞、城門、公共建築，都印上威尼斯的飛獅標幟，並帶進了威尼斯的法律、生活習慣，對市民的生活層面產生很大的影響。這對於貴族世家都各自進行交易活動，完全沒有共和國整體感的熱那亞而言，是難以想像的光景。

威尼斯的地理位置位在亞得里亞海的深處，以地中海世界而言，算是邊陲地帶。不過，熱那亞還是取得了亞得里亞海的制海權，掌控東地中海（黎凡特地區），在東西貿易中扮演了中央市場的角色。威尼斯憑藉其政治力，讓東方的物資先集中到它的城市，再經由這裡運送至義大利的各個城市、歐洲各國，成為中繼網路的要角。葡萄酒、油、小麥以及高價的香料等都是其主要交易商品。商品運送至熱那亞後會先上岸，並對暫時保管的商品收取關稅，這是共和國重要的財源。

相反地，隨著手工業據點馬木路克屬地的衰退，威尼斯在織品、肥皂、紙、玻璃等工業上的重要性增強，不只在歐洲，這些商品也開始出口至伊斯蘭世界。直到十五世紀，除了原有的北歐毛織品、金屬製品外，威尼斯的手工業製品也成為銷往東方的貨品。此外，商船在運送的途中，也會在停靠的港口購入橄欖油、蜂蜜、杏果、葡萄乾等，將其一同運至東方販售。相反地，棉花、香料、染料、香精、鹽等，則是自埃及、敘利亞進口的主要商品。

◎「威尼斯與伊斯蘭展」

二〇〇七年夏季至秋季，在面對聖馬可小廣場的總督府裡，舉行了一個令人玩味、名為「威尼斯與伊斯蘭」的展覽。這個展由位於巴黎的阿拉伯世界研究所企劃，最先在巴黎展出後，前往紐約的大都會藝術博物館，之後才來到展覽主題的所在地威尼斯。一九九三至一九九四年，同樣在總督府也曾舉辦過「伊斯蘭的遺產·威尼斯的伊斯蘭藝術展」，兩者可說是同一個系列的展覽，不過這次倒是第一次聚焦於威尼斯，在探討威尼斯與伊斯蘭的關係上頗有價值。

展覽舉辦的場所也相當耐人尋味。展覽會場設在海洋城市威尼斯的權力中樞——總督府二樓，面對聖馬可小廣場的「投票廳」。步上階梯，穿過與中庭相連、由一座座拱門裝飾的杜廊後，纏繞著特本頭巾的實體大阿拉伯人物雕像正在招呼我們。帶著雀躍的心情，我走進了會場。

隔壁就是同等於威尼斯國會的大議會場，這間投票廳裡收藏了文藝復興時代的詩人佩脫拉克（Francesco Petrarca）、藏書家貝薩里翁（Bessarion）等人的複製作品，這些都是各地捐贈給共和國的文物，就像是總督府的圖書館一樣。一直到十六世紀中期，聖馬可小廣場對面的聖馬可圖書館落成，這裡才變成專門選出總督等國家要職的投票廳。

廳內裝飾的壁畫，大多是一五七七年嚴重火災之後重新繪製的，除了安德烈·威千堤諾（Andrea Vicentino）所繪的勒班陀戰役之外，還有在達達尼爾海峽（Dardanelles Strait）、阿爾巴尼亞戰勝土耳其的勝利場面，以及在雅法（Yafo，現合併為特拉維夫〔Tel Aviv-Yafo〕）的威尼斯海軍戰勝埃及人的畫面等，盡是訴說著共和國光榮歷史的作品。光是在如此具有

勒班陀戰役　1571 年，以威尼斯為中心的艦隊打敗了奧斯曼帝國軍隊的戰役。圖為畫家安德烈·威千堤諾所繪，裝飾於總督府裡的壁畫。

歷史感的大舞台上舉行展覽，讓人彷彿搭上時光機，回溯海洋城市的歷史，能夠親身體驗到威尼斯與伊斯蘭世界之間的連動。

◎東西交流與「玻璃工藝」

威尼斯之所以可以成為偉大的海洋城市，其實關鍵就在它與東方的深厚關係。六世紀時拜占庭的勢力延伸至地中海世界，到了七世紀之後，伊斯蘭勢力更是如火如荼往東方發展。於是，在運送香料和絲絹的道路上，威尼斯人與穆斯林世界之間產生了商業上的交流，此後這種關係不斷強化，不只限於經濟活動，在對事物的思考方式、生活形態、文化層面上也都受到影響。威尼斯與阿拉伯、波斯及之後的奧斯曼帝國——亦即伊斯蘭世界的全體之間，都有深厚的關係。

威尼斯的藝術家、匠人們從伊斯蘭世界獲得了高度的技術、美術工藝樣式、高價的材料、裝飾品，並從中進行學習。但雙方的交流絕非只是單方面，受到伊斯蘭文化薰陶的威尼斯，其後也結出了璀璨的文明果實，伊斯蘭的商人也從威尼斯引進工藝品，並受到蘇丹的高度評價，發展出一種對等互惠的交流模式。

「威尼斯與伊斯蘭展」便是以表現兩者的交流為目的，展示了繪畫、雕刻、袖珍畫、地圖、貴重金屬、玻璃製品、織品、地毯、陶瓷器等，以高度技術打造出來、多樣且華麗的藝術品和工藝品。讓人目不轉睛的展示品不勝枚舉。首先，直到一八〇七年為止，作為大主教座堂的城堡區聖彼得主教座堂中收藏的「聖彼得之座」，為一石造的氣派石椅。這張石椅恰好可以做為表現出伊斯蘭文化風格，是充滿神秘色彩的一項藝術品。其椅背上刻有《古蘭經》中的一小節內文與阿拉伯特有的星形圖案。早期文化的傳播與相互影響，便是這樣從伊斯蘭世界單向傳往威尼斯。

玻璃製造的技術，可說是威尼斯人自中東阿拉伯世界學習到的技術中，最具代表性的一項。敘利亞、埃及自古以來玻璃產業就相當發達，到了中世紀已發展出高度的製造技術及精緻成熟的美感。威尼斯人全面性地加以模仿，並自中東進口原料。不過到了十四世紀，馬木路克屬地裡的手工業逐漸衰退，此時威尼斯的玻璃製造技術反而閃生飛躍的進步，生產出的精密製品已與敘利亞的不分軒輊。之後，敘利亞、埃及的生產也逐漸衰退，結果讓威尼斯的製品不論在經濟、技術以及藝術上都開始凌駕東方。向東方阿拉伯世界習得的技術，讓威尼斯成為世界最大的玻璃產地，其出口地從黑海到英倫遍布世界。就連奧斯曼帝國的蘇丹要購買裝飾在清真寺的水晶吊燈，也是向威尼斯訂購。

不論是金銀工藝、漆器工藝品還是陶器，威尼斯都自中東的阿拉伯、敘利亞進口高度發展的精緻製品，再轉賣至北方國家。與此同時，也模仿他們的技術，學習製造出同樣精美的製品。到了十六世紀，威尼斯的這些製品已經開始出口至包括伊斯蘭圈在內的世界各地。在這個展覽中，我們可以清楚地看到在與東方的交流中，威尼斯強悍的生存模式和智慧，以及文化的發展過程。同時處在帶有敵對關係的奧斯曼帝國等伊斯蘭世界之間，雙方之間其實有許多多元的互動，與經濟和文化上的交流，這種狀況維持了相當長的一段時間。這些歷史事實都能在這個展覽中深刻體會到。

◎伊斯蘭的科學與出版文化

威尼斯在出版文化上扮演的角色也不容忽視。義大利的許多城市因為受到專制統治，喪失了原本共和國時代的自由，只有威尼斯持續維護了共和國的自由，讓思想家、藝術家的表現受到保障，並出版了許多刊物。

阿拉伯世界的科學黃金時代為七至十三世紀，共維持了七百年之久。從數學到天文學、化學在到醫學，傳承自希臘高度的知識，並加以發展。對阿拉伯人而言，哲學也是科學的一種，阿拉伯伊斯蘭世界的眾多思想家都是科學研究者。

當然，這種知識的刺激，不可能不影響到威尼斯。威尼斯對國外的文化始終抱持著開放

威尼斯與伊斯蘭的交流　（上圖）為威尼斯商人描繪的開羅宅邸中的素描，房間中央設有噴水池。這是伊斯蘭世界才看得到的由高度技術打造出來的環境設計。（下圖）為1537年在威尼斯首次出版的《古蘭經》。取自：《「威尼斯與伊斯蘭展」圖錄》。

態度的，在其市街上可以看到哲學、宗教、科學、文學等各個領域的著作流通，到了十五世紀後半，這裡已經是歐洲最重要的書籍出版和推廣的重鎮之一了。

威尼斯的出版業者不斷出版各式各樣的書籍，像是阿拉伯世界廣為流傳的克勞狄烏斯・托勒密（Claudius Ptolemaeus）的天文學著作、影響了湯瑪斯・阿奎那（Thomas Aquinas）的伊斯蘭世界著名哲學家伊本・西那（Avicenna）的醫學概論、出生於安達魯西亞的科爾多瓦（Cordoba）的博學家兼醫學家伊本・魯世德（Ibn Rushd）的哲學作品等。此外，在一五三七年時威尼斯更出版了第一本《古蘭經》，由此可以知這座城市與東方之間的深厚關係。

1 〔審訂注〕「威尼斯海婚」指威尼斯和亞得里亞海結婚，但誰是新郎？誰是新娘？學界有不同看法。第一種說法：1000 年第一次海婚：Pietro II Orseolo 征服 Dalmatia，因此搭龍船出麗都，以聖水淨身後，將聖水灑向大海，祈求亞得里亞海風平浪淨。第二次海婚節於 1177 年由亞歷山大教宗促成。教宗希望威尼斯要疏遠神聖羅馬帝國腓特列一世皇帝，教宗脱下手中戒指交給總督，由總督拋戒指入海和亞得里亞海結婚，以保證以海和神聖羅馬帝國保持距離。兩次海婚的誓詞並沒提到誰是新郎、誰是新娘。日後產生兩派說法：新威尼斯史學者 Crowley 於 *City of Fortune* 在〈序章〉之第

3頁（中文版《財富之城》，22頁）指出，在威尼斯方言中，海是女性的 mar，因此由作為新郎的總督給大海新娘戒指，一千多年來海婚節皆如此。

第二種說法：威尼斯的國號是「最寧靜之國」（La Serenissima），詞源是陰性，且歐洲諸國一直以城市為陰性名詞，因此威尼斯是新娘，大海是新郎。指威尼斯嫁給作為男性的海 mare 成為許多人的理解

校者個人偏向第一種說法（新史學的看法），是總督個人保證和海聯盟以對抗皇帝，因此新郎是總督（今日改由市長當新郎），拋戒指是合於全世界男性送戒指向女性求婚的傳統。

2 耶穌升天節：復活節後四十天的星期四，通常是五或六月。

3 侯貝荷．吉斯卡（Roberto il Guiscardo）：常譯為羅伯特．吉斯卡爾，但因其為法國出生的諾曼冒險家，故從其法文名字 Robert Guiscard，譯成侯貝荷．吉斯卡。

第二章 漫步威尼斯

聖馬可廣場 1730 年迦納萊托之畫作。面對 L 型廣場，聖馬可大教堂、圖書館、總督府、造幣局也都位在這裡。此處作為共和國的權力中心，呈現出充滿秩序與統一感的城市空間。

從亞得里亞海到聖馬可

◎從東方搭船過來

接下來，就要實際乘船，從海洋的視角，接近這座經過種種歷練所打造出來的海洋城市威尼斯。

與東方海域交流的港灣城市——從這樣的角度來觀察這座既被稱作「水都」、也被形容為「海都」的城市威尼斯，將可看到城市的各個機能是如何分布於城市全體中的。往昔，人們總是藉由東方的海域來接近這座中繼貿易城市，如今，威尼斯與大陸之間建設起了鐵路橋墩與汽車道路，於是進入這座城市的玄關口跟著轉移到西北邊，前往「水都」的方式已和過去不同，靠的不再只是水路。即便是搭飛機前來，再轉乘水上計程車進入市區的人們，所走的也是北邊的路線。

然而，威尼斯的人們至今仍以通往東方世界的亞得里亞海水路引以為傲。自東方前來航行於潟湖上，隨著距離拉近，海洋城市威尼斯浮現在海上的樣貌逐漸清晰可見，這是深受當地人喜愛的經典畫面。因此，面水而建的聖馬可一直都是城市的門面，至今依然保有其不可動搖的地位。

對乘船而至的人們來說，威尼斯像是一座突然出現在眼前，浮現於海中央的島嶼。海口（Porto）這個名稱，指的便是三處連接亞得里亞海與潟湖的水路出入口，其中麗都的聖尼可洛（San Nicolo）港最為重要。由此進入潟湖的船隻，接著會往港灣機能完備的威尼斯本島前進。

航行在宛如迷你版海峽般的聖尼可洛運河上，在河幅最窄處的右手邊，可看到文藝復興風格的聖安德烈（S. Andrea）要塞。威尼斯與始終受到外敵威脅的內陸城市不同，其實並沒有正統的要塞建築，因為在這裡，海洋已經承擔了要塞的機能。然而，進入文藝復興時代，威尼斯還是找來在大陸各地，和在希臘的威尼斯殖民地等，以設計堅固要塞著稱的軍事建築家桑米凱利（Michele Sanmicheli），在面對外海最重要的出入口，建造了此一小型要塞。海峽的對岸是古老的城堡，以裝有大砲的平底船拉起鎖鍊，形成封鎖線，連結兩岸。在伯羅奔尼撒和克里特島等威尼斯殖民地城市的港口，也能看到相同的以鎖鍊做成的防禦裝置。

◎分散於城市各地的港口

將威尼斯放在港口城市中，更可以看出其風格的獨樹一幟。一般的港口城市，港灣通常都集中在一個區域之中。然而在威尼斯，城市空間被劃分為多個區域，港口的機能分散在城市裡，構成一個網路。這是只有身處於海上，才得以形成的特殊形式。

研究威尼斯城市史的權威多娜戴拉・卡拉畢（Donatella Calabi）女士曾引用《年代記》作者的記述，指出威尼斯是「座落於海上的城市」，然後將研究焦點放在威尼斯面海而開、

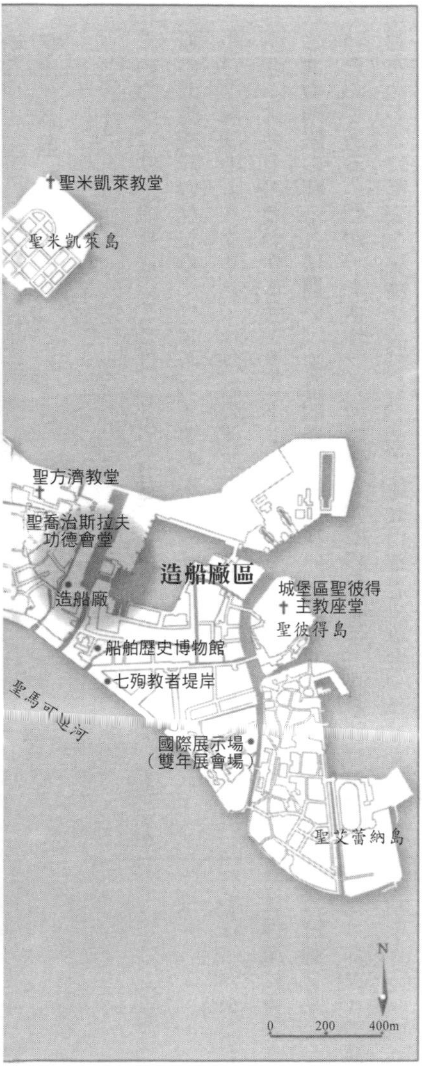

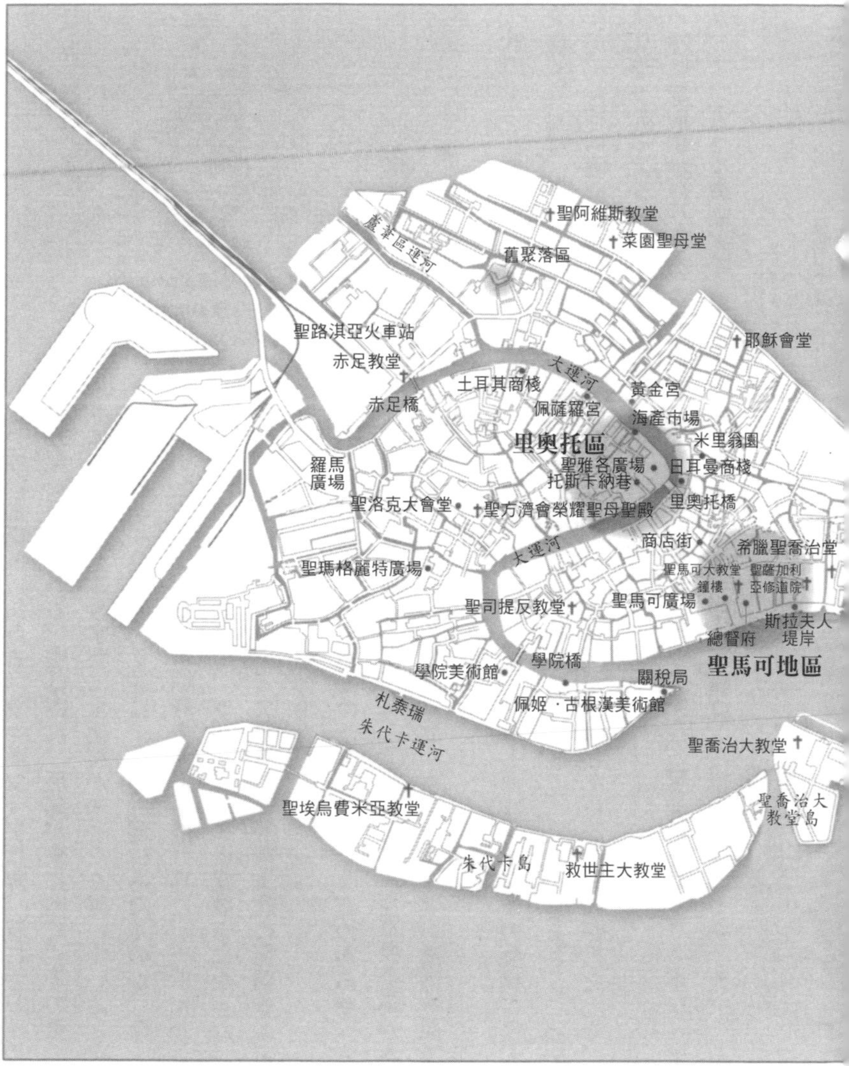
聖阿維斯教堂
菜園聖母堂
蘆葦區運河
舊聚落區
耶穌會堂
聖路淇亞火車站
赤足教堂
大運河
土耳其商棧
黃金宮
赤足橋
佩薩羅宮
海產市場
里奧托區
米里翁園
羅馬
廣場
聖雅各廣場
日耳曼商棧
托斯卡納巷
聖洛克大會堂
聖方濟會榮耀聖母聖殿
里奧托橋
大運河
商店街
希臘聖喬治堂
聖瑪格麗特廣場
聖馬可大教堂
聖薩加利
鐘樓
亞修道院
聖司提反教堂
聖馬可廣場
斯拉夫人
堤岸
總督府
學院橋
聖馬可地區
學院美術館
關稅局
札泰瑞
佩姬．古根漢美術館
朱代卡運河
聖喬治大教堂
聖埃烏費米亞教堂
聖喬治大
教堂島
朱代卡島
救世主大教堂
現在的威尼斯舊市街

獨特的城市性格上。座落於海上的城市——威尼斯，本身可說不具備任何資源。古代的史料中曾記載：「你無法從這片濕地上收成任何東西，遑論小麥、穀物飼料、葡萄酒。」在這樣的條件下，我們看到威尼斯為了生存下去，充分發揮了它的智慧和實力。它將經濟活動浸透至各地，從各個地方取得荒蕪之地無法生產的物資。因此造就了港口機能分散在城市各個角落的情況。

一五二〇年代，土耳其的地圖繪製者皮里．雷斯依軍事目的，為奧斯曼帝國的蘇萊曼大帝描繪了一系列的地圖，範圍包括了分布於義大利半島地中海沿岸的各個港都，其中也能看見威尼斯。從這張地圖可以清楚看出「座落於海上的城市」的樣貌，而且明確傳達出交通方式來自海上的城市印象。

自麗都的港口進入潟湖後，便會發現這裡匯集了許多重要的水路。威尼斯的形狀似魚，特別像一條比目魚，

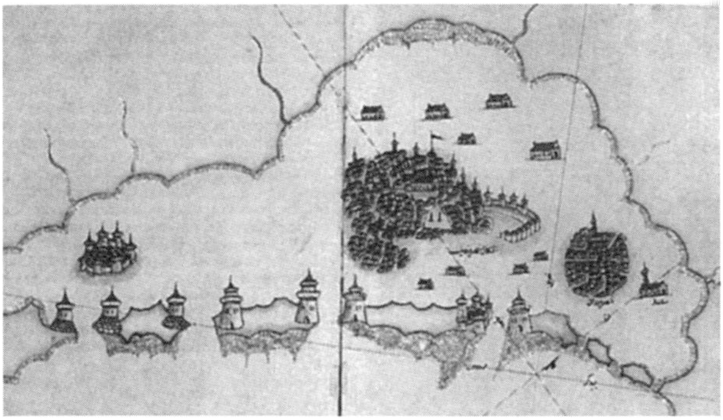

皮里．雷斯繪製的地圖　16 世紀的威尼斯。宛如浮現在潟湖之上的城市。取自：A.Ventura, L'Italia di Piri Re'is,1998.

頭朝西、尾向東，魚身中央有倒S形的大運河貫穿。剛好在魚尾處，有一座聳立著古老教堂的離島——聖艾蕾納島（Sant'Elena），其周圍淺灘在近代被填為陸地，島嶼成為和威尼斯相連的土地。這裡便是威尼斯向世界傳遞藝術文化的華麗舞台——威尼斯雙年展的會場。

由此向西，便可延伸到威尼斯本島聖馬可等心臟地帶。此外，還有許多重要的島嶼也都相互連結，形成威尼斯的港灣空間。

對於人口、物資都要大量自國外進口的海港城市而言，如何防制鼠疫、霍亂等疫病傳入，是相當重要的課題。檢疫所的英文之所以叫「quarantine」，是來自義大利文的四十：「quaranta」，這是因為以往入港的船隻、船員，都必須在此停留四十天，等到確定沒有發病之後，才能放行入國。

從疫病流行的危險地區前來的船隻，會受到特別嚴格地調查。仰賴商業交易為生的威尼斯，是世界上很早就導入此一檢疫制度、確立公共衛生的城市之一。

在同樣位於亞得里亞海濱、與威尼斯關係匪淺的共和制城市杜布羅夫尼克，也能看到同樣的設施。一三七七年，杜布羅夫尼克的檢疫所已經會將來自傳染病流行地區的船隻拘留一個月，在確定沒有染病之後才放行入港，這可說是世界上最早出現安檢制度的地區。幸運地，被潟湖水域環繞的威尼斯，還能由周邊的島嶼來擔負此一檢疫機能。一四〇三年，位於潟湖上的島嶼——古老拉撒列多島（Lazzaretto Vecchio）便有船隻檢疫的設施。

◎自由城市——杜布羅夫尼克

這裡我要稍微岔開話題，來看看中世紀以自由城市之名榮極一時的杜布羅夫尼克。如同〈序章〉所述，杜布羅夫尼克與亞得里亞海對岸的安科納，同樣都是在十五世紀後，有能力與壟斷海上商業的威尼斯抗衡之海港城市。

在前南斯拉夫局勢還算穩定時，我曾自貝爾格勒（Feograd）搭乘巴士，行經塞拉耶佛（Sarajevo）、莫斯塔爾（Mostar），橫跨山岳來到面向亞得里亞海的克羅埃西亞（Croatia）。一旦穿過內陸城市，來到亞得里亞海沿岸，城鎮和市街的風情便大不相同，映入眼簾的不再是莫斯科的尖塔，而是聳立的教堂鐘樓。不過教堂不是希臘正教的教堂，而是基督教堂。此一區域，在中世紀的十二至十三世紀，隸屬於威尼斯共和國。威尼斯共和國視亞得里亞海為自身的勢力範圍，稱其為「我們的海」，而杜布羅夫尼克附近的科爾丘拉島

（Korcula），則是威尼斯海軍的重要轉運站。因此，威尼斯的標誌——飛獅章紋、威尼斯哥德式的窗櫺，在亞得里亞海沿岸城市裡隨處可見。

杜布羅夫尼克為突出於亞得里亞海上的半島城鎮，古稱「拉古薩」，擁有宛如圖畫般的美景，是相當受到歡迎的國際觀光城市。話雖如此，杜布羅夫尼克依然躲不過內戰，戰亂中許多建築物遭到破壞，其後的復原工程曠日廢時，有些飯店、建築甚至直到最近才終於修復完成。在遭破壞之前，我曾搭乘纜車，抵達海岸背後聳立的山丘上。從這個高度可以一覽被城牆環繞、宛如要塞般，高建築物密度的城市整體風貌，其中連綿不絕的亮茶色屋頂，更是引人注目。

杜布羅夫尼克　自山丘上眺望的風景。

杜布羅夫尼克不只城市的形態令人著迷，作為自由城市的繁榮史也相當令人玩味。其內部的山岳地帶受到來自土耳其的威脅，海濱則有威尼斯在一旁虎視眈眈，在這樣的情況下，杜布羅夫尼克能始終保持獨立，著實令人佩服。這座城市過去除了擁有強而有力的艦隊。而讓這座自由的城市能在中世紀繁華一時的港口，至今其原型依然保存良好。

自海濱穿過城門進入市區，便會來到城市的心臟地帶，出現在眼前的是偌大的廣場，一旁林立著一棟棟氣勢非凡的建築。其中最氣派的，便是足以與威尼斯總督府比擬的杜布羅夫尼克總督府（Kneževdvor）。威尼斯和佛羅倫斯等一般的義大利城市不同，為了不讓權力集中於特定的家族和個人身上，巧妙地發展出集體領導制度，而在杜布羅夫尼克也有類似的制度。帶領我們的導遊阿德瑞娜小姐為我們介紹，這裡的總督每個月會輪替，一旦被選為總督，就必須放下私利私欲，離開家人，為期一個月住在總督府裡專心職務。雖然這是個榮譽的工作，但實際上卻形同半軟禁的狀態。不過，正因為實行這種民主制度，杜布羅夫尼克才得以像威尼斯一般，長期維持共和制度，守護自身的自由與獨立。

杜布羅夫尼克還有一個有趣的地方，在以羅馬梵蒂岡為中心的階級制度之下，比起主教座堂，杜布羅夫尼克卻更看重祭祀保衛城鎮先烈的聖布萊斯（S. Blaise）教堂，這座教堂和威尼斯聖馬可大教堂的地位相近。在這座匯集了島上居民虔誠信仰的聖布萊斯教堂之中，能看到具有象徵性的浮雕和雕刻，宛如杜布羅夫尼克城市的縮影一般，同樣的雕刻也出現在城門等市街各處，增進了市民的歸屬感。維持獨立的杜布羅夫尼克，始終都和威尼斯互相較勁，但同時也深受威尼斯的影響。像是在鑄造貨幣的斯彭紮宮裡的立面裝飾，便能看到威尼斯哥德式的窗櫺。

不過，美麗的在地導遊阿德瑞娜小姐，卻堅決不承認這是來自威尼斯的影響。從她身上看到那份對家鄉杜布羅夫尼克的強烈情感與驕傲，我相信這便是支撐著這座自由城市的骨氣吧。

◎如何與水共生

再把話題轉回威尼斯。為了解潟湖的水路環境特徵，我們先來看看克里斯多夫·薩巴堤諾（Cristoforo Sabbadino）於一五五六年所繪製的設計圖。威尼斯是渾然天成的要塞，不太需要擔心防禦的問題，他們最需要關心的，是如何在與潟湖水路的自然環境中取得平衡過生活。薩巴堤諾為任職於共和國公家機關的治水技師，他的設計案雖然沒有全部實現，不過對於讓後人了解當時人的想法很有幫助。此時威尼斯正值人口增加的時期，必須擴張擴展建築用地。薩巴堤諾率先採取了近代的模式，計劃填海造陸，設置住宅區。不過，他最重視的還是水的流向，從設計圖中可以看出，薩巴堤諾為了維持水流循環的用心。看到十五、十六世紀留下來的地圖、設計圖，可以了解當時管理水路的技師們，是多麼想建立一個綠色的系統。

當前，威尼斯為了解決漲潮灌水的問題，開始計劃大型的土木工程，打算在亞得里亞海與潟湖之間的海口上，建造三座可動式水門，以便在遇到緊急狀況時可關閉水門確保城市安全。然而對於這個計劃，今日依然備受爭議。這樣的問題並非今天才有，歷史上也能看到威尼斯人提出了各式各樣的思維模式、解決方法，以討論該如何與水共生。文藝復興時代的人們和現代人相比，對整體的環境系統或許有著更深入的關懷與理解。

來自大陸的眾多河流匯入潟湖，源源不絕帶進了砂石，讓湖深不斷變淺，使之成為引發瘧疾的原因之一。為此，威尼斯進行了土木工程，打造了直線的新運河，作為支流，讓水可

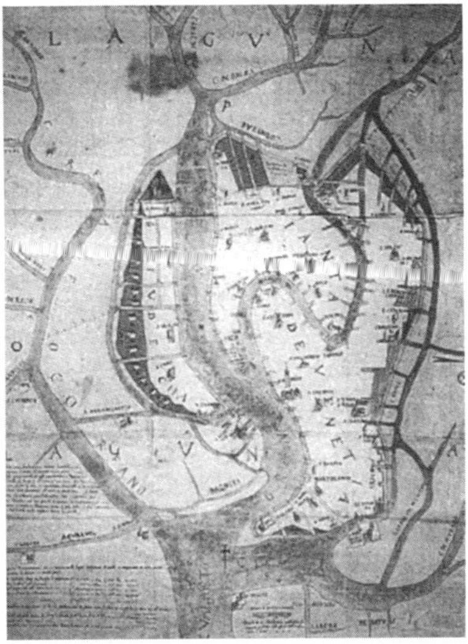

薩巴堤諾的設計圖　1556 年，威尼斯的治水技師薩巴堤諾所繪。收藏於威尼斯國立古文書館。

以直接流到「外海」亞得里亞海。

◎巴勒巴里的鳥瞰圖

行經聖艾蕾納島周邊，向聖馬可的海濱前進的航線，時至今日，依然有奇大無比的地中海郵輪會利用此這條路線進入威尼斯。我雖然搭不起那樣豪華的客船，所幸還有連接麗都島與聖馬可的普通定期船班，一樣可以由海上前往威尼斯，感受相似的空間體驗。

如同前述，在漫長的歲月中，威尼斯古堡區聖彼得主教座堂總是被隱藏在後方，從船上只能看到教堂的鐘樓。其西側是威尼斯港灣設施中最重要的造船廠，在周詳的設計下，也是隱藏於城市的內側，從主要航道上看不見它的身影。

從聖馬可地區向東延伸，自斯拉夫人堤岸（Riva degli Schiavoni）一路連接至七殉教者碼頭（Riva dei Sette Martiri）、近海一帶。以往總有眾多大型帆船在此下錨停泊，這一點從當時留下來的鳥瞰圖、景觀圖都能一窺究竟。

特別是在巴勒巴里家族的雅各（Jocopo de Barbari）繪製的詳細鳥瞰圖（一五〇〇年）

中，能看到多艘大型帆船威武地停泊於海上，令人印象深刻。此一鳥瞰圖，共由六張木雕版組成，展開尺寸為一．三五×二．八二公尺。它正確地繪出建築物的形狀、樓層數、窗戶的數量、形態、煙囪的數量等，明確傳遞了威尼斯自中世紀進入文藝復興時期這一個重要階段的城市景致，是相當珍貴的鳥瞰圖。不過，讀者可以發現圖中的船隻，不論在體積或豪華度上，似乎是有些誇大。對於特別要去強調的事物採取象徵性、誇大的畫法，是這類鳥瞰圖的特點，這也讓我們得以了解那個時代的人們看重什麼，意義非凡。

如此想來，雅各的鳥瞰圖，集中表現了海洋城市威尼斯的光榮與繁華，與現代精確的平面圖相比，更是突顯出其特徵。原本是流經市街正中央的大運河，在鳥瞰圖中大幅度地偏左（西），相對地，自聖馬可大教堂到斯拉夫人堤岸、七殉教者堤岸，一直連接到右側（東）的重要港灣空間，則是寧願犧牲正確比例，也要畫得比實際更加龐大、詳細。位於城市內側

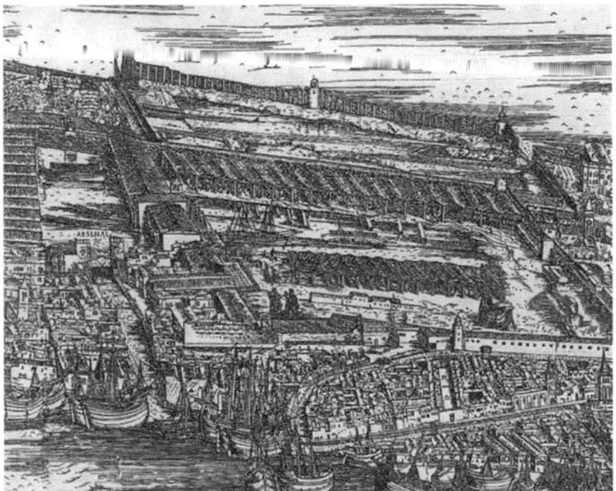

巴勒巴里的鳥瞰圖　圖為威尼斯造船廠的部分，岸邊（下方）可見大型帆船。

的造船廠，在表現上也很誇張，就連聖艾蕾納教堂旁的船員醫院，也清楚標在圖中。

此外，圖中還能看到許多象徵海洋城市的重要因元素。畫面的中央上方，繪有掌管商業與貿易之神墨丘利（希神臘神話中的愛馬士）。在聖馬可的外海、大運河入口處前方，也繪製了大大的海神內普頓。在文藝復興悄然造訪的這個時期，古代希臘、羅馬神話及其世界觀依然傳承了下來，成為此鳥瞰圖的象徵性元素，而神祇們也始終守護著不斷來回於東方海域、堅強而生的海洋城市威尼斯。畫面的中央繪有聖馬可廣場，廣場上有總督府和聖馬可大教堂，在其上下坐陣著上述兩尊神像，象徵性的構圖讓人印象深刻。

水都的水路幹線——大運河兩岸與經濟商業中心——里奧托市場，也被細緻地描繪出來。不過，位於大運河西側、占有半個威尼斯面積大的領域，卻小得不成比例。看得出這這幅畫的構圖，是在讚揚與東方連結的海洋城市形象。

◎船員的住宅公寓

從巴勒巴里家族的雅各所繪的鳥瞰圖可以推知，當時停靠於此的船隻數量有多麼驚人。

一四九四年，來自米蘭的朝聖者卡索拉神父自威尼斯出航，他曾表示威尼斯的船隻數量多到難以計數，並說道：「即便我詢問了擁有巡訪各地海洋城市經驗的人們，他們都告訴我，從來沒有看過像威尼斯這般，擁有這麼多船隻及如此巨大港口的城市」。

船的出航儀式相當盛大。一三六三年，在斯拉夫人堤岸旁住了三個月的佩脫拉克曾在夜晚寫就的書信裡提到，大型船隻出航時總是吵吵鬧鬧，令他困擾不已。直到今日，仍然有來自地中海的大型郵輪停靠於此。

自斯拉夫人堤岸向東延伸的水岸一帶，和東方海域之間的關係特別深厚。中世紀晚期，此地不但為船員設立醫院，還在面海的位置，為船員的家屬建造三棟相連在一起的公寓建築。目前已是市營國宅的這些建築物，最早的起源可追溯到十四世紀，它們都是共和國為船員所建造的船員公寓（現今的國宅應該也是十五世紀建造的建築）。為了共和國不惜性命前往東方的船員，共和

船員的住宅公寓　面向斯拉夫人堤岸而建的住宅，是船員及其家庭的保障。作者拍攝。

國對他們的家人提供社會保障。

斯拉夫人堤岸及其後方一帶，設有提供前往聖地耶路撒冷朝聖者入住的住宿設施，並能看在那看到許多與東方有聯繫的港口城市所特有的要素。達爾馬提亞人（斯拉夫人）、希臘人是威尼斯城市社會中與東方世界連繫的象徵，他們在此形成了集團社群。有關這個區域的事情，容後詳述。

◎威尼斯的核心——聖馬可地區

乘船繼續往西前進，會抵達海洋城市威尼斯最大的心臟地帶——聖馬可地區。起到象徵著來自海上的聖馬可小廣場（Piazzetta），儼然是威尼斯最具代表性的的正面玄關。

十二世紀，總督齊亞尼（Ziani）在位時期（一一七二～一一七八年），擴大、整頓了聖馬可廣場，也就是今日我們所見的樣子。聖馬可廣場主要是由內側的大廣場（Piazza）與面海而開的小廣場（Piazzetta）所組成，整體成L型。小廣場的海濱，聳立了兩根自東方運來的圓柱，是城市入口的形象。當時已經出現與現在相似的階梯型的船埠。在進入文藝復興時代之前的十五世紀末，來自低地國烏特勒支的畫家艾爾哈德特・列維克在前往聖地耶路撒冷朝聖時曾途經此地，在他的景觀畫中，生動地描繪出中世紀末華麗熱鬧的水岸城市。在哥德式風格的總督府後方，是裝飾有五座拜占庭風格圓頂的聖馬可大教堂，為了眺望海洋城市風景而建的鐘樓高塔聳立於大教堂後方。其他的建築則在文藝復興之後，紛紛改建為更加華麗，帶有紀念性的建築。

自聖馬可的外海稍向西行，就會來到設有海關關稅所的大運河入口。現在留存的紀念性建築物建於十七世紀，在雅各的鳥瞰圖中，我們能看到中世紀較為樸素的前關稅所。為了控管大量的船運貨物，關稅所的周邊及大運河沿岸都設置為公共區域，在它的周邊也有許多帆船的停靠處。

原設於里奧托的關稅所，在一三一三年移至聖三一區（Santa Trinita），搬遷的理由或許是為了打造出更鮮明的海洋城市印象也不一定。在伊斯蘭世界從事貿易的城市中，對那些來自外地的船隻而言，稅關所是一個最先讓他們接受該城洗禮的地方。此外在亞歷山大港，關稅所也是設置在面向東側港口的城門旁。

從聖馬可廣場到里奧托市場

◎聳立於水濱的建築群

接下來準備進入了大運河了。不論是什麼時代，相信來到威尼斯的訪客，都會對這裡的房子竟然是直接建造於水中感到驚訝。荷蘭的阿姆斯特丹也有部分老街的住宅區採取類似建築模式，卻沒有像威尼斯這般以面水側作為住宅正面入口，可以說這是威尼斯的一大特徵。為了打造這樣的水中建築，首先要具備基礎技術，將松木或櫟木等木樁深深打入由黏土、砂石形成的堅固地基層中，再在上方排列松木板做成平台，接著再於上方以牢固且能防海水侵蝕的伊斯特里亞半島（Istria）產石材製成基台，最後才建造牆壁和樑柱。海水只會直接接觸到伊斯特里亞石，木材在泥土中受到礦化作用，反而更增加了持久性。

因為各家住宅都沿著水路主要幹道、大運河的水畔而

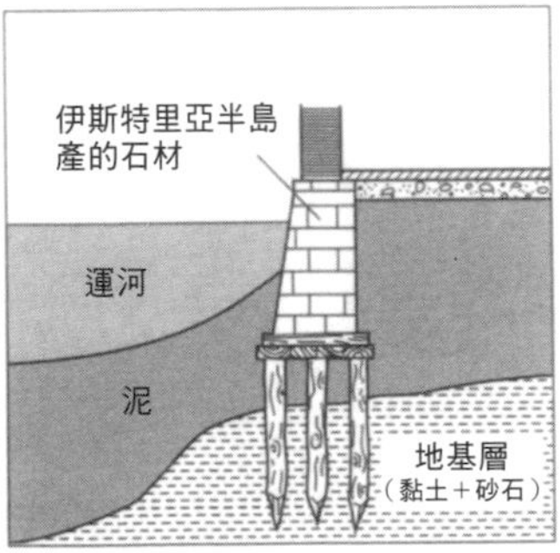

建築物的基礎構造

建，以致公共的岸邊空間十分有限。兩側盡是一棟又一棟自水中拔地而出的豪華宅邸，形成了獨特的水岸美景。在東方貿易步上軌道的十二至十三世紀，商人貴族們開始沿大運河建造宅邸。在那之前，移居於浮現在潟湖上群島的人們，多是分散於礁島四處，居住在樸素的木造住宅中，形成一個個社區。進入十二世紀，內部的古老運河沿岸，開始建造起磚瓦製的住宅，之後才進入了沿著幹道大運河打造居所的時代。

尤其是不斷前往東方海域冒險的商人們，彷彿是在彼此競爭，他們以里奧托區為中心，爭先恐後地沿著大運河建造起商棧。威尼斯第一批道地的石造磚瓦製住宅，便由此誕生。這些建築的一、二樓由開放式的拱門造型相連，在牆面、拱門開口處周邊，則是以色彩繽紛的石頭展現出富含裝飾性的威尼斯風格樣式，也被稱為威尼斯拜占庭風格。

這種建築形式兼具住宅與商棧功能，既是商業據點也是私人住宅，多被稱作「商棧豪宅」（Casa Fondaco）。船隻自東方運來的物資，也是送至各個商棧，因此這些建築的正面玄關口多面水，形成開放式構造，讓船隻得以直接停靠、卸貨進屋。最後，形成堤防、卸貨場、倉庫、商棧、住宿等多樣機能合而為一的建築。一樓多半具有倉庫機能，二樓則是居住空間，這樣的劃分也與前面提到、提供外國人住宿及交易用的正統商棧十分類似。於是，

十二、十三世紀，開放式的華麗商棧建築林立，大運河也成為威尼斯的主要幹道。

◎仿效古羅馬的別墅

其中被視為是這類典型商棧的，是一棟建於十三世紀的商人貴族宅邸，它在其後成為土耳其人的商棧。這棟建築的中央為相連的拱門，打造出二層樓高的寬敞騎樓拱廊，兩端則設有高塔，為標準的建築樣式。但不論是佛羅倫斯、羅馬，或任何其他城市，在中世紀都不曾出現這般開放式的城市住宅建築。這種獨特的住宅建築，究竟是如何在威尼斯誕生的呢？

首先，這些身兼住宅與商業交易據點的商棧，必須具備能讓船隻直接停靠並卸貨的機能。其次，與其他建築面對人來人往道路的城市不同，正因為它是沿運河而建，才得以採取這種開放式的結構。再加上威尼斯為浮現於潟湖中的天然要塞，共和國本身又具備優質的政治體系，內亂少、治安佳，也讓建築本身不需在防衛上多費心思。與之相較，義大利的其他城市卻時常遇上教宗黨（Guelfi）與保皇黨（Ghibellini）的分裂，內亂不斷。

雖說這些都是威尼斯打造出開放式商棧建築的必要條件，不過在中世紀早期階段，就能建造出這般獨特且成熟的建築，絕對還是因為在威尼斯人活動的世界中，原本就存在了許多秀逸而值得仿效的建築及文化之故。

從這個觀點來看，古羅馬時代的別墅（Villa）也是值得關注的建築形式之一。隨著羅馬的勢力擴大，地中海世界進入和平的時代，義大利半島的拿坡里周邊、北義亞得里亞海沿岸、南部的西西里島、甚至是北非各地，都建造起設有開放式外觀的別墅。如同龐貝城留下的壁畫中所描繪，多數的別墅都是建於海濱，擁有面向水畔開放的柱廊，船隻也都是直接停靠在建築旁。

在龐貝壁畫中，海濱別墅的柱廊尚未形成拱廊形式，不過於迦太基出土的馬賽克畫中描繪的別墅，雖多位於田園，卻在正面的二樓處建造了規律的拱廊，兩端還設有高塔，與威尼斯的土耳其商棧十分雷同。此外，位於現在的克羅埃西亞，面亞得里亞海的城市史普利特（Split）中，建於四世紀的戴克里先皇帝（Diocletian）皇帝宮殿，便在能眺望海景的外部空間，建造了相連的拱迴廊，打造出寬廣的迴廊，兩端為具有紀念性意義的高塔。直到中世紀初期，威尼斯周邊都還多少保留著這種構造的別墅或宮，由此我們可以理解：時常出入亞得里亞海、地中海的威尼斯商人和貴族們，對於曾在各地見過的羅馬後期建築一定心懷憧憬。史汪波塔（K. M. Svoboda）提出，十二、十三世紀沿大運河而建的開放式商棧建築，其特徵便是起源於羅馬別墅的看法，其後獲得多數研究者的支持，目前已成為定論。

的確，將羅馬時代的別墅，視為十二、十三世紀威尼斯貴族沿著城鎮水路幹道「大運河」建造的氣派商棧建築之原型，是相當合理的推測。當時，威尼斯尚在城市建設的早期階段，各處也都還留有許多未開發的沼澤地和空地，即便是做為城市幹道的大運河，其水面應該還維持著天然未經雕琢的氛圍。因此，對當時的建設者而言，以沿海而建的羅馬別墅為原型打造相似的建築，想必是相當霸氣又值得炫耀的。

◎走向伊斯蘭風格建築

不過，隨著城市逐漸形成，中心地帶商棧一棟接一棟落成，大運河也大幅改變了面貌，從自然形成的天然河道轉變為人工的水路幹道。如此一來，點綴於大自然中的別墅，不再具有城鎮的風格。實際上，從十三世紀中期開始，商棧已經展現出與土耳其商棧截然不同的風情。兩側具有裝飾性的高塔消失，一樓中央的拱門擴大，強調了存在感。此外，與一般的半圓拱門相比，土耳其商棧也出現許多與羅馬別墅風格迥異，難以說明其源起的建築特徵，像是圓柱加長、拉高的拱圈，以及屋頂外圍不具防衛性卻富含裝飾性的女兒牆等。

來自東方拜占庭世界及伊斯蘭世界帶來的影響開始受到重視。十二世紀，在威尼斯開始出現商棧的此一時期，東方世界，特別是伊斯蘭各國的文化水準，遙遙領先西歐。

雖然向上聳立的拱門建築是起源於拜占庭，不過令其進一步發展、普及化的，則是伊斯蘭建築。不論在拜占庭建築還是伊斯蘭建築中，都能看到拱門與拱門前的圓形飾（médaillon），至於設置在屋頂裝飾性的女兒牆，在古代波斯帝國首都波斯波利斯的王宮和大階梯的扶手上，也能看到象徵「聖山」之類的裝飾，這種建築樣式之後在整個伊斯蘭世界隨處可見。

向外開放的柱廊，強調位於中央的拱狀造型，是這類建築的基本構造，與伊斯蘭建築相當雷同。不過，因威尼斯城市安全性高，加上面水而建的地理條件，才得以實現這種開放式的建築。與之相較，伊斯蘭建築則是利用在內部中庭設置相連的拱廊，來展現開放式的風格。在阿拉伯世界的城市裡，不論是清真寺還是私人住宅，都對面向道路的建築外觀漠不關心，對他們來說，面向中庭的內側位置，才是建築的華麗正面。

西班牙格拉納達（Granada）的著名建築阿爾罕布拉宮（Alhambra），當中的「科瑪萊斯中庭」也能看到強調中央部位的俐落柱廊，打造出彼此相連向上高聳的拱門。象徵綠洲的中庭水池中，倒映出柱廊的身影，讓人聯想到眺望大運河的威尼斯商棧。因為宮殿、住宅等世俗建築比較難保存下來，因此阿爾罕布拉宮可以說是理解中世紀伊斯蘭建築的珍貴遺跡。雖然威尼斯大運河沿岸的商棧建築在歷史上較為古老，但看到阿爾罕布拉宮，能讓人更清楚理解到，與此相似的建築在伊斯蘭世界中的確廣泛存在。

於是，威尼斯從水邊自然發展而成的樸素城市，轉變為人工化、規格化且高密度的水岸城市。轉變的過程中，威尼斯人活躍的舞台也一路東進，向東地中海的東方世界擴張。其商棧建築的原型，也從原本建造於海濱的羅馬別墅，轉變為設有中庭、易於運用於水都建築的伊斯蘭建築。

科瑪萊斯中庭　建於西班牙格拉納達的伊斯蘭建築——阿爾罕布拉宮內的美麗中庭。

◎世界最美的「道路」

大運河這條水路大動脈經歷了上述過程而成形的，不但融合商業交易城市不可或缺的水運物流之日常機能，更表現出與東方先進文化交流的痕跡，成為城市歷史與神話交錯之下所產生的象徵性城市空間。

接下來，進入十四、十五世紀哥德式風格時代，威尼斯的城市建設也來到黃金時代，今日所能見到運河與道路交錯而成的密集網路，便完成於此一時期，讓威尼斯成為著名的「水都」。此時的貴族宅邸，開始積極從伊斯蘭的宮殿和住宅空間，轉而追求居住的「舒適性」，從以往專注於商業機能的商棧，轉向重視家庭生活、待客機能等充實的內部空間。擔負船隻卸貨，身兼堤防機能的濱水開放柱廊已經消失，取而代之的是作為正面玄關的單一巨大拱門，建築的內部出現類似伊斯蘭建築的露台或中庭，展現出沉穩舒適的居住環境。自阿爾卑斯山北側傳入的哥德式風格，加上威尼斯長期受東方影響而孕育出的獨特工藝及裝飾風格，變得更加華麗，打造出符合水岸風情的精彩建築模式。

中世紀結束，來到十五世紀末時，法國國王查理八世派遣法蘭德斯的歷史學家菲利普·

德・科米納（Philippe de Commines）為大使造訪威尼斯，當時共有米蘭公國、費拉拉公國的大使等穿戴華麗的二十五位威尼斯貴族前來迎接，對於此盛大的歡迎，科米納於回憶錄中寫道：

> 我聽著介紹，沿著被稱作大運河旁的道路而行，水道上槳帆船來來往往，約四百噸的大船緊靠著路旁的宅邸停靠。整座城鎮形成一弧線形，運河兩側都被華麗的住宅妝點得美不勝收，我認為這條運河就是世界上最美的水道。每一棟建築都又高又大，以優良的石材打造，立面部分是從一百哩外的伊斯特里亞半島運來的白色石材，以及斑岩、蛇紋岩等建材打造而成。每戶住宅內部，至少都會有兩間房間以黃金裝飾地板，並設有白石打造的暖爐，偶爾也會看到鍍金的床框以及金箔、繪畫裝飾的屏風等，連家具都極盡奢華。

十四世紀之後，最豪華的貴族宅邸，都會建於大運河的沿岸，大運河始終都是水都的主要幹道。中世紀時，大運河上載著來自東方物資的船，是一條熱鬧的的經濟幹線。到了十六世紀文藝復興特代、十七世紀巴洛克時代，大運河轉變為慶典的華麗舞台，船隻的遊行、帆船大賽等不時在此舉行，只要提到這座城市的文化與娛樂，就不能不提到船。威尼斯還是發展出歌劇的著名舞台表演之都。過去貴族們要欣賞歌劇，也是搭乘自家用的貢多拉鳳尾船前往劇院，威尼斯的歌劇院在靠水那側也會設置出入口。

◎交易中心──里奧托

自中世紀起，水路幹線大運河的入口處，便設有關稅所（現存的建築建於十七世紀後半），進行貨物的檢查，檢查後將貨物換至小舟上，進入大運河航向經濟中心里奧托市場。里奧托區在運河的兩岸設有公共河岸，需支付使用費才能在此卸貨。不過大部分的船隻都會直接前往商人貴族的個人商棧卸貨，然後將貨品搬到該商棧的倉庫裡。這些貨品都有被徵收關稅。

從某種意義上來說，里奧托區才是商貿城市威尼斯真正的中心。大運河以倒S型流經整座城鎮，而里奧托區就位於其中央地帶，從地理位置上來說，也是威尼斯的心臟地帶。建於此地的里奧托聖雅各教堂（San Giacomo di Rialto），常與四二一年威尼斯誕生的創始傳說相互連結，據說是威尼斯最古老的教堂。不過這個說法的可信度並不高，現存的教堂建築建於十一世紀。

里奧托市場的相關史料，最早可追溯到一〇九七年。為了讓此區成為公共市場，威尼斯市特別請土地所有者歐利歐（Olio）家族將所有權委讓給政府。十二世紀，許多原本在此生活的家族紛紛搬離，讓這座島成為專司市場機能的據點，如同東方世界的巴札市場（Bazaar），是不能住人的商業特區。

十二世紀時，曾當過商人的齊亞尼擔任總督，在其規劃下，威尼斯的另一個中心聖馬可廣場經過擴大整頓也日益壯大。為了讓里奧托區與聖馬可廣場兩個核心地區能相互連結，於是架設了里奧托橋。大運河在流經里奧托區時，因為會經過河幅最窄之處，所以相當適合架橋。最初架設的橋樑，僅是以小舟橫向排列，再於其上放置木板製成的簡易橋樑。在一二六四年時替換為木造的固定橋樑，之後考量到下方船隻的通行，改為向上凸起的拱型。橋的中央為道路，兩側林立著像阿拉伯城市的蘇克市集般小店。渡橋的人們要走到拱橋的中央最高處，才會發現自己位於水上。

◎聖雅各廣場與里奧托市場

里奧托聖雅各教堂前，有一個被柱廊環繞，麻雀雖小、五臟俱全的矩形廣場。這個小廣場正是以往肩負起世界的中央市場機能，連結起東西方的場所，眾商雲集於此。在柱廊內的空間裡，是一間間的銀行、外幣兌換所和保險公司，它們制定出各項商品的市價，熱絡的交易活動讓周邊熱鬧不已。當時就已建立起如同今日銀行的交易系統，即使不用現金往來，也可從自己的帳戶直接匯款至對方戶頭。

里奧托市場中最有意思的是，在里奧托聖雅各教堂周邊，與橋樑相連的筆直道路兩側，都是支撐共和國運作的公家機關建築。這些建築的一樓都是拱門狀樑柱打造出的柱廊，營造出劃一的景觀。威尼斯只有聖馬可廣場及聖雅各廣場能看到經過計劃性打造出、整齊柱廊的城市空間。可以看得出來，這兩處都展示著共和國的威信　是帶有特別意義的廣場。

聖雅各教堂　據說是威尼斯最古老的教堂。不過這個說法的可信度並不高，現存的教堂建築建於 11 世紀。

話雖如此，廣場上到處擠滿了宛如伊斯蘭城市裡的巴札、市集（souq），其中有為數不少的商店販售貴重金屬等高級品，另外還設置有類似於今日財政部的管理機關。由此可見，職司政治、城市建設的聖馬可地方政府，對海洋城市威尼斯來說，扮演著執行重要經濟活動的角色。對威尼斯人而言，聖雅各廣場才是城市生活真正的中心區域。西側的迴廊前，能看到一下跪男子的雕像，雕像前方是當政者公布法律、判決的宣告台。同時，這座雕像也成為民眾張貼以幽默的方式諷刺日常生活中發生的事情，及民眾意見的布告欄。近年，在環繞廣場的迴廊一角，出現了新的變化。長年來作為倉庫使用的空間經過翻修後，改造為一間間時尚的葡萄酒吧，如今已成為當地人之間最受歡迎的新據點。

下跪男子像　船隻的出發、抵達和法令都公告在這裡。作者拍攝。

里奧托市場隨著東方貿易的發展一同茁壯、擴大，市場空間裡的氣氛也和伊斯蘭世界的巴札市集十分相似。若實際將世界上規模最大的阿勒坡市集與里奧托市場相互比較會發現許多有趣的雷同。它們都是以狹窄且兩側擠滿了小商店的道路為單位，這類道路多條平行排列，形成一座市集。除了聖雅各廣場周邊外，里奧托市場的大半都是由沒有柱廊的小店鋪和工房相連而成，與蘇克市集十分相似。現在阿勒坡的市集雖然多架起威尼斯所沒有的屋頂，不過在十五世紀前，沒有屋頂才是一般常見的景致。

那些和運河垂直、宛如梳子上梳齒的眾多小街道，它們受到和大運河相連而孕育出來的商業活動滋養，是港口城市最典型的產物。這樣的結構能有效率地運送大運河卸貨下來的物資。比薩、熱那亞等地，也都能看到這般和運河垂直延伸的細小道路。

在里奧托市場地區，沿著狹窄的道路而建的這些長而相連的建築物，其二樓都會建造木造懸臂樑突出於道路上方。這些稱作「巴洛卡尼」（Barbacani）的獨特建築形式，讓人聯想到東方建築常見的突出窗台。

建築的高樓層原為居住空間，但為了強化市場機能，經常被商人拿來當作倉庫使用。里奧托市場和伊斯蘭世界的市集一樣，沒有居住機能的商場空間不斷擴大。威尼斯最負盛名的其中一間餐廳「瑪丹娜」（Trattoria alla Madonna），就位於商業機能集中的里奧托的街道上、某棟典型建築物的一樓。

◎時尚產業

威尼斯還是一座匠人之都。這裡的手工藝在十三世紀就有顯著發展，進入十六世紀以後出現長足的進步，時尚產業也逐漸嶄露頭角。這些產業以里奧托市場後方的區域為活動據點，店鋪、工房都擠在不見天日的狹窄道路上。其中托斯卡納巷（Calle Toscana）最為典型。「托斯卡尼」一般指的是含括了佛羅倫斯、比薩的托斯卡尼大區，但這裡的「托斯卡納」，指的是比薩北部的路卡（Lucca）一帶——因來自路卡的匠人們聚集並活躍於此。以現在的角度來看，來自路卡的匠人同樣是義大利人，不過在當時，他們都是來自外國的工匠。

路卡人引領了威尼斯的重要時尚產業之一——絹織品的發展。他們在市中心的聖約翰教堂周邊及里奧托市場兩處，都設置了辦公室、工房，勢力龐大。匠人們擁有自己的守護聖人，並組織了行會（Scuola），設於威尼斯西北側聖茂古拉區的一角，一座擁有三角形博風板的獨特建築中。

對所有時尚產業的業界人士來說，里奧托市場都是最重要的據點。羊毛公會所在的帕藍貢巷（Calle del Parangon）位於販售貴重金屬等高級店鋪林立的華麗商店街上，布料的捆綁方法、規格是否符合規範，都是在這裡進行檢驗、品管。威尼斯方言中，「帕藍貢」即為比較之意。

◎支持誠實買賣

商業活動竟然能大規模占據市中心如此重要的場所，着實令人吃驚。在伊斯蘭世界，《古蘭經》神聖化了商人的活動，然而在基督教的教義中，對於商人、銀行家等則抱持著較為負面的看法。儘管如此，在商業城市威尼斯，即便是銀行家也完全不會受到歧視。威尼斯里奧托區的兩座教堂在舉行重要慶典時，總督會進行宗教性遊行，巡禮周邊地區，這讓周圍的商業行為也跟著神聖化了。在里奧托聖雅各教堂外，立有兩座令人玩味的碑文，分別以拉丁語和威尼斯語表示，內容為：「支持誠意與忠誠的買賣」。在威尼斯，商業與宗教就是如此直接地相互連結在一起。

為了方便自大運河卸貨，里奧托市場北側設有寬敞的空地。今日空地上也依然設有販售生鮮食品的市場。接近中心地帶的東側販售的是蔬菜，遠處西側賣的則是魚，再更遠處是賣肉的，販售環境的整潔度決定了與中心地帶的遠近距離。至於生鮮食品以外的日常用品，體積較大的都沿著流經市場周邊的大運河公共河岸直接卸貨進行販售。今天在許多河岸的名稱中，仍保留著葡萄酒、油、鐵、煤碳等字眼。鹽、胡椒、木材、鉛等金屬，甚至羊毛、生絲等高級品，也都是在里奧托的河岸卸貨。這些商品在卸貨、上岸時收取的稅金及河岸使用費，都是共和國重要的財源。

◎商棧的機能與結構

里奧托橋北側一帶，是此商業區的重要地帶，遲至一二二二年為止，可以確定這裡曾是日耳曼人的商棧。十二、十三世紀，里奧托市場作為連結東西方世界的中央市場，周邊的水岸也是外國人來到威尼斯經商時的據點，這裡設有眾多商棧，日耳曼人、波斯人、土耳其人的商棧都位在這裡。威尼斯人本身在埃及、達爾馬提亞、希臘等地中海各地建立自己的商棧，作為交易的據點，同樣的，威尼斯中也有各個外國人的商棧。

專門研究商貿之都威尼斯的歷史學者卡拉畢（D. Calabi），其研究聚焦於商棧的社會和政治機能上。十四世紀末至十五世紀初，威尼斯政府致力教導國人接納外國人，他們認為，讓外國人住得舒服，才更能讓商貿活動順利進行。當然，在接納這些外國的社群團體時，也得保護好威尼斯的市民。畢竟民族間的紛爭，是地中海及歐洲世界自古以來就存在的問題。威尼斯想出了一個能有效防止紛爭的方法——建立商棧。商棧是為了讓外國人與一般市民不起衝突而設計的獨特設施，精心打造出來的獨特空間，讓進入威尼斯進行交易的外國人，能與當地人保持適當距離而不致產生摩擦。

商棧中又以日耳曼人的商棧尤其重要。為了這些想要購買東方商品而來到威尼斯的日耳曼商人，威尼斯為他們提供住宿設施、倉庫空間及商業據點——這裡的日耳曼人指的是阿爾卑斯山以北的廣泛區域，也包含現在的荷蘭人等。

從巴勒巴里家族的雅各於一五〇〇年繪製的威尼斯鳥瞰圖中可以看到，直到這個時期為止，日耳曼商棧中都設有兩個中庭，與伊斯蘭商棧相同。現存的建築是於一四七八年時因火災損毀後，於十六世紀初時重建的。正方形的建築只有一座至於中央的中庭，周圍繞著四層樓高的拱廊，一樣讓人看得目不轉睛。

一樓設有卸貨場，兩側則是由共和國政府派遣至此的威尼斯人監督者房間。他們在此檢查商品的品質和數量並收取稅金。通過檢查的商品會被搬到中庭，收納在旁邊的倉庫中。今日的中庭屋頂加了格子梁玻璃天窗，原本這裡的中庭和阿拉伯世界的商棧中庭一樣，是戶外的空間；上層是人們住宿的空間，面向外側設有裝飾性的女兒牆，與土耳其商棧相似，從這裡也能看到與伊斯蘭建築類似的構造。

此外，商棧的外觀也經過精心設計，過去面向大運河側的外壁設有喬久內（Giorgione）的濕壁畫，面巷弄的那一側則是提香（Tiziano Vecelli）的濕壁畫。在文藝復興時代初期，受到中世紀東方世界影響的威尼斯，以建築外觀的裝飾展現對自身城市的文化認同，而其繽紛的色彩與美感也傳承自中世紀。許多貴族的宅邸也以古代神話為題材繪製的濕壁畫作為裝飾，不過，在被水環繞、濕氣較重的威尼斯，這些繪製於外牆上的壁畫隨著時間的流逝，還是逃不過消失的宿命。相信過去威尼斯的城市風光，一定比現在更加色彩繽紛。

日耳曼商棧不只是交易和商業的中心，也是舉辦各種文化活動的據點。十六世紀，繪畫大師杜勒曾造訪威尼斯並旅

日耳曼商棧　此建築已成為中央郵局所在。作者拍攝。

居於此，期間與貝里尼、喬久內、提香等威尼斯派的畫家進行交流。此外，據說在十六世紀時，擔任聖馬可大教堂樂師長的法蘭德斯作曲家范・維拉爾特（Van Willaert）也曾居住於此。商棧中庭會不時舉辦各式各樣的公演，成為日耳曼人士交流的據點，有時候威尼斯人也會允許加入。

◎重建里奧托橋

一般來說，對於要改變自己辛苦建立起來的城市環境，威尼斯人大多抱持保守的態度。十六世紀，大運河上唯一的橋樑里奧托橋面臨重建時，也遇上了同樣的問題。十五世紀末時原先的里奧托橋是一座從中央向上拱起的木橋。但是在一五〇七年設計的公開招募案中獲選的，卻是看起來堅固牢靠，橫跨於大運河上，橋寬二十八公尺的巨大石造拱橋。當時還默默無名的建築家「造橋的安東尼歐」（Antonio da Ponte）提出了如此大膽的設計，馬上引起了諸多敵視與反彈，以至於總共花費了八十年以上，一直到一五九一年才竣工。由此可見，威尼斯人對於去改變自己的城鎮，是抱持著何等慎重的心情。不過，耗時多年才終於完成的里奧托橋，卻徹底刷新了大運河既有的印象。

支撐著城市經濟的里奧托市場，是一個重視空間功能的地方，沒有必要仿效聖馬可廣場建設象徵性的雄偉建築，頂多就是像聖雅各廣場周邊一樣，柱廊得統一規劃而已。因此，橫跨於大運河上的里奧托橋，可以說是這一帶最具象徵意義的紀念性建築。在這裡，橋樑並不只是為了要抵達對岸而架設的土木設施，而是架於大運河之上，用來紀念與海共生的共和國，那份輝煌記憶的門。

新的石橋也與原先的拱型木橋一樣，在橋上設置了二排讓商店可進駐的空間，延續了廣場與市場的機能。此外，在運河的兩側開設了道路，讓水上與橋上的人們可以看到彼此。此一時期，來自東方滿載物資的帆船已逐漸減少，加上建造技術的進步，大型的船隻也不再需要航進大運河，橋樑也就沒有必要設置開閉的功能。自十六世紀文藝復興時代到十七世紀巴洛克時代，威尼斯的水路幹道大運河，也從與東方貿易息息相關的港灣城市水路，轉變為舉行水上慶典、表演的劇場城市舞台。

一五九一年，新里奧托橋完工，當時的威尼斯總督是帕斯卡爾・奇可納（一五八五～一五九五年在位）。今天，他的後裔賈帕歐羅・奇可納（Giampaolo Cicogna）伯爵就住在北義

現在的里奧托橋　16 世紀時，花了八十年才從原本的木橋改建為現存的石橋。

的維千扎，一棟建於文藝復興時代的氣派宅邸中。十七年前，我前往威尼西亞地區進行調查時，曾透過介紹，與日本的攝影師、編輯、建築家等一同前去拜訪了這位伯爵。我們受到伯爵的盛情款待，他說：「你們是遠道而來拜訪我們家族的第二個日本團體。」原來，第一組來拜訪伯爵的日本人團體，是天正少年使節團。一五八五年，我眼前這位伯爵的祖先，在威尼斯總督府盛情招待了來自日本的使節團。宅邸中依然掛著總督的巨幅肖像畫，再看看一旁伯爵高貴的臉龐，還真是一個模子刻出來的呢！

◎馬可波羅的舊居

威尼斯在十二世紀初期，曾遭受多次火災的嚴重摧殘，為了解決此一問題，他們著手將木造建築改建為磚瓦、石造建築，展開正式的城市建設。不過，一開始並不是從水流難以控制的大運河沿岸開始施工，而是從逡巡在城市內部的小運河周邊地區開始。這些建築並非直接正面面對運河，而是在面水處先打造出前庭院（corte），作為船隻的卸貨場、作業場，其後方才是宅邸。所幸，至今威尼斯依然有數個角落保有當時的痕跡，讓我們得以一窺十二世紀的城市結構。半圓拱門以拜占庭風格的精細動植物浮雕裝飾，彷彿訴說著時代的證言。此風格最典型的地區位於聖約翰區，往裡面走便能抵達馬可波羅的舊居。現在，位於城鎮後方的小巷雖然有點骯髒且低調，不過這一帶過去可是阿馬迪家族（Amadi）、摩多吉尼家族（Modoggini）、波羅家族（Poli）等[1]中世紀名門世家居住過的地方，每一家都有獨立的前庭圍繞。馬可波羅總以誇張的口吻，訴說著自已在東方的所見所聞，因此他得到了「百萬大爺」（Il Milione）的稱號，舊居的庭院也因此被稱作「百萬庭」。

從運河走向被高聳建築物圍繞的「百萬庭」庭院遺址，右側可以看到十二世紀時留下的拜占庭式拱門，上面裝飾有動植物的浮雕，

「百萬庭」 據說這一帶曾是馬可波羅的舊居所在地。作者拍攝。

一直到二樓為止都能看到許多獨特的裝飾，低矮厚重的窗櫺、像是老鼠簕狀的植物壁帶等，處處都帶有拜占庭世界的氣息。不過，從窗戶的樣式可以立即發現，三樓增建於哥德風格時代，四、五樓則是增建於十七世紀之後。這一帶，自十二世紀開始發展，之後便不斷隨著時代變化。能夠從街景中觀察出一座城市的誕生、變遷以致現代的過程，這也是在威尼斯等義大利城市特有的有趣現象。

廣場的原始景致

◎充滿威嚴的廣場

威尼斯是一座廣場城市。沒有一座城市像威尼斯這樣，擁有這麼多廣場，而且直到今日依然和市民的生活緊密鑲嵌。中世紀時，威尼斯曾一度禁止馬匹通行，這裡儼然是專為人類生活所打造出來的城市，也是威尼斯最大的特色之一。

在威尼斯眾多廣場中傲視群雄的，當屬聖馬可廣場。穿過曲折的幹道，經過小店林立的巷弄，才能抵達聖馬可廣場。中世紀時，威尼斯以地中海為舞台，不斷擊退列強諸國，實現了城市的繁榮，其城市權力的中樞就位於這個廣場中。在威尼斯，僅有聖馬可廣場使用了義大利文中的廣場「Piazza」一字來命名，由此也可了解到，這座廣場對威尼斯人來說有多麼特殊的地位。[2]

聖馬可廣場的形狀相當特殊，它和小廣場相連後形成L字形，面向寬廣的水域門戶大開，巧妙的構造充滿了戲劇性。讓如此獨特的空間作為城鎮的正面玄關，倒也相當符合水都的性格。一般來說，港口城市船隻的停靠處，通常多少都飄盪著些許老街的氣息，然而在小廣場與廣場相接之處，卻是建起了一棟又一棟國家級的雄偉建築，氣勢非凡。不只是宗教中心聖馬可大教堂（拜占庭風格）和政治中心總督府（哥德風格），支撐整個官僚體系的前行政館（初期文藝復興風格）、金融中心造幣局、文化中心圖書館（以上兩者皆為正統的古典主義文藝復興風格）也都雄踞於此。

此外，小廣場與廣場都傳承了古代廣場的傳統，以規律的圓柱圍繞，展現出帶有秩序與統一感的城市空間。這裡專門作為共和國的政治／行政中心，僅允許建造公共建築，與一般市民的居住空間徹底劃分開來。也因此，儘管隨著時代變遷，廣場上出現了風格各異的建築樣式，但在背後公權力的運作下，依然得以柱廊等打造出具有統一性的景致。

這一座充滿威嚴的華麗廣場花費了一千年的時間才完成。十二世紀前，這裡僅是被木造的樸素樓房所圍繞的空地，面積也只有現在的一半大，西側則是廣大的葡萄園。即便經過正式的擴建改造，從十五世紀的版畫上依然能看出，圖書館的現址在當時還只是旅館和麵包店等，一間間簡單的低矮店鋪，在小廣場的圓柱下，則散落著內攤等老街常見的攤販。經過不同的歷史階段，聖馬可廣場靠著人們的意志，計劃性地逐步規劃改建，打造出絢爛華麗，宛如虛構世界的空間。

◎列維克的景觀畫

威尼斯是一座如畫般的城市，至今仍讓眾多的畫家拜倒其石榴裙下，城市風景不斷再現於他們的畫作中。如同前面提到的，十五世紀後半，當這座水都開始出現文藝復興的徵兆，來自低地國烏特勒支的畫家艾爾哈德特·列維克，開始正式繪製威尼斯的景觀畫。畫中的視角由聖喬治大教堂的鐘樓眺望威尼斯，如今我們也能站在同樣的地方，以同樣的角度來眺望這座城市。

這位畫家，與當時前往耶路撒冷朝聖的神職者同行，其任務就是要畫下沿途城市的風景。他在威尼斯停留了二十五天，並完美地以一幅畫呈現出整座城鎮（之後製成木版畫出版）。畫中，雖然威尼斯的周邊地區有些許扭曲，後方本島的山陵也呈現幻想式的畫法，略顯誇張，但城市最重要的中心地帶，則描繪得相當精確，可以說沒有比這幅畫更能了解當時城市景觀的史料了。

此一時期，小廣場的西側依然排列著簡陋的麵包店和旅館，要作為威風的面海玄關口，顯然在氣勢上還差了一截。水邊販售魚、肉的攤販林立，想要前往東方海域的人們，都在此尋求能出航的船隻，與一般的港口城市一樣，散發著老街的氣息。

列維克的景觀畫　15 世紀時描繪的景致，與今日相去不遠。取自：G.Cassini, Piante e veduteprospettiche di Venezia, 1982

聖馬可廣場剛好是在西元一五〇〇年起，展開了文藝復興式的城市改造計劃。首先，建築師寇杜西（Mauro Codussi）在小廣場北面端點建造了鐘樓。以敲鐘的摩爾人像聞名的這座鐘樓，是人們從小巷轉至幹道，進入廣場時必先看到的景致，是宛如凱旋門般的存在。隨著鐘樓的落成，大大地扭轉了聖馬可廣場與小廣場的城市空間印象。從繪畫的畫法上，也能看到此一城市印象的轉變。巴勒巴里家族的雅各所印製的鳥瞰圖中，聖馬可小廣場備受重視，新落成的摩爾人鐘樓成為小廣場的背景，利用遠近法，從挑高的視角巧妙地捕捉並詮釋了廣場的空間。也就是說，自此，人們開始以文藝復興習得的新視角來看待聖馬可的城市空間了。

◎作為演藝空間的聖馬可廣場

當羅馬遭到外國勢力蹂躪，佛羅倫斯被梅迪奇家族壟斷統治時，在歐洲沉重的氛圍當中，只有威尼斯依然維持著共和國體制，洋溢著自由的氣息，也因此吸引了許多的思想家、藝術家聚集於此，形成了宛如知識分子避難所的城市文化。來到威尼斯的知名建築理論家塞利歐（Serlio），欲將聖馬可廣場以文藝復興的空間理念重新打造，所以留下了許多令人玩味，宛如舞台道具的透視圖。

而來自羅馬的古典主義建築家桑索維諾（Sansovino），實踐了塞利歐的設計。他將小廣場西側林立著簡陋旅館和麵包店的區塊，改建成羅馬風格的正統文藝復興式圖書館，增加了共和國門面的威嚴。不過這棟建築物不具厚度，從遠處看來宛如舞台的布景一般。就這樣，利用遠近法將小廣場成功打造為另一個舞台。

雖說遠近法讓廣場的演藝氛圍更加熱絡了，不過水都的中心聖馬可廣場本身，以大師貝里尼的畫為首，本就經常出現在各個畫家的作品之中。除了洋溢著慶典般的氣息外，也是匯集了宗教行事、慶典，充滿視覺性畫面的演藝空間。特別是在嘉年華會（面具節）時，這裡不斷地上演奇趣表演、戲劇，占卜師、甚至江湖術士都聚集於此，整個會場熱絡不已。假面即興喜劇（Commedia dell'arte）的演員大受歡迎，在人偶劇的小劇場和臨時搭設的舞台上高歌的歌手們，他們的周邊也擠滿了人潮。

以整個小廣場為舞台，還有更隆重的視覺性表演。人們在小廣場的中央架設起舞台，在舞台上擺設了一個小型凱旋門，然後施放煙火。在一旁聳立的鐘樓上，雜耍師沿著鋼索從天而降，來到貴賓席的總督身旁獻上花束。之後，共和國正面玄關小廣場前的水面，出現了被稱作「世界劇場」的移動劇場，表演音樂、舞蹈、戲劇等，更強化了廣場慶典的氛圍。

不過，現在的聖馬可廣場總是擠滿了觀光客，以及為尋求食物成群而來的鴿子，想在白天想要好好欣賞這個空間，變得相當困難。因此，我建議可以等到入夜後，夜深人靜時再造訪這個廣場。此時訴說著共和國光榮歷史的氣派建築層層圍繞著我，除此之外再也沒有別的干擾。在獨特的照明下，背對著夜空浮現於午夜的迴廊演繹出充滿秩序的空間，整座廣場由我一人獨占，可以盡情地遊覽，體驗讓人震撼的感動。

◎稱作 Campo 的廣場

在威尼斯，只有聖馬可廣場稱為 piazza，人們打從一開始就是以廣場的形式來打造，不過隨著城市的形成與發展，各地區（島）的居民也紛紛發展出以 campo 廣場為中心的生活模式。在威尼斯的方言中，這些空間被稱作 compo。

相較於共和國的象徵、洋溢著輝煌氣息的聖馬可廣場，campo 則是匯聚了各地島上居民生活經驗的樸素在地廣場。campo 在義大利文中意指田野，由此可知，這些城市空間並非一開始就是為了打造廣場而存在的，它們不過是島上原始景致中，與居住地鄰近的空地罷了。它們可以是菜園、果樹園，也是居民共同的工作場所。隨著時代演進、城市發展，沼澤地因抽水造陸成為住宅區，compo 成為被建築群所環繞的廣場。隨後鋪以磚瓦、石材，樹木逐漸芳蹤難尋，最後形成了人工打造的氣派公共空間。雖然如此，compo 這個名稱卻留存了下來，直到今日，仍在訴說著其起源。Compo 與聖馬可廣場的 Piazza 在意義上做了明確的區分，其融入威尼斯市民的日常生活中，始終帶有無比的親切感。

◎聖瑪格麗特廣場

自聖馬可廣場走上橋墩，橫跨大運河來到西側，便是聖瑪格麗特廣場（Campo Santa Margherita）的所在地。我曾在一九七三年至一九七五年留學於威尼斯，當時就住在這個廣場附近，是充滿回憶又熟悉的場所。

聖瑪格麗特廣場的歷史相當悠久，與聖馬可廣場相同，這裡的教區教堂創建於九世紀，之後花了一千年的時間，才形塑出今天的模樣。直到今日，廣場的機能與空間原理，與建造當時如出一轍。

這裡與共和國計劃營造出出成幾何形的聖馬可廣場不同，聖瑪格麗特廣場能呈現有機的形式。首先，本區住宅建築一律循運河水流方向而建，廣場西側略呈有趣的凸出曲面壁面，是由生活自然形成，呈現出與瑪格麗特小運河平行的姿態。這裡的廣場並非先具有抽象的廣場理念再進行建設，而是強烈地與水連結，在居民共同經營的島嶼生活理論中自然形成的廣場。每棟建築的設計都是由所有人（一般民眾）各自打造，雖然每棟都略有不同，但整體看來卻又巧妙地融合，形成了帶有獨特氛圍的城市空間。

廣場周圍的建築一樓多是商店，二樓以上為住宅。這裡與日本住辦合一的町屋建築不同，店鋪與樓上的住宅基本上互不相通，商人需從別處通勤前往店鋪。無論如何，光是廣場周邊有眾多市民居住這一點，便與聖馬可廣場大相逕庭。

近三十年來，這裡因應了時代的變化，增加了不少年輕人喜愛的時尚店鋪或是打造為吸引觀光客的華麗商場，直至今日，這座充滿生活氣息的廣場依然生機勃勃。以販售生鮮食品為主的攤販雖然數量略為減少，但依然是賦予這座廣場庶民活力的主要來源。

廣場周圍的建築群中，類似日本的居酒屋、咖啡廳、酒吧等，供人們聚會的店鋪占了十餘家，店裡總是擠滿了各色在地居民。這幾年還有一項變化，那便是周圍的綠意增加了。廣場上本來是沒有樹木的，近二十年來，綠色思潮影響了這座城鎮，廣場上開始植樹，樹木也逐漸茁壯，如今更在綠蔭下設置了長椅，對於高齡化日趨嚴重的威尼斯而言，這裡是老人家最佳的休憩空間。

在威尼斯，Piazza 是作為國家象徵的廣場，而 Compo 是民眾日常生活中心的廣場，若能理解在威尼斯內，存在著這兩種具有對照性性格的廣場，那麼要理解歐洲城市的廣場，就更輕而易舉了。

聚集於港口城市的人們

◎人口的十分之一為外國人

威尼斯不只是一座港口城市，更是國際貿易城市，隨處都可以見到外國人的面孔，自古以來就有大批外國人造訪、居留，特別是在聖馬可廣場、里奧托市場。

除了前面已詳述過的日耳曼商棧，大運河沿岸也設置了波斯人、土耳其人等外國商棧。在日耳曼商棧的北側，便是波斯商棧。其中，大運河上游處設置的土耳其商棧特別重要。這棟建築本身原是十三世紀建造的貴族宅邸，之後由威尼斯政府買下後，自一六二一年起作為土耳其商棧來使用。雖說是土耳其商棧，其中也包括了阿爾巴尼亞人、馬其頓人、塞爾維亞人等奧斯曼帝國屬地的人們。

依據堀井優的研究指出，十六世紀前半，奧斯曼帝國與威尼斯之間，除了少數關係對立、惡化的時期，基本上維持著友好關係，奧斯曼帝國也允許威尼斯的船隻自由來訪。然而，從一五四〇年左右開始，奧斯曼帝國開始限制威尼斯船隻的活動，接著在一五七一年的勒班陀戰役上，雙方更是激烈對峙。戰後，威尼斯表面上依然與奧斯曼帝國處於戰爭狀態，一方面卻又持續開設土耳其商棧，作為交易的據點，這也可以看出威尼斯圓滑的外交政策。

與同為基督教徒的日耳曼人相比，土耳其人既是異教徒，又不斷以地中海為舞台掀起戰事，威尼斯人始終認定他們是好戰又危險的民族。然而另一方面，土耳其人又是商業交易上不可或缺的存在，即便感到危險，威尼斯人依舊堅持開設土耳其商棧。

勒班陀戰役的結果，威尼斯雖然戰勝了奧斯曼帝國的軍隊，但與帝國依然處於極度緊張的關係下，處處都得小心翼翼，對商棧也設下了相當嚴格的規範。土耳其商棧與日耳曼商棧同樣都是依水而建，能直接自船上卸貨，而兩側的守門衛兵，則是選擇家中好幾代人都是虔誠的基督徒來擔任。威尼斯的女性也不能進入商棧。建築物的外側雖然與威尼斯的市街相連，周邊面對商棧的建築卻是門戶緊閉，不論從內或從外，雙方都看不到彼此。

除了以商棧為據點的外國商人外，威尼斯還住有希臘人、達爾馬提亞人、亞美尼亞人、猶太人等為數眾多的外國人，他們都有各自歸屬的教會與公會組織，形成社群。十六世紀時，威尼斯人口的十%左右是外國人。威尼斯對外國人相當寬容，而外國人也擔負了城市社會中商業、生計產業的要角。

許多日耳曼人完全融入威尼斯的城市社會。在日耳曼人製鞋聞名的聖司提反教堂（S. Stefano）附近有一條工坊小路（Calle de le Botteghe），日耳曼人製鞋行會便位於此地，入口還有可愛的鞋子裝飾作為標幟。時尚的高跟鞋造型，讓人感受到威尼斯時尚產業之所以能夠鶴立雞群的敏銳度。當時的匠人不時會去旅行，日耳曼籍人士來到威尼斯時，可在此公會入住三日，這裡為故鄉旅人提供良好的照顧。

◎猶太人區的誕生

外國人當中，猶太人是相當特殊的一群。商才卓越的猶太人很早就開始在里奧托市場周邊展開經濟活動。十五世紀末，隨著收復失地運動的發展，猶太人從原本居住的伊比利半島被統治的伊斯蘭教徒趕出，來到了威尼斯，這也讓威尼斯的猶太人一口氣增加不少。由於猶太人與一般市民起居同住時，不時會發生各種問題，因此共和國政府在一五一六年制定法令，命所有猶太人移居至西北部的偏遠離島，並限制其居住範圍。這就是所謂的猶太人區（ghetto）。

猶太人區原是一片濕地，一旁是丟棄鑄造廠廢棄物之地。該工廠依城市產業設施重新配置方針，遷移至東邊的威尼斯造船廠，原本的土地則實施填海造陸，規劃為住宅區，之後成為猶太人的居住區。Gettare 本為「鑄造」的原形動詞，之後便發展出 ghetto 一詞，最後成為猶太人群居地之代稱，傳播至全世界。

猶太人區的誕生，為這些住宅地的基督教地主們帶來了豐厚的租金收入，猶太人也得以確保自身的安全，雙方的利害關係一致。不同於以往的商棧，猶太人區有大門控管，不需受到嚴格的監視，警察也不再乘船巡視，人們也不用為了讓內外兩側看到彼此，而緊關著窗門。

話雖如此，這個地方也並非完全與城市空間隔絕。雖然夜間會關閉出入口，不過白天縱然有限制，一般市民還是得以進入。寬敞的廣場周邊店鋪林立，對威尼斯人們來說，提供帶息借款的猶太人銀行，是生活中相當重要的一環。此外，猶太人並不會完全遵守規範，儘管監視人員隨著小運河在周圍巡視，依然有人門戶大開，在停靠船隻的岸邊開設許多小吃店。

猶太人區在外觀上也顯得十分特殊，樸素高聳的住宅建築一棟連著一棟，低矮的天花板讓每一棟都有八、九層樓。當時威尼斯一般的建築多為三、四層樓，最多也不過五樓，所以說猶太人區的住宅房高著實令人吃驚。有趣的是，依當時法律規定，這些建築的低樓層為原本的基督教徒所有，並出租給猶太人，不過其上增建的部分，則是歸增建者所有。因此，相對於支付的租金，猶太人享有更優惠的居住條件，這也難怪建築不斷進行增建。

與之相對的是在猶太人區島嶼中央設置

猶太人區　猶太人的居住地。樸素且天花板低矮的住宅建築林立。作者拍攝。

的大廣場，那裡是社群重要的交流空間。此處和威尼斯其他的廣場相同，廣場中央設有供水的蓄水池，周邊則有工房、食品店鋪和銀行。猶太人並非僅貸款給窮人，也同樣會貸款給富裕的商人。

對猶太人而言，威尼斯是相對來說居住起來較為舒適的地區，因此移居的人口日漸增加，也擴張了新的區域作為居住地。眾多的店鋪、學校、養老院、醫院等生活上需要的設施紛紛設立。在猶太人之間也依出生地的不同形成了許多群體，像是日耳曼裔、西班牙裔、義大利裔等，最後共成立了五座集會所。每個群體的語言、飲食習慣、宗教儀禮都有所不同，為了避免彼此發生衝突，共和國也巧妙地劃分出各自的居住區域，因此誕生出多元的設施。這裡雖然是貧困且高密度的居住環境，但猶太人區裡卻有著豐富的設施，這樣的獨特性，是在威尼斯其他的區域裡所見不到的。

◎達爾馬提亞人社群

和東方世界互動頻仍的希臘人和達爾馬提亞人，他們的社群則是從海洋城市對外的舞台——港灣區聖馬可廣場，延伸至斯拉夫人堤岸後方一帶。

威尼斯自古便受到拜占庭帝國影響，從很久以前開始就有許多希臘人居住於此，隨著奧斯曼帝國的版圖擴張，更有大批希臘人移居於此。再加上一四五三年康士坦丁堡淪陷後，威尼斯接納他們並給予保護，造成為數眾多的希臘人湧入。

此後，希臘人便成為威尼斯中僅次於猶太人的最大外國人群體。根據十五世紀後半的調查，約有四千名希臘人住在這裡，他們之中有不少商人、出版業者和藝術家，多是具有教養的人士。一五二六年，在他們自身的努力下，終於向威尼斯政府取得了行使希臘正教儀禮的權利。接著他們獲准購入臨聖羅倫佐運河的大片土地，在其上建起教堂、學校、醫院、圖書館與墓園，這裡也隨之成為希臘人社群的據點。

雖然威尼斯宛如迷宮，但希臘人據點的位置一點也不難找。從聖馬可廣場稍向東行，運河沿岸有一座如比薩斜塔般傾斜、彷彿立刻就會倒塌的斜塔。這個地標性建築是希臘聖喬治堂（San Giorgio dei Greci）的鐘樓，教堂內部至今也依然遵循希臘正教的規矩，實行特有的宗教儀禮。建築內部與中央禮拜堂之間是鸚鵡圖案裝飾的祭屏，正門上方也設有女性專用的二樓座位區，在在顯示出拜占庭風格的建築特徵。

由於地理位置較為相近，自亞得里亞海東岸移居到威尼斯的人數最多，他們被稱作斯拉夫人（達爾馬提亞人）。從海洋城市最重要的聖馬可廣場向東延伸的河岸一帶被稱作「斯拉夫人堤岸」便可知道移居的人數有多龐大。

令斯拉夫人廣為人知的原因還有另外一樣，那便是以卡勒巴喬優美畫作裝飾的聖喬治斯拉夫功德會堂（Scuola di San Giorgio degli Schiavoni）。會堂位於橋邊，是帶有文藝復興風格的小巧建築。一樓的牆面上，裝飾著約十幅卡勒巴喬帶有東方氣息的畫作。達爾馬提亞人自十五世紀起開始居住於威尼斯，他們多從事船伕、工匠等工作，進而形成了行會組織。起初借用馬爾他騎士團慈善院的祭壇，隨著勢力擴大之後，便建造起自己專屬的建築。

此外，威尼斯還有亞美尼亞人、阿爾巴尼亞人的社群。各式各樣的族群居住區共存於同一個城市中，形成複合式的社會型態。這也和耶路撒冷、大馬士革等中東的大城市十分相似。

◎朝聖者的住所

自古以來，威尼斯便是前往聖地耶路撒冷的朝聖者途中會造訪的城市。他們將這裡作為中繼站，稍作停留後再度啟程。因此，除了交易與商業目的外，還有眾多來自外國的朝聖旅人聚集於此。

地中海自古希臘時代起，就有許多供旅人、病人、貧民住宿的設施，中世紀依基督教的慈善精神教義，這的設施更是遍及各地。威尼斯自十世紀起，就開始建造稱作「療養院」（Ospizio）的慈善機構。一直到十三世紀，許多療養院內都同時具有供朝聖者住宿的機能，並且多集中於聖馬可廣場至斯拉夫人堤岸及其後方一帶。

聖馬可廣場南側，也有一座創建於十一世紀的歐塞歐樓收容院（OspizioOrseolo），提供朝聖者住宿。在齊亞尼總督實施的聖馬可廣場擴大整頓事業中，除了將廣場作為象徵共和國權威的公共空間外，對於收容院、療養院、旅館、商店等宗教性、世俗性以及慈善性的元素也都採取寬容的姿態，讓它們彼此融合。在伊斯蘭世界，也有將私有財產轉而使用在公共福祉上的慈善機構「瓦克輔」（Waqf），再利用此制度發展、建設城市，與威尼斯十分神似。

一二七一年斯拉夫人堤岸完成了「神之家療養院」（L'Ospizio Ca' di Dio），這是為提供朝聖者住宿而建造的設施。面海的位置對於即將啟程的朝聖者來說相當便利。其後神之家療養院成為收容貧困女性的設施[3]，十六世紀經過建築家桑索維諾的改建，如今是一棟養老院。不論怎麼改變，這棟建築延續了其作為療養機構的使命，歷史真是耐人尋味啊。許多老人家一邊望著聖馬可外的大海，在此度過晚年的時間。

◎共和國的心臟地帶——威尼斯造船廠

接下來再往東走，就可以抵達支撐著海洋共和國的海軍基地及造船廠，這裡是威尼斯的軍備庫。

位於城鎮最東側的造船廠，因為考量到其防禦機能，所以位置稍微偏後方，以一條運河與潟湖緊密相連。造船廠（Arsenale）一詞既是海軍基地之意，也代表造船廠。只要是和海洋關係緊密的城市，自古就會設有氣派的造船廠，在比薩、熱那亞、巴勒摩、康士坦丁堡、阿姆斯特丹等地都有類似的設施，這幾年，人們越來越關注這類海洋歷史相關的設施了。

威尼斯造船廠在視覺和外觀上較為樸素，與華麗的聖馬可廣場相比，顯得沒什麼看頭。然而，這裡其實是整座城市最重要的設施。在十六世紀初期元老院的公文上便明文寫道，這裡是「威尼斯共和國的心臟」。造船廠創建於一一〇四年，剛好是威尼斯開始在東方貿易上活躍發展的時期。此外，十一世紀末十字軍東征開始，為了組織強大的艦隊，船隻的需求量開始大增，這也是造船廠成立的背景之一。隨著國力增強，造船廠的建築也越來越雄偉。在十四世紀初實施了大規模的擴張後，興建了新造船廠（Arsenale Nuovo）。之後在十五世紀末到十六世紀初，也不斷地進行增建。要款待造訪共和國的國賓時，一定會安排他們參觀這座令威尼斯自豪的造船廠。

現在，造船廠依然作為義大利海軍的基地持續運作中，其正面並列著連結海洋與陸地的入口，周邊聳立著充滿壓迫感的圍牆，令人印象深刻。造船廠的內部曾是世界上最新式的造船廠，建造軍艦時各個部位都有其作業系統與流程，其中甚至運用了類似近代帶狀輸送機系統的先進技術。最近，有人提議將目前並沒有被有效利用的造船廠，開設為向市民傳遞文化資訊的設施，地方當局也認真思考這個意見的可行性。實際上，在威尼斯舉辦雙年展的會期間，造船廠已經

造船廠大門　15 世紀時為當時世界上最新式的造船廠。現今依然作為海軍基地來使用。作者拍攝。

開放了部分設施及水上空間，作為展覽和活動的會場，吸引了大批人潮。

造船廠的船隻歷史博物館是一個不能錯過的地方。這棟建築面潟湖而建，因為鄰近船隊基地造船廠，以往曾是為遠航船隻囤放麵包等物資的穀倉。十七世紀末，威尼斯政府為了保存在船塢建造的船隻模型，利用此地作為模型館，也就是日後的船隻歷史博物館。

威尼斯造船廠的周邊，是世界最早形成的工業地帶。這裡的許多地名都源自於當時任職於造船廠中職員的稱謂，以及在其周邊發展出來的相關產業活動名稱。這些地名無不提醒著世人，此地過往在社會經濟上的特殊性。像是爆破者巷、甲騎兵巷、樹脂巷、鉛巷、錨巷、柵欄巷、帆巷等都是附近典型的路名。造船廠周邊，形成了城市中具有獨特機能性的區塊。近代都市計劃的特徵之一，是具有「土地使用分區」的思考模式，然而在威尼斯，早在數個世紀之前就已經開始執行了。

◎妓女的出沒與女性的隔離

要討論從外國大批湧入的旅人和商人時，就不得不論及妓女的存在。過去，威尼斯曾經因為妓女的數量之多而聲名遠播。據說在十六世紀初，十萬人的人口中，妓女就占了一萬人。

在里奧托市場後方，設有許多提供旅人住宿，被稱作Osteria或是Taverna的小酒館，一樓為酒屋，二樓以上都是可提供住宿的客鋪。這些Osteria或是Taverna，其實就是妓女們聚集的場所，也就是妓女戶。

一三六〇年，共和國開始取締過於火熱的賣春市場，先是在里奧托市場西側後方的聖馬太區，將兩棟民宅改建為稱作「床鋪之城」（Castelletto）的公營賣春旅館，將妓女加以集中，由公家來進行管理。十四世紀末到十五世紀初，妓女的管理變得更加嚴格，不但禁止她們夜晚外出，也不允許她們在城鎮中隨意行動，賣春也只能在「床鋪之城」及其周邊進行。

然而，不久後這樣的制度遭廢除，妓女們到處出沒的賣春範圍開始擴大；此外，賣春也往高雅的路線走，交易的地點不再是小酒館等，而是選在豪華的貴族宅邸進行。有些妓女成為被稱作「交際花」（Cortigiana）的高級娼婦，她們的華麗形象傳遍歐洲，造成了有許多人為了一親芳澤而前往威尼斯。高級娼婦們總是穿著醒目，打扮自由又華麗，引領當時的時尚潮流。這也間接形成了進入十八世紀時，女性們走入咖啡廳享受愉快時光的先聲。

威尼斯一般女性的打扮則與她們大相逕庭。根據一四九四年卡索拉神父的記錄可知：

「女性們外出時總會穿著將身體覆蓋起來的服裝，特別是前往教堂時，幾乎會把全身都用黑色衣物包著；適婚年齡的女性，更是會把臉都完全遮住，令人不禁懷疑，她真的看得到前方的道路嗎？」這般女性的隔離、使用面紗打扮等，時常被造訪威尼斯的旅人們提及，和伊斯蘭社會頗為相似。

歷久彌新的海洋精神

◎現代的交通狀況

十八世紀末，海洋共和國威尼斯被納入拿破崙的統治之下，輝煌的歷史也跟著落幕。一八六〇年左右，義大利在完成統一之後開始走向近代化，興建了鐵路橋樑和汽車高架橋等。西側與義大利本土相連的威尼斯，城市的正面玄關也開始西移至與大陸相接的部分。即便如此，人們對於共和國時代榮極一時、面對亞得里亞海的東側地區，依然抱持著強烈的眷戀，海洋城市的精神依然存在威尼斯人的心中，不曾消失。

威尼斯這座古城，今天依然禁止車輛進入。城市的西北部設有鐵路車站，列車只行駛於那個區間。與鐵路橋樑平行的汽車高架橋建於十九世紀下半葉，車輛只能開到羅馬廣場（Piazza Roma）的巴士轉運站為止。現在，許多威尼斯市民都擁有自家車，他們把車子停放在附近、近代填海造陸而新生土地上的立體停車場裡。

島嶼內部的移動，只能靠走路或是搭船。水上巴士、水上計程車、貨物搬運船、休閒用的自家船隻、郵政船、消防船，甚至還有靈柩船等，都能看到各式各樣的船隻行駛其中。知名的觀光船貢多拉鳳尾船，在過去是上流階級家庭都擁有的自家用船。現在的人們大多只知道貢多拉鳳尾船，但其實還存在著有許多類似的傳統小船，威尼斯的市民們在操控船隻上顯得駕輕就熟。

威尼斯在歷史悠久的東南邊建設了近代化的港口，貨運船從這裡進入威尼斯。不過，東方貿易等遠航交易現在幾乎已不復見。大運河、主要運河沿岸，或是個人宅邸前，也不再有遠航船隻停泊、卸貨。目前僅有城市內部交通相關物資、葡萄酒、食品、日常用品等會運至威尼斯卸貨。也因此，許多改建自貴族宅邸的飯店，都利用閒置的水岸，打造成舒適的露天席，其中也有人打上木樁，架設起優雅的水上露天座，在此享用早餐，度過愉悅的時光。

威尼斯雖然不像其他義大利城市，為振興產業經濟而建造起大規模的展覽會場，卻仍然會舉辦許多國際會議、學會和研討會，儼然是一座一流的國際會議城。每當這些活動舉辦時，參加的人們總是入住運河沿岸的飯店，再搭乘水上接駁船前往面運河而建的活動會場（多是改建自貴族宅邸的建築），傍晚再搭乘船隻回到飯店，簡單梳洗後還是搭船前往餐廳用餐，享受頂級款待。

雖然不再與東方進行貿易，威尼斯和東地中海相連的船運至今依然活躍，只是乘載的不是物資，而是大批觀光客。地中海郵輪等大型船隻，也會不時行經聖馬可廣場外海，停靠在東南邊的近代港邊。宛如龐大住宅群的豪華郵輪在水上移動的畫面，讓人看了張目結舌。

◎城市內部活絡的船隻交通

進入近代之後，威尼斯於一八八一年出現了第一艘蒸汽船，伴隨著蒸汽船的普及，城市內部的水運變得更加便利了。之後，火車站、羅馬廣場（巴士轉運站）等以聖馬可廣場和里奧托為中心設置了許多交通站，成為市民們便利的代步工具。威尼斯的水運比鐵道來得準時，再怎麼晚都能利用，而且還分為每站停靠、直達等多樣路線，擁有許多優點。

連結大運河兩岸的渡船（Traghetto），是讓船運始終在城市公共交通上占有一席之地的重要交通工具。在一八四六年的地圖上，我們能看到有十七艘渡船行駛其中。當時，大運河上的橋樑只有里奧托橋一座[4]，水上巴士也尚未登場，要前往對岸只能靠渡船。如今，威尼斯共有五座市營的渡船公司，每天都有大批民眾利用，在上、下班和上、下課的尖峰時間，即便增加班次疏通人群，依然人滿為患。

現今水上計程車也十分便利。從機場、羅馬廣場拖著大型行李的觀光客們前往飯店時，多會利用水上計程車。但水上計程車不能隨招隨停，要到指定的乘船點搭乘，或是打電話請水上計程車前往最近的乘船場、或是所在地建築物的小碼頭。

在威尼斯，許多居民擁有私人船，就像城市居民擁有私家車一樣。私人船可停靠在岸邊或是自家前的水上停船處，和路邊停車的概念相同。貢多拉鳳尾船等平底式的船隻，傳統上都會放置於宅邸一樓的空間來保管。經營商店的人家，會搭乘船隻前往批發市場批貨，里奧托市場現在雖然已沒有批發市場的機能，卻還是有大批人潮前來購物，清晨的岸邊總是被搬送魚類和蔬果的小船擠得水洩不通。

在這種細緻的環境中若是以過快的速度來航行，船隻激起的波浪，會對兩岸從水中直接建起的建築物造成影響，因此威尼斯依照每條運河的狀況，嚴格地設定了速限，以防止對周圍的環境造成損壞。行經歷史性街區的小運河限速五公里、大運河為七公里、朱代卡運河為十一公里，其外側為十四公里，潟湖則是二十公里。

◎與世界同步連結

古色古香的威尼斯，總給人「啃老」的印象。但正因為與現實脫節，反而激起了現代人的鄉愁。然而，在現實生活中可不是這麼一回事。現在的威尼斯，是一座與世界同步連結，不斷傳遞出創意文化的城市。

威尼斯以海洋城市之姿向全世界開放，形成各式的連結網路，挺過了一波波的歷史浪潮，威尼斯人的精神即使到了近代仍持續發光發熱。這座人口僅二十七萬（只計島嶼部分則為六萬二千人）的小城市，始終向世界發出各式話題，讓人驚豔。

可喜的是，不論從歐洲的哪個主要城市，搭飛機都只需不到二小時就能抵達威尼斯。從機場坐水上計程車，約三十分鐘就能抵達飯店。不過是這樣短短的時間，就能進入完全脫離日常世界，出現在眼前的，是激發無限想像力的豐富空間。許多旅人就是被這種魅力所吸引，一而再、再而三地造訪威尼斯。

◎生態系統與海洋城市精神

威尼斯建在生態環境纖細敏感的潟湖淺灘上，可謂是與水共同呼吸的生態城市。不過，近代的威尼斯人也曾忘記這個理念，在近大陸的淺灘填海造陸，建設起大型工業區，抽取了大量地下水，導致地層下陷。而且為了讓卸貨船通行，還挖深水路，這些也都成為漲潮的原因。當亞得里亞海水位上升時，潟湖內側的水無處可流，便一口氣衝向挖深的水路，造成水流加速。與水共生的纖細環保系統開始崩壞，空氣與水源自然也連帶遭到汙染。

威尼斯對這樣的作為進行了反省，他們很快禁止抽取地下水，解決了地層下陷的問題。然而在全球暖化的影響下，海面上升的速度依然令人擔憂。在連結亞得里亞海與潟湖的三處海口上，到底要不要推動大型建設，設置可動式水門？抑或就此打住？此一論爭至今依然持續著。可動式水門平時安置於海底，不會影響風景，但遇到危機時可以立起，防止海水灌入，是設計優良的水門。然而，環保人士批判這會影響到水流及環保系統，還會花費龐大經費。與不經深思就去實行、然後不斷失敗的日本作風相比，威尼斯這種事前反覆進行議論的方法，我認為值得學習。

威尼斯以「重建世界水都」為目的，組織了「國際水都中心」，以交換資訊、進行研究，該組織的所長布魯特梅索是我的友人。近年，他放眼全球，舉辦了多項關於水岸城市重建的重要展覽，成功引起了話題。在二〇〇四年威尼斯雙年展國際建築展上，如同前述，他將共和國歷史性建築造船廠內部的寬敞水面作為展覽空間，展示了巴塞隆納、首爾等世界十餘座水岸城市的重建成果，吸引了來自世界各地的人潮。海洋城市威尼斯的精神，至今依然健在。

現在的國際活動　2004 年威尼斯雙年展中的國際建築展。作者拍攝。

二〇〇八年六月至九月，沙拉哥薩（Zaragoza）舉辦「水之萬博」，其中布魯特梅索也企劃了「水都」展示館。我所任教、擔任所長的法政大學環境地域設計研究所也受到邀約，製作了介紹「水都」東京的過去、現在、未來的影像參展作品。這不但是東京與世界各地的水都比肩的機會，更是讓世人認識東京另一面的絕佳機會。

---

1 義大利姓氏成族數形即是家族之意，例如：Medico → Medici；Polo → Poli；Barbaro → Barbari。

2 〔審訂注〕出生於威尼斯的貴族 Pietro Bembo，隨擔任威尼斯駐佛羅倫斯大使的父親赴佛羅倫斯定居。發現當地托斯卡納方言 Toscano 的文雅，後來 Bembo 成為將托斯卡納方言推動為義大利國語的文壇領袖。Bembo 也推動威尼斯興建國家圖書館，成就了今日聖馬可大、小廣場。Bembo 於 1530 年也擔任第一任國家圖書館的館長。以 Bembo 的地位、與教宗及各國領袖的情誼。威尼斯不買他的帳是不行的，圖書館旁的廣場肯定要用義大利國語 piazza 命名。

3 即為名音樂家維瓦第任教的「Pietá 哀憐孤女院」。

4 除里奧托橋，現在共有四座橋樑，包括學院橋（Ponte dell'Accademia）、赤足橋（Ponte degli Scalzi），以及二〇〇八年開放、設計新潮的憲法橋（Ponte della Costituzione）。

第三章

斜坡上的迷宮——阿瑪菲

阿瑪菲　位於薩雷諾灣灣畔，如今已被列入聯合國教科文組織世界遺產。

一座現代的中世紀城市

◎位於南義的立體迷宮

拿坡里向南約四十五公里，便是傲視南義、充滿魅力的中古海洋城市阿瑪菲。它搶在比薩、熱那亞、威尼斯等知名北義中世紀海洋城市之前，率先以地中海為舞台，與東方和伊斯蘭世界進行熱絡的商貿活動，在十世紀至十一世紀便在共和制度下盛極一時，不但使用羅盤發展了航海技術，更制定了先進細緻的航海法。

阿瑪菲充滿地中海風情、陽光普照，但在城市後方卻是險峻的山崖與溪谷，阿瑪菲有效利用有限土地，在斜坡上發展出高密度的迷宮城市。走在彎曲的道路上，頭上不時會出現穿廊，形成交錯的光影，陡峭的階梯比比皆是。穿過有如立體迷宮般的市街往高處走，突然之間眼前的視野大開，眼下是可以三百六十度鳥瞰的海洋城市的美麗身影。這幅景象，讓人足以體會中世紀初期的阿瑪菲人，或許正是因為受限於自己故鄉的窄小，進而想要從眼前這片寬廣的地中海世界追求嶄新的可能性，才乘船出航的吧！

走在阿瑪菲的街道上，處處可以看到因透過和東方世界的熱絡交易所創造出來的華麗史跡。拜占庭、伊斯蘭世界等先進文化的氣息，賦予了這座城市在建築和城市空間上獨特的魅力。

君臨地中海的阿瑪菲，由散落在美麗海岸阿瑪菲岸上的小城鎮和聚落所組成，是中世紀時強大的共和國。身為阿瑪菲心臟地帶的海岸線，更榮登世界遺產名單上。閃閃發亮的海洋城市，擁有往昔的榮耀與美麗的風景，至今依然吸引來自世界各地的觀光客，特別是夏季，更成為長期滯留者的度假勝地。

然而，縱然阿瑪菲成為觀光勝地，來訪的旅客眾多，卻鮮少有人了解其生活空間的真實面貌。針對歷史市中心的城市空間、住宅的調查研究，也是少之又少，就連距離較近的拿坡里大學建築系的研究者們，似乎也沒有多餘的時間來關注阿瑪菲。主要的原因應該是在於，在義大利尚未確立起一學術模式，以學術性的方法來調查、考察這麼一個複雜且內涵多樣的城市空間。

從一九八〇年代晚期，我的研究室便開始從事伊斯蘭世界至南義，以及地中海城市的田野調查。從一九九八年起約六年的時間內，每到夏季我便會前往阿瑪菲，在當地進行調查研究。阿瑪菲的人們儘管住在高密度的斜坡上，卻也還是發展出各式各樣舒適的住宅形態。我在這裡從事調查的目的在於，將阿瑪菲和地中海世界其他的城市進行比較，然後試著解讀出這座城市生活空間的構造，並思考這樣豐富的空間與環境是如何形成的。

◎中世紀的國際貿易城市

阿瑪菲的獨特之處有以下幾項。首先，從歷史的觀點來看，在地中海世界裡，阿瑪菲占有極其重要的位置。

阿瑪菲透過與拜占庭、伊斯蘭世界的緊密交流而盛極一時，它的發展過程像威尼斯，卻更甚於威尼斯。被城市吸收的大量東方元素，展現在建築與城市空間中。中世紀的人們本就擅長活用地形，利用當地的地理特色，從既有的空間中，創造出富含變化的城市景致。阿瑪菲在思量自身獨特的地理條件，絞盡腦汁進行城市建設的過程中，延用了高度發展的阿拉伯／伊斯蘭文化的智慧與技術，打造出複雜的立體空間，無論在環境上還是視覺上，都具有相當的合理性，並建造出美麗又舒適的生活空間。

其次，要將重點放到阿瑪菲作為海洋城市國家的性格上。位於地中海上的港口城市阿瑪菲，是各國商人、旅人聚集的國際貿易城市。這裡匯集了各式各樣的人事物、情報，是一個充滿活力的地方，城市機能與活動也多元發展，成為一複合型的城市結構。若從建築來闡述城市形成的歷史，常讓人偏向形態、空間結構等物理性的角度，然而在此，我將從機能、活動、使用方式、意義等軟性視角來做探討，嘗試使用嶄新的城市歷史研究模式，阿瑪菲是最適合不過的研究對象。

城牆外側沿著海岸線展開

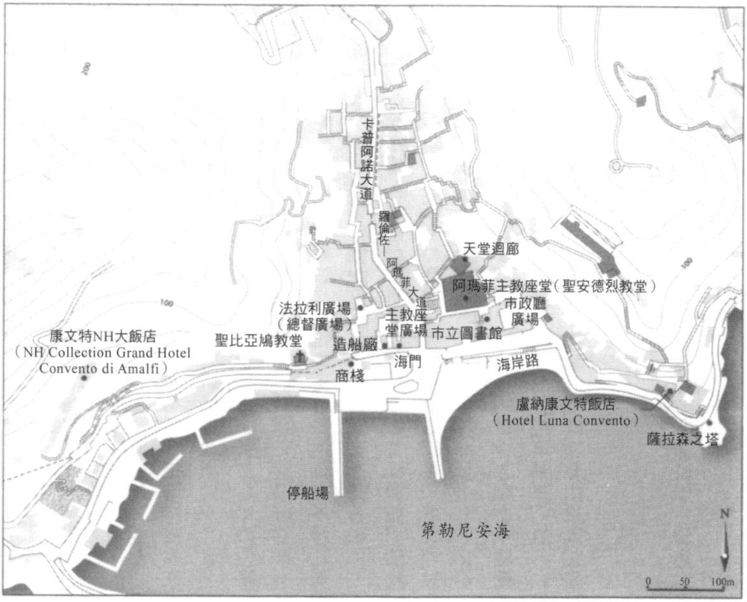

現在的阿瑪菲市街與地形　蓋在流經溪谷河川之上的主要道路：卡普阿諾大道、羅倫佐—阿瑪菲大道，兩側是宛如黏貼在斜坡上的密集住宅區。西側的坡度較東側來得陡峭。在義大利，發展於斜坡上的城市相當稀少，位於山谷間的阿瑪菲，兩側的斜坡以恰到好處的距離東西相望，這讓兩地居民之間發展出在視覺上和精神上的一體感。

的港灣地區，以大教堂與其前方的廣場為中心，是一個具公共和象徵性的區域。與港灣相連的城牆內側則是商業中心，其後方向東西延展的斜坡則是大片的住宅區，再向上來到溪谷上游，則是活用發達的水車所建立起來的造紙業等工業區。比一般城市具備了更多元的機能，奠定了阿瑪菲的城市特色。

◎親身體驗歷史的脈動

首先，來談談阿瑪菲與我的關係。我和這座城市的邂逅，似乎是一種必然。一九七一年夏天，我在義大利造訪中世紀城市，第一次來到阿瑪菲時便已徹底為這座城鎮的氣勢與複雜的城市空間所懾服。之後，攻讀博士時，我前往威尼斯留學，連帶地將研究目光投向地中海

陡峭的坡道　住宅交錯、屋下街櫛比鱗次的阿瑪菲市街。攝於西側住宅區。作者拍攝。

世界，接著開始對南義和伊斯蘭世界產生興趣，對阿瑪菲的關注就這樣萌芽了。

之後我開始在法政大學授課，對東京進行調查和研究後，再度回到我原本的研究對象：義大利。一九九三年起，以薩丁尼亞島（Sardinia）為首，研究室開始展開南義各城市的田野調查。在結束深受阿拉伯影響的西西里島夏卡、普利亞大區等美麗城市的調查後，我終於下定決心要將一直以來著迷於其美豔之姿的阿瑪菲作為接下來的研究對象。要考察與伊斯蘭世界之間的關係，它是最適合的城鎮，拿來和威尼斯做比較，也是最完美的城市。

一九九八年五月，我利用連假再次造訪阿瑪菲，進行調查前的場勘與準備。之前多次來到這座城鎮，在複雜的迷宮空間徬徨的經驗，都加強了我想要認真對這裡展開調查研究的決心。

首先，我依照既定流程前往市公所都市計劃課索取市街的詳細地圖，接著立即前往西側後方的市立圖書館內設立的「阿瑪菲文化與歷史中心」，拜訪了其事務局長朱塞佩·寇巴特（Giuseppe Cobalt）。這個中心收藏了海洋城市阿瑪菲的歷史和文化相關的龐大文獻史料，同時積極從事研究活動，不時還會舉辦展覽和座談會。在這樣小規模的地方城市裡，竟然有如此完善的文化設施，著實令人驚訝，也能感受到阿瑪菲共和國的光榮歷史依然存在於市民之間。

透過這次的訪問，我結識了寇巴特，彼此意氣相投，也開啟了之後的互動。寇巴特聽到我接下來的調查計劃之後，眼睛為之一亮，還表示他早就期盼這種有關建築與城市空間的調查許久了，承諾將全面協助我的研究。

◎與加爾加諾的相遇

一九九八年八月下旬，我與研究室成員一同前往阿瑪菲，展開了正式調查。在盛夏的陽光下，雖然度假勝地的魅力令人難以抗拒，但我們還是打起精神，展開調查。

調查初期，寇巴特為我們安排了一場相當有價值的聚會——與當地深受居民敬重的歷史學家朱塞佩．加爾加諾教授（Giuseppe Gargano）見面，教授針對阿瑪菲城市形成的歷史，為我們進行了相當淺顯易懂而又內容豐富的演講。

結識加爾加諾教授，對我們而言具有關鍵性意義。教授對阿瑪菲可謂是瞭若指掌，幾乎讀遍了所有相關文獻史料，腦內宛如一部電腦，塞滿中世紀阿瑪菲相關的詳細資料。所有阿瑪菲人都尊稱他為「阿瑪菲歷史的資料庫」，而他本人也總是相當開心地將知識分享給我們，不論提出怎樣的問題，總能立刻答覆。他笑稱，自己總是活在阿瑪菲中世紀的印象之中。

此外，更令人欣喜的是，加爾加諾教授不只是文獻史學家，他對建築與城市空間也非常有興趣，這在文獻史家中很少見。於是，他與我們同行，一起穿梭於阿瑪菲的巷弄中，並一一為我們介紹各個別具意義的景點。教授身為學者卻毫無架子，充滿了南義人特有的豪爽氣息，不只我，就連調查團隊中的年輕夥伴們，也都喜歡親近加爾加諾教授，整個調查過程充滿歡樂。加爾加諾教授覺得我們這種實際測量建築和市街空間，並透過仔細觀察來理解城市構成的研究方式相當新鮮、有趣。與教授的相遇，更讓我感受到南義的大器與親切。

之後的六年，每到夏季我便在加爾加諾教授的大力相助下，前往阿瑪菲進行調查。為了重新建構出中世紀阿瑪菲的輪廓，我選定了具有特別意義的地區，挨家挨戶訪問，並實際測量建築內部及外側的庭園、街道、廣場等。將城市與所有建築都視為研究對象進行調查，再將其空間構造圖像化，透過分析，闡明享盡中世紀海洋城市榮耀的阿瑪菲究竟是如何建立、組織，並具有怎樣的特徵。

起源與歷史

◎緊鄰險峻山崖的土地上

四大海洋城市中，位於最南端的阿瑪菲，與威尼斯並列，都是在中世紀早期就透過與海洋的連結而誕生的城市。

發展自坎帕尼亞大區平原地的羅馬式城鎮的市民們，在五、六世紀初期，受到來自北方東哥德人侵略而輾轉逃亡。為了找尋安全之地，他們移居到隱密的沿海地帶。相對於威尼斯選擇了被淺灘潟湖圍繞，宛如天然要塞的水上地帶，阿瑪菲選擇了後方是險峻山崖與溪谷的狹窄土地來建設城市。近年來在阿瑪菲的中心地帶，發掘出羅馬時代的別墅遺跡，令人大為震驚。因為古代時這裡尚未發展出城市，僅是小小的漁村罷了。阿瑪菲完全是從中世紀才開始形成，因此其空

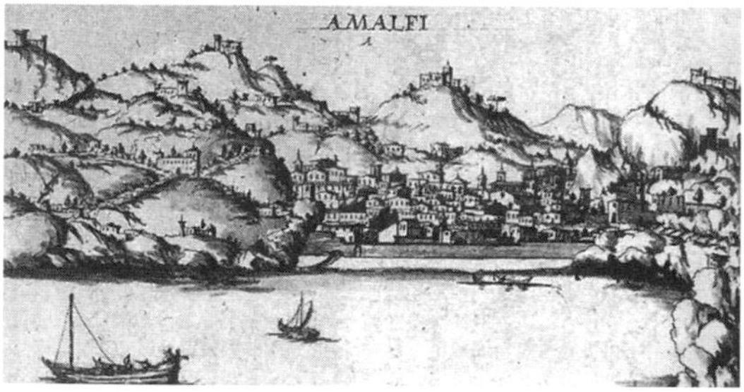

從海上望向阿瑪菲　後方為緊鄰溪谷的岩山，阿瑪菲就在這樣的地形上建立城市，除了從海洋接近，別無他法，成為防禦不擅航海的日耳曼人的最佳地點。17 世紀的畫作。

間結構相當配合當地的地形與自然條件，展現出複雜且有機的姿態，在這一點上與威尼斯十分相似。此外，腹地有限的阿瑪菲人也和威尼斯人一樣，很早便開始向海上發展。勇敢地航向大海，對他們而言是必然的結果。

不論什麼時代，除了當地人擅於利用細窄的道路之外，來訪這座城市的人們，絕大多數都是乘船前往。從海洋上眺望，自眩目的陽光中鮮明地展現出身姿的阿瑪菲，其美麗的模樣堪稱絕景。首先映入眼簾的，是突出於東方山崖上的高塔——薩拉森之塔，是為了防御伊斯蘭教徒自海上攻擊而建的防衛塔。當敵船來襲時，會從塔上點起烽火以通知城內的人們。這樣的防衛塔自西西里島、卡拉布里亞、阿瑪菲海岸、薩丁尼亞島到北部的沿岸地區，都以大致固定的間隔分布於海濱，是一種行之有年的防衛系統。

進入深而淺的小灣之後，當港口出現在眼前時，阿瑪菲亮麗的全貌就會映入眼簾。中央是作為地標的大教堂與鐘樓，而自中世紀開始發展、巧妙地建造於陡峭山壁上的住宅群，則向左右兩側延展而開。海洋國家時代，總有各式各樣船隻停泊的港口周邊，現今則是海水浴場及綠意盎然的步道，相當熱鬧。

◎城市形成的起始

西羅馬帝國滅亡後，五世紀至七世紀時的義大利各地遭受北方異族的侵略，為了躲避此一危機，原本居住於平原地帶的人們開始離開家鄉，尋求安全之地。阿瑪菲背後有山、且有面海而開的溪谷地帶，對於逃難的人而言，是相當合宜的地區。日耳曼人不懂得利用船隻從海上進攻，背後又有斷崖守護，這裡成為天然的要塞。五世紀至六世紀初期，來到阿瑪菲的人們活用溪谷地形，從易於防守的高地開始打造城市。因此，在解讀阿瑪菲的城市形成時，地形與道路，以及做為早期居住地區的中核地帶（和教堂的位置關係），是重要的關鍵。

溪谷的中央原有河川流過（現為主要道路），從中世紀早期，人們便不曾居住在河川沿岸的低地，而是自東側向西側的斜坡地向上延伸，建造住宅區。據加爾加諾教授所言，五至六世紀之間，在東部的高地上首先形成了稱作「營寨」（Castrum）的居住中心，這也是阿瑪菲最古老的住宅區，這個位置不論在防衛和衛生方面都是非常合適的場所。同時，這裡也位於連結東側城鎮阿特拉尼（Atrani）的古道上，地理位置重要。

阿瑪菲這個名字正式出現在歷史上，始於五九五年教宗額我略一世（葛立果一世）撰寫的書信中。教宗在信裡提到了拜占庭帝國統治下的拿坡里公國南邊國境的附近，有一個叫做阿瑪菲的要塞城市。在阿瑪菲的山地區域，留存著設有高塔的巨大要塞城池遺跡，其建築為六世紀拜占庭風格。七八五年左右，阿瑪菲城牆外側存在有數個聚落，之後也紛紛發展成領土內重要的小鎮，馬義歐利（Maiori）便是其中之一。

六世紀基督教時代初期，阿瑪菲東側高地上形成的營寨式住宅區，在其西端（現在的大教堂北側）建造了一間小教堂；幾乎是在同一個地點，九世紀時建造了三廊式結構的「刑釘大教堂」（Basilica de Crocifisso）；接著十世紀末，阿瑪菲主教座堂——聖安德烈教堂建成，成為阿瑪菲的宗教中心。這也與之後大教堂廣場，以及低地地帶整體的發展息息相關。

附帶一提，阿瑪菲的守護聖人聖安德烈為聖彼得之弟，兄弟兩人都是漁夫。《馬太福音》上記載，有天兩人在加利利的海邊灑網捕魚時，剛好經過此地的耶穌對他們說：「跟隨我吧！我要使你們成為得人的漁夫。」於是他們便放下了漁網，追隨耶穌成為其弟子。將身為漁夫的聖安德烈作為這座城市的聖人，間接訴說了阿瑪菲與海洋的深厚連結。

十三世紀初，當聖安德烈的遺骸從康士坦丁堡運到、被安置在地下禮拜所之際，教堂也隨之進行擴建。在經歷了改造整修之後，如今整棟建築物上最古老的遺構，是鑄造於康士坦丁堡、於一〇六五年安裝上去的正面青銅大門。拜占庭匠人高超的技巧徹底展這扇門上，細緻的工法令人讚嘆不已。這扇門也是見證阿瑪菲與東方之間相互交流的重要元素之一。

河川西側首先在高聳的斜坡上建造了數間教堂，其後周邊形成社區。其中一座教堂的高度，甚至高過原本就建於西南側、聳立於高地上的聖比亞鳩教堂鐘樓。在此眺望向東延展的阿瑪菲市中心，可以將與海洋連結的歷史城市美景盡收眼底，景象令人感動。

◎獨立自拿坡里公國

接下來，讓我們從政治經濟的角度，進一步來探討阿瑪菲的歷史。阿瑪菲位於谷狀的特殊地形上，難以向內陸發展，因此很早就發展出與海洋息息相關的產業。八世紀左右，在靠近低地港口的城牆內（法拉利廣場，今「總督廣場」），已經出現了匯集商業、生產活動的社區。

七世紀前的阿瑪菲，受到拜占庭帝國影響，被納入東羅馬帝國所屬之拿坡里公國（Ducato di Napoli）的統治下。在沒有自由、被迫屈於從屬關係的這段期間，所幸阿瑪菲還得以與東地中海上、同為拜占庭領地的各個地區進行熱絡的交易活動，進而成為南義與黎凡特（東地中海沿岸地區）之間最大的貿易中心。阿瑪菲人發揮其知識，以高超的航海能力以及商貿才能，讓城市急速發展起來。

之後，日耳曼民族的倫巴底人南侵，雖然他們沒能征服拿坡里，但為了盡可能地利用阿瑪菲的海上能力以及透過交易獲得的財富，打算讓其脫離拜占庭帝國。拿坡里公國、倫巴底與伊斯蘭勢力為了爭奪領土，以第勒尼安海為舞台展開了激烈的爭戰，阿瑪菲的艦隊也不時航向前線。

就這樣，羽翼漸豐的阿瑪菲，終於在八三九年九月一日，宣布脫離拿坡里公國獨立，並採取由市民選舉決定領導人的共和國制，海岸周邊的小鎮、村落也都一併納入統治範圍，同時與鄰近的強大城市阿特拉尼合併。東至切塔拉（Cetara），西至波西塔諾的整個海岸，以及卡布里島及斯塔比亞海堡（Castellammare di Stabia）的領地，都是阿瑪菲的領土。被拉塔利山脈（Monti Lattari）所圍繞，斯卡拉（Scala）、特拉蒙蒂、拉維洛（Ravello）等在戰略上具有重要位置的要塞城市從背後守護著阿瑪菲。要是造訪這些散落在高地附近的小鎮，你會發現中世紀的古老城牆、建築物等依然留存其中。就這樣，自海洋向山間延展的地域形

拿坡里、阿瑪菲周邊

成一個整體，繁榮的海洋城市阿瑪菲於焉誕生。

直到一〇七〇年代後半為止，阿瑪菲的影響力始終強大，並持續行使他們引以為傲的共和國自治。雖然成為獨立國家，但聰明的阿瑪菲人不論在政治或商貿上，仍然維持並善加利用對拜占庭帝國鬆弛的從屬關係。

擁有光榮海洋城市國家歷史的阿瑪菲，其政治權力機關與威尼斯、熱那亞一樣，也稱作總督府，設置於主教座堂東南側後方。然而，阿瑪菲的總督府與威尼斯面海而開、聖馬可廣場上的總督府有所不同，它的存在相當不起眼。相對地，阿瑪菲主教座堂——聖安德烈教堂卻十分醒目，許多男女都會在此舉辦婚禮。從廣場順勢向上延伸的大階梯上，時常可以見到情侶們在此拍攝影片，舉手投足親熱甜蜜。

◎與阿拉伯人抗爭、同盟

八四九年，征服了西西里島梅西那（Messina）的阿拉伯軍，繼續向北開疆拓土，威脅到整個坎帕尼亞地區。他們攻擊了加埃塔（Gaeta）、卡西諾山修道院（Abbey of Monte Cassino）、破壞了豐迪（Fondi），沿台伯河而上逼近羅馬。驚慌的羅馬教宗利奧四世向拿坡里求援，於是拿坡里聯合了阿瑪菲、加埃塔的艦隊前往救援。他們在奧斯蒂亞（Ostia）外海與敵人展開激烈戰鬥，以阿瑪菲為主力的聯軍艦隊，獲得了壓倒性的勝利，就連突如其來的強風，也成為助力，讓聯軍打了一場漂亮的勝仗。聯軍摧毀了殘存的阿拉伯軍艦，俘虜大批的伊斯蘭教徒。

經過這場奧斯蒂亞之役後，阿瑪菲人得到了「信仰之敵，永戰到底」的稱號，大大地宣揚了自身的國

〈奧斯蒂亞之役〉 梵蒂岡博物館的「拉斐爾廳」中，裝飾於「博爾戈火災廳」東牆上的濕壁畫。據說是出自於拉斐爾弟子之手。

力。在梵蒂岡博物館中，還收藏著文藝復興巨匠拉斐爾所繪的〈奧斯蒂亞之役〉濕壁畫，讚揚阿瑪菲的活躍。不過在那之後，拿坡里公國還是與阿拉伯人締結為同盟。

戰爭之後，阿瑪菲擴展了自身海洋國家的勢力。在康士坦丁堡的催促下，八七二年時，阿瑪菲在海戰中成功擊敗了設防於聖薩爾瓦托雷迪菲塔利亞（San Salvatore di Fitalia）的阿拉伯軍。作為獎賞，拜占庭帝國將卡布里島贈予阿瑪菲。

不久之後，阿瑪菲也考慮到相互貿易的可能性，也和阿拉伯人締結同盟。對基督教徒而言，與異教徒同盟充滿了不安定要素，在教宗與拜占庭皇帝的施壓下，兩者的同盟關係曾一度中斷，不過，藉由與伊斯蘭保持友好關係，阿瑪菲的貿易量大幅增加。阿瑪菲的貿易範圍囊括了：第勒尼安海、西西里島、從安那托利亞到敘利亞、巴勒斯坦、埃及、東地中海沿岸地區（黎凡特）的港口、埃及以西的阿拉伯、非洲，亦即地中海南岸所有的港口都有阿瑪菲人的蹤影。他們向沒有木材的北非出口木材換取金錢，再用從北非賺來的錢到康士坦丁堡購買貴重金屬、高級布料，或是到敘利亞、巴勒斯坦購買其他物品。當然，阿瑪菲也沒放過走私，並靠仲介貿易賺取了大量財富，特別在埃及和巴勒斯坦兩地，阿瑪菲人獲得了莫大的利益，因為此處有眾多來自印度、中國、尚吉巴（Zanzibar）等遠方運來的珍品，像是絹、香料、胡椒、象牙等既昂貴又稀少，在歐洲更是少見的奢侈品。

◎中世紀海洋城市的第一次榮耀

另一方面，十世紀時阿瑪菲在拜占庭帝國的首都康士坦丁堡設置了據點，積極地推動貿易通商，終於將交易範圍擴大到黑海沿岸。其實在今天烏克蘭的黑海沿岸港口城市塞瓦斯托波爾（Sevastopol），依然保有阿瑪菲所建造的港口遺跡。

西元一〇〇〇年左右，阿瑪菲共和國成為龐大的商業中心，是南義、拜占庭世界、阿拉伯世界的重要交流據點。在義大利中世紀四大海洋城市中，阿瑪菲率先締造了第一次的繁盛時期。從東地中海其他繁榮港口而來的外國人，都被阿瑪菲的富庶景象所折服，驚嘆不已。阿拉伯人、西西里島人等外國人聚集於此，這裡儼然成為來自埃及、敘利亞等世界各地商品的集散地，熱鬧非凡。來自巴格達的商人兼旅行家伊本·豪蓋勒便曾讚稱阿瑪菲是高雅、富裕的城市，與其相鄰的拿坡里雖然也相當美麗，地位卻沒有阿瑪菲這般重要。

此一時期的阿瑪菲，便是透過地中海貿易與伊斯蘭文化熱烈交流，並在文化上受到了深刻影響，當時完成的中世紀建築，仍有許多被保存至今。此外，史料中也有記載，支撐海洋城市阿瑪菲繁榮的海關、造船廠、商棧等主要設施，都設置於港口周邊。

◎羅盤、航海法、造紙技術

海上貿易不只為阿瑪菲帶來了財富，與擁有高度文明的東方人交流，更讓阿瑪菲人在藝術、文化、科學技術等領域大有斬獲。

以海洋相關的領域為例，阿瑪菲採用東方先進的科學技術，研發出利用磁石的羅盤，可謂是文化交流下極具象徵性的產物。十一世紀左右，將磁石製成的針放入水中，藉由其指針的方向來辨識方位，這樣的方法在中國、阿拉伯的船員之間已廣為利用。

然而，因為船隻搖晃，放置磁針的水常會翻倒流出而無法確切使用，阿瑪菲人因而發明出不需用水就能保持磁針水平的乾式羅盤。在羅盤問世前，航海只能靠觀星與太陽位置來辨別方向，在天候不良的冬季便無法出航。到了十三世紀中期，使用此一乾式羅盤，即便在冬季也能安心出海。此一羅盤在歐洲普遍運用，也間接影響了出現於十五、十六世紀的大航海時代。

另一項重要的發展則是，詳細規範了航海相關先進規則的海上法典《阿瑪菲海洋法》的問世。中世紀時，阿瑪菲人編纂的這部海洋法，明定了船主、船長、出資的商人、船員間的權利與義務、利益分配、報酬，以及捕獲、觸礁受損時的處理方式。之後各個時代訂立的海洋法典，幾乎都是參考這部具有里程碑意義的《阿瑪菲海洋法》。考量當時的航海習慣，《阿瑪菲海洋法》的規範內容被認為可以追溯到更早之前。可是有人會追問，這些成文法律究竟是出現於何時呢？

關於這點，栗田和彥針對《阿瑪菲海洋法》，進行了相當詳細的研究[1]。在分析、考察了有關《阿瑪菲海洋法》編纂時期的漫長論爭後，栗田和彥推定，拉丁語的法條內容在一一三一年前便已確定，之後在十三世紀、十四世紀左右正式明文化；至於義大利文的法條，則是在十三世紀成形、十四世紀明文化。

造紙技術是發明於中國、發展於阿拉伯，之後傳入歐洲的代表性技術。一一〇九年時一封寫於西西里的書信，據說是現存最古老的歐洲手製紙。十三世紀，紙與其生產技術傳入歐洲，而其中最早引入此一技術並且成功製造的，便是阿瑪菲。這也是阿瑪菲相當引以為傲的歷史之一。

造紙的舞台位於城市北部郊區的河岸地帶。十世紀時這裡已出現灌溉小麥的水車，十一世紀則發展成一個產業區。進入十三世紀，利用水車造紙的工廠開始出現。利用河川帶動水車的力量以推動巨大的木槌，敲打放有木綿、麻布等材料的大石缸、製成紙張。在傳承此一技術的造紙博物館中，年邁的匠人今天仍然為來訪的人們解說古早的造紙方式。

中世紀時阿瑪菲重要的造紙產業，在十七、十八世紀復甦，成為這座城市重生的重要推手。

◎在耶路撒冷、康士坦丁堡的活動

另一方面，海外的阿瑪菲人表現也一樣亮眼。為了讓交易能順利進行，在各個貿易對象的主要城市裡，阿瑪菲人自成一區，在區域建內設倉庫、教堂、旅館和醫院等。

阿瑪菲共和國的修道會活動本就相當活絡，身在國外，他們依然會在耶路撒冷、康士坦丁堡、希臘的阿索斯山等地建造修道院。阿索斯山上由阿瑪菲人建造的本篤會修道院裡，堅固的高塔遺跡現在依然屹立不搖，刻在上面的鵰圖騰，被視為海洋城市國家中的第一個徽章。

透過本篤會修道院，阿瑪菲人與外國人維持了和平的關係，另外，為了防衛需要，修道僧也會武裝起來成為戰士或是化身為治療傷患的醫生。這些修道僧還會被派遣到耶路撒冷的阿瑪菲醫院進行治療。該醫院建立於九世紀末，由富裕的商人可米堤（Comitti）與本篤會的聖母升天修道院合作，為了奉獻給聖約翰所蓋的。

就這樣，阿瑪菲人在耶路撒冷創設了醫院的教團（Hospitaller），身兼宗教與軍事的機能，其後成為守護聖人的聖約翰騎士團（Hospitaller of Saint John）。直到今日，該騎士團仍以馬爾他騎士團（Knights of Maita）之名傳承至今。

位於耶路撒冷市中心附近的聖母升天修道院周邊，也有阿瑪菲人的社區，社區中有商棧、店鋪、工房、住宅群、教堂等。我們今天仍然可以欣賞到，聖母升天修道院的迴廊中由柱廊與中庭構成的美景。之後為了供奉抹大拉的馬利亞，建造了第二修道院，稱作小馬利亞修道院（Santa Maria La Piccola）。修道士和修女們，在旅館和醫院中，照顧來到聖地巡禮的朝聖者及病患。

在康士坦丁堡，阿瑪菲人也成為最早住進面金角灣的古老市中心一帶的歐洲商人。十世紀時，此地已建有聖安德烈教堂等兩座修道院，住宅群、商棧、工廠也已登場，形成了阿瑪菲人的居住社區，而且一旁就是伊斯蘭的新清真寺（Yeni Camii）。之後威尼斯、比薩及熱那亞也分別在一〇八二年、一一一一年、一一六九年獲准在其鄰近周邊營造自己的社區。

◎諾曼人的威脅、比薩與熱那亞的崛起

阿瑪菲人靠著海外貿易致富，市民生活也相當進步，然而國內的政治鬥爭卻從未停息過。共和國無力避免被封建勢力所包圍而帶來的影響，民主的風氣開始逐漸變調。九五八年，領導者賽魯喬·可米堤宣布實行君主制，權力的繼承也改為世襲，這種情況一直持續到十二世紀阿瑪菲滅亡為止。

即便如此，阿瑪菲依舊是第勒尼安海的商業中心，雍容華貴傲視群雄，始終保持著富裕的城市生活。在這樣優沃的環境下，阿瑪菲不似其他海洋城市，始終生活在戰爭的陰影下。隨著歲月的流逝，阿瑪菲的防衛精神日趨薄弱，從富裕的生活逐漸走向崩毀。

一一三〇年，來自斯堪地那維亞的勇敢航海冒險家諾曼人，其勢力已經擴展到地中海世界，更在南義建立起西西里王國。諾曼人之王侯杰二世（Roger II）在一一三一年恐嚇阿瑪

菲，要求他們解除武裝，而阿瑪菲的人們也不打算抵抗，就這樣納入了侯杰二世的統治之下的西西里王國。

被西西里王國征服後，阿瑪菲開始急速崩毀。不過，儘管共和國失去了自治權，在政治上也面臨著嚴峻的情勢，阿瑪菲依然保有自己的法律，得以統治自身的領土；而作為海洋城市養分的通商活動，也摧枯拉朽地維持到十三世紀末為止。威尼斯因為位在義大利半島的另一側，不算是阿瑪菲的對手，不過距離較近的比薩、熱那亞等強大對手則在此時紛紛崛起。

加爾加諾教授引用英國詩人薩繆爾・羅傑斯在一八二八年的詩句：「阿瑪菲雖然不斷遭受攻擊，但絕不被統治」，強調阿瑪菲儘管在嚴峻的情勢下，也不容許他者征服自己的文化、法律與生活模式。

然而，在第勒尼安海上崛起的比薩，帶來了極大的威脅。阿瑪菲才剛被諾曼人併吞沒多久，一一三五年時比薩的艦隊突如其來地出現在他們眼前。不久前還以第勒尼安海女王之姿自居的這座海洋城市，此時已失去了自衛的能力，遭到攻擊卻一籌莫展，城市內烽煙四起，市街被破壞殆盡。之後在一一三七年時，阿瑪菲又再一次受到比薩的攻擊與掠奪。

就這樣，阿瑪菲將主角的寶座拱手讓給了比薩，結束了共和國短暫而繁榮的歷史。其實這正好反映了南義的政治狀態，和其他的地區一樣，阿瑪菲開啟了由外國勢力統治的歷史新頁。一一三一年接受諾曼人的統治後，接著是霍亨斯陶芬王朝（Hohenstaufen，一一九四～一二六六年），然後是法國的安茹王朝（Anjou，一二六八年～十三世紀末），之後則由西班牙的亞拉岡王朝（Aragon，十三世紀末～十六世紀）進行全面統治。這些統治者們的官邸，至今仍有部分留存下來。

◎財富的累積與毀滅性的打擊

關於政治的演變就先說到這。實際上即便是在十三世紀，我相信阿瑪菲依然是一座文化活動熱絡，到處都在進行工程的城市。此一時期開始了港口設施的正式建設，也實行了將流經溪谷的河川全面覆蓋的大型土木工程。此外，許多讓人很難相信是這時產物的建築依序落成，例如擁有氣派拱窿天花板的住宅、商業設施、宗教建築等。據彼得．卡普阿諾（Pietro Capuano）樞機所言，聖安德烈的遺骸也是在一二〇八年自康士坦丁堡運至阿瑪菲主教座堂的。此外，不論是阿瑪菲主教座堂的鐘樓還是「天堂迴廊」，也都完成於十三世紀後半。財富的累積不曾中斷。

十三世紀時，特別是在城鎮東西兩端的山崖中腹地帶，紛紛建起能眺望海洋的大規模修道院，擁有財富與權力的修道會特地選擇了最完美的地方作為據點。到了近代，利用這些優良的地點與風景，兩邊的修道院改建為飯店：西側方濟會旗下的卡布奇諾修道院成為康文特NH大飯店，東側的聖方濟修道院則成為盧納康文特飯店（Hotel Luna Convento）。後者買下了為防範伊斯蘭教徒從海上攻擊而建於崖邊的薩拉森之塔，並在裡面設置景觀餐廳及咖啡廳。在這兩間飯店裡，都能一面感受海洋城市的記憶，同時享受地中海豪華的度假氣氛，是我相當推薦的住宿地點。

然而，在十四世紀中期，阿瑪菲遇到了加速其衰退的重大事件。一三四三年十一月二十四日至二十五日的夜晚，宛如暴風雨般的海浪引起了海底地層大規模的滑動，而且時間長達八小時之久。阿瑪菲的海灘遭到侵蝕，中世紀時建於海岸邊的設施和建築物全部沒入海底。這個突如其來、前所未見的大災難，讓阿瑪菲受到了毀滅性打擊。之後，縱使造船、染色、纖維、造紙等產業依然維持，但阿瑪菲已經失去大部分的實體建物，淪為在地的小型港鎮。

阿瑪菲退下了歷史的大舞台，直到十七、十八世紀，它的經濟實力才再次復甦。當時河川上游出現了許多利用水車運作的工廠，讓經濟再次呈現榮景。接著到了十八世紀後半，隨著豪華旅遊的興起，造訪阿瑪菲的旅客大幅增加，活絡了經濟活動。特別是進入十九世紀後，陽光普照、風光明媚的海岸風景與帶有拜占庭、伊斯蘭等異國風情的建築無不吸引眾人的目光，讓阿瑪菲一躍成為人氣的觀光景區，抓住了歐洲人的目光。

阿瑪菲的樣貌不斷與時俱進，至今城中依然保留眾多中世紀的遺跡，就算在義大利國內也是罕見的例子。如今，阿瑪菲的心臟地帶和海岸都登錄為世界遺產，到了夏季，總能看到來自世界各地的觀光客到此一遊。

城牆外的港灣地區

◎消失水中的阿瑪菲

在概觀地闡述過歷史後，我們來實際探訪城市空間，而要了解海洋城市阿瑪菲，首先便得看看港口周邊。

以東方世界為首的外國貿易船都停靠在港邊，各個民族的商人熱烈聚集於此進行交易，以海洋城市國家之姿榮盛一時的阿瑪菲，港口周邊區域最能反映出它的國際色彩與熱鬧的氣息。然而世界上所有的港口城市，一般來說都很容易因應時代的變化而做改變，鮮少有能夠維持往昔樣貌的港灣。即便是阿瑪菲，雖然我們能從阿拉伯的旅行家伊德利西的記述可以知道，當時這裡停泊了許多氣派的船隻，卻無法了解其港口的具體構造。

一二〇九年左右，關注城市建設的樞機彼得．卡普阿諾為了讓港口不受暴風雨侵襲並同時整頓港灣機能，他決定從「教區長宅邸的聖彼得教堂」（San Pietro della Canonica）下方的淺灘地帶開始，一直到阿瑪菲市區的外海一帶，建設規模龐大的防波堤。從目前留存下來的部分史料可知，他大刀闊斧執行的這項困難的土木工程，自十三世紀後半一直持續到十四世紀初，才終於大功告成。當時所採用的，是西西里王國十分流行、來自阿拉伯的先進水中建設土木工程技術。

在城市最繁盛的時期，靠著防波堤的守護，城牆外側面海而開，教堂等各式建築及港灣設施等都林立於此。然而，一三四三年海底地層滑動造成了這一帶的損毀，現在要了解港口周邊的原貌，相當不容易。「消失於水中的阿瑪菲」此一說詞彷彿成為一種傳說，流傳於市民之間。

所幸，援引了加爾加諾教授的文獻史料研究，以及在一九七〇至一九八三年之間進行的水中考古調查，昨日仍雲霧飄渺的阿瑪菲之姿，今日終於逐漸明朗。

考古工作總算挖掘到十三世紀初時由彼得．卡普阿諾建設的防波堤地基，其東側的拱門，應該就是作為港口燈塔功能的某垂直結構的一部分。在靠近海岸線的地帶，則在海中調查時發現了埠頭和固定船隻的停船柱等構造。其中，港灣設施的其中一部分，像造船廠、商棧，以及自港口進入城市時位於正面玄關的海門等，幸運地保留到今天。特別是造船廠與商棧，都是用來連結地中海世界港口城市之間、做為貿易網中不可或缺的重要設施。

◎現存最古老的造船廠

與海共生的阿瑪菲，擁有悠久的造船歷史，中世紀時雄踞於海濱的巨型造船廠，更是阿瑪菲光榮造船歷史的最佳佐證。不論是通商或是海戰所使用的船隻，都在這造船廠生產製造。最古老的記錄可以追溯至八一〇年，拜占庭帝國向阿瑪菲訂製了二十艘船。

依史料記載，這座巨大的阿瑪菲造船廠，建造於一〇五九年，之後於一二四〇年時，在西西里國王腓特烈二世的命令下整修重建。石造的柱廊群改為尖拱廊，寬敞的挑高空間內以眾多的尖拱拱窿（pointed vault）樑架支撐。所謂的拱窿（vault，又名「拱頂」），指的便是以拱為結構系統而建造的屋頂空間，具有多種樣式，對於定年相當有幫助。阿瑪菲造船廠的拱窿，依其樣式可推定建於一二四〇年。

這裡建造了各種不同大小和樣式的船隻，其中包括了擁有足以與威尼斯槳帆船匹敵的一百二十槳、寬五公尺、長四十公尺的大船。阿瑪菲更發明了能向各個方向揚帆，具有優越性能、便於航海的帆船。當時，自亞歷山大港經梅西那前往阿瑪菲，即便是阿拉伯最快的船，也要花上二十天，然而這種可利用順風加快速度帆船的出現，大幅縮短了航行時間。

威尼斯、熱那亞、比薩等其他海洋城市都將造船廠設於遠離市中心的地方，只有阿瑪菲將它蓋在市中心的濱海地區。造船廠的建設由來已久，而且對城市來說也是極為重要的設施。由於造船廠的建築突出於城牆之外，如同前述，受到一三四三年時暴風雨和地層滑動的影響，大半都沉於海底。

今日雖然只剩下約四十公尺長的遺跡（原本應該是現存的二倍以上），即使建築只剩下一半，但它依然是相當巨大的建築物，相信也是世界上現存最古老的造船廠，內部空間留有過去使用的痕跡。如今這裡已改為展覽會場，經常用來舉辦活動。像連結義大利四大海洋城市記憶的帆船大賽之相關展覽，也選定這裡作為活動會場。

◎商棧、海關、廣場

在阿瑪菲，城市內部各個區域的空間發展，都在中世紀初期便展開了。其後隨著時間更迭，不斷改建創新，從其層層堆疊累積的狀態，便能看到城市成長的過程。

規模龐大的造船廠上方，也以巧妙方式加以利用。阿瑪菲人在造船廠上方建設了龐大的人工基盤設施，整頓出頂樓的空間作為廣場。於是在造船廠頂樓的廣場，成為外人難以進入

阿瑪菲的造船廠遺跡　內部以交叉尖拱穹窿建造，工法厚重紮實。作者拍攝。

的私密空間，甚至出現了與此相連的貴族宅邸。現在每到夏季，這座廣場總會舉辦演唱會等各式活動，熱鬧非凡。在這個開放感十足的戶外空間舉辦演唱會，是義大利令人津津樂道的夏季風情。周邊的居民不僅不會抱怨演唱會裡傳出的巨大聲響，甚至將自家當成ＶＩＰ席，坐到窗邊來聆聽。

造船廠周邊面海而開的地區在中世紀時，也建有許多管理商品、供外國商人住宿的商棧。阿瑪菲考量到自港口卸貨搬運的船運路線，商棧多集中於緊鄰造船廠的西側一帶。突尼西亞的凱魯萬（Kairouan）等在中世紀伊斯蘭時期形成的城市，其商棧、旅棧也多建設於城牆外；在阿勒坡，旅棧則多集中於老街區的市中心，但能讓駱駝商隊直接進入的大型旅棧，還是建設於城牆外。

現在的阿瑪菲，許多改建為販售土產伴手禮或旅行社的古老建築，在過去可能都曾經是商棧，內部空間層層相連的巨大拱窿構造，是中世紀後期的建設。不管經過了幾個世紀甚至上千年，具有歷史的建築物縱使改變了功能，它們的生命還是會繼續延續下去，這就是石造文化的特徵。

造船廠周邊當然也設有港都不可或缺的倉庫和海關，不過建築本身已不復見。將收取關稅的海關設置於入海口旁，相信也是受到阿拉伯世界的影響。今日，過往的城牆外側，已成為連結阿瑪菲海岸寬廣的現代化道路，大型觀光巴士絡繹不絕，相當熱鬧。

此牆外的寬敞空間是佛拉維歐．吉歐亞廣場（Piazza Flavio Gioia），中央設置有海洋城市阿瑪菲市民心目中的英雄佛拉維歐．吉歐亞雕像，上面刻有「羅盤發明者」的字樣。他是一名活躍於十四世紀的船員，也是第一個實際使用磁石羅盤的航海人員，在經過幾個世紀的口耳相傳之後，他已成為人們口中羅盤的發明者了。不過近年來，學界已有共識，佛拉維歐．吉歐亞其實其實是個虛構的人物。

阿瑪菲旁，還有一座令人嚮往的度假城市波西塔諾，它也擁有悠久的歷史。波西塔諾同樣面海而開，是一座在嚴峻山谷的陡峭斜坡上發展起來的城市，其獨特的空間吸引了來自世界各地的旅客。當我造訪波西塔諾時，曾有當地的男性生氣地對我說：「阿瑪菲人很狡猾，把波西塔諾出生的佛拉維歐．吉歐亞竄改為阿瑪菲出生，還在廣場立起了雕像，根本是扭曲歷史。」像這樣的鄰近城市，通常都對彼此抱有強烈的敵對心態，這也是義大利有趣之處，也是他們的文化基底。

公共的心臟地帶

◎中世紀城門的周邊

阿瑪菲幸運地保留下向海敞開的重要城門遺跡。這座城門源自十二世紀建造的「涼鞋港」（Porta Sandali），又稱作「海門」（Porta della Marina）。即便是背後有高聳的山壁作為天然要塞，阿瑪菲依然在地形險惡之處建造了堅固的城牆，並在軍事要地的高海拔山崖上，建造了高塔。像通往設有水車的北側山谷處與阿特拉尼相連的東側，以及與波西塔諾相連、能通往城鎮的古道上，都建有城門。南側面海的海

海門　今已成為上層是住宅、下層則是店鋪的複合性建築。作者拍攝。

面出入口，也蓋築起了氣派的城門。而這座海門，是現在唯一留存下來的中世紀城門。

在能夠眺望門外大海的城牆上，以色彩鮮豔的馬賽克磁磚繪製了阿瑪菲全盛時期的版圖畫，畫作的左側（西）能看到阿瑪菲、西西里島，中央則是希臘的伯羅奔尼撒半島，右（東）為黎凡特地區的敘利亞、巴勒斯坦、埃及等地。當然，在上方稍偏右的地方，也能看到拜占庭帝國的康士坦丁堡。這幅繪製於一九五〇年，充滿想像力的馬賽克畫，充分訴說了阿瑪菲共和國作為海洋城市的光榮歷史。

我和搭船前來的中世紀旅人們一樣，穿過城門後，在如隧道的中央通道看到三層尖拱的構造，以及交叉穹窿的天花板，讓人產生了時光倒流的錯覺。

在從事城市的田野調查時，為了要解開在漫長的歷史中，這些複合式層層堆疊而成的城市空間，是透過怎樣的架構而成型的過程中，我們需要一間一間地為建築物實地進行測繪。雖然造訪的大多是個人住宅，但像教堂、公共建築及城市的設施等，也是重要的研究對象。要描繪中世紀海洋國家阿瑪菲的城市樣貌，對於這座極具象徵性的海門遺跡，我們當然也對其進行了徹底的測量。

◎堆疊的城市空間結構

進入城門後，交叉穹窿走廊的右手邊（東側），有座建於文藝復興時代的「廣場邊聖馬利亞堂」（Piazza Santa Maria），又稱「平安港的聖馬利亞教堂」，相當符合海洋城市阿瑪菲的風格，時至今日依然是漁夫和船員們的教堂。內部有著單純的拱窿，如今地板比外面的道路略低五十公分，由此可知在時代的變遷下，教堂外的道路有所增高了。

在建築密集的阿瑪菲，從中世紀開始就在城門內的一樓處設置了幾間店鋪與倉庫，呈現出複合特性。現在，城門成為四層樓建築，面對通路的一樓為肉店、書店等，內部依然保留著拱窿構造的店鋪（每一間的地面都比道路低了約五十公分），承襲自這座城門原來的複合形態。

過去必須透過大拱門右側的細長入口，才能進入二樓的住宅，今天在同一個入口上方又增建了二層樓的住宅，但動線卻完全分離，如前述的造船廠頂樓廣場一樣，是從外面打造向上的階梯，這點實在是相當有意思。保留了古老的建築結構，考慮既有的所有者權益，然後在上方建造新的二層樓住宅，並打造新的動線連結，用立體方式，巧妙地堆疊起新舊設施。

阿瑪菲這座堆疊而成的城市，其空間結構著實有趣，像是被施了魔法一般，以複雜的組合，打造出不可思議的城市空間。

◎主教座堂廣場與主教座堂

接著，讓我們再回到中世紀的世界。穿過海門向右轉，便會進入阿瑪菲主教座堂（聖安德烈教堂）的廣場。和阿勒坡等阿拉伯的中世紀城市一樣，從城門是看不到城市內部的，這樣的結構是為了防禦而設計的古老形式。地中海世界自古以來，不論是進入中庭形式的住宅、或是從城門進入市街，都會避開透視性良好的拱門，而以曲折的方式建造入口，將內部的富饒和壯麗的景致隱藏起來，這些都是前人自我防衛的智慧結晶。

穿過細窄的城門通道向右，眼前突然出現人聲鼎沸的寬闊廣場，後方則是壯觀的大階梯和氣派的阿瑪菲主教座堂。這座

阿瑪菲主教座堂廣場　主教座堂的大階梯與鐘樓是阿瑪菲的象徵地標。作者拍攝。

主教座堂是在歐洲極為稀少的異國風伊斯蘭式建築，而且是阿瑪菲與東方交流的象徵。聳立於廣場的鐘樓建造於一一八〇年前後，雖是仿羅馬建築（Romanesque），卻也看得出受到阿拉伯／伊斯蘭的強烈影響。以黃色、綠色的義大利彩陶磁磚（Maiolica）裝飾的頂部及下層的尖拱廊設計，都展現出與伊斯蘭世界的強烈連結。

在南義的城市，教堂握有絕對的權力，阿瑪菲以此主教座堂為中心，結合多元的宗教設施，將一直延續到後方山坡地上的土地都納入聖域中。依據至今的調查經驗，在拿坡里、雷契（Lecce）等南義城市，都能在市中心見到面積龐大的宗教設施。

即便在廣場之國義大利，阿瑪菲的主教座堂廣場也是魅力十足的美麗廣場，完全不亞於威尼斯的聖馬可廣場或是錫耶納的「場之廣場」。聳立於溪谷高地邊緣的主教座堂，廣場位於下方谷底處，獨特的地理位置是這座廣場散發與眾不同魅力的最大推手。

在義大利中北部，市民自治明確的共和制城市中，象徵市民聚集的廣場上多會設有氣派的市政廳。與之相比，阿瑪菲雖然是共和制的海洋城市，但市民自治性格並不強，在此主要廣場上佇立的最大地標是主教座堂。

當然，主教座堂廣場也是花費了漫長的時間，才呈現出我們今日看到的豐富景象。在中世紀，這座廣場稱作「涼鞋廣場」（Piazza Sandali），自古這裡便以鞋店聚集聞名。在熱鬧的海洋城市的城門周邊，一直是商業活動與匠人生產活動的聚集之處，阿瑪菲的海門更是連結外部寬廣的港灣地區，與內部商業區的重要設施。海門原本的名稱「涼鞋門」（Porta Sandali），其sandali即為義大利文的涼鞋之意，也是命名自當地匠人的生產活動。

中世紀前半，這座廣場當時還位於河川東側，與主教座堂前的廣場相連。阿瑪菲位於面海而開的溪谷地形中，其谷底筆直向北側後方延伸的主要道路（卡普阿諾大道至羅倫佐—阿瑪菲大道），其實原來是條河道，下游更將現在的阿瑪菲主教座堂廣場一分為二，一路流入大海。十三

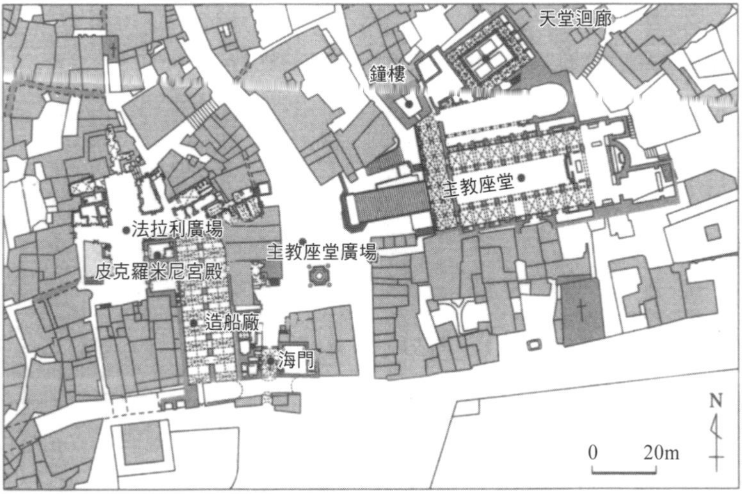

主教座堂廣場與法拉利廣場周邊

世紀後半，安茹王朝開始統治阿瑪菲，考量到衛生因素與城市開發計劃，在河川上造陸，並於谷底開設了道路，才成為現在這座氣派的主教座堂廣場。

若將設置於主要道路上的地下水道蓋掀開，便能看到至今依然源源不斷自上游流下的河水。能在中世紀就進行如此大規模的土木工程，完成城市的基礎建設，值得細細研究。

◎豪華旅遊與近代阿瑪菲

廣場的平面形態大約在此一階段大致抵定，不過現今看到的氣派大階梯，則是建造於十八世紀。十三世紀時，階梯下方原是阿拉伯公共澡堂，之後在十四世紀晚期設置了五間店鋪。在古代，人們都是繞行鐘樓後方，從旁側前往主教座堂。現在我們看到的阿瑪菲華麗的城市空間，是歷經了數個階段才得以完成的。一般人多會認為主教座堂美麗的伊斯蘭式立面是中世紀時的設計，其實不然。這裡在十九世紀時遇上了大地震，教堂立面龜裂，修復時利用了部分留存的伊斯蘭裝飾重建才得以完成，所以算是近代的產物。

十八世紀時，義大利一方面傳承古代文化，一方面以先進的文藝復興文化進行城市重建，完成了充滿魅力的建築與城市空間，也讓義大利成為英國、德國、法國等阿爾卑斯山以北的歐洲國家人們憧憬的對象。此一時期，永遠的帝都羅馬市中心，正持續進行古羅馬廣場的挖掘工程，隨後龐貝遺跡也跟著出土，各項發掘讓古代城市的樣貌輪廓逐漸清晰，為人們帶來極大的刺激，歐洲各地的旅人不惜千里迢迢越過阿爾卑斯山，也要來造訪義大利的各個城市，所謂的「壯遊」（grand tour）開始越來越熱門。眾多以藝術、文學為志向的人們，也不辭辛勞遠赴義大利，將在這裡得到的刺激與靈感帶回家鄉，為創造嶄新的文化貢獻心力。

然而這些人的目的地大多僅止於拿坡里，雖然也有從拿坡里搭船前往西西里島的路線，但坎帕尼亞大區的南部並沒有被列入旅遊的路線之中。直到義大利南部希臘風格的帕埃斯頓（Paestum）遺跡出土並廣受好評之後，人們的旅遊路線才開始向南延伸。當時，希臘為奧斯曼帝國的領地，即便歐洲人對古希臘文化相當感興趣，但是想造訪雅典的衛城卻極為因難。南義繼承了古希臘的神殿建築和劇場等城市遺跡，都讓當時的歐洲人心神嚮往。

在這樣的影響下，到了十九世紀初，已經有許多阿爾卑斯山以北的歐洲人造訪阿瑪菲。不過這裡吸引他們的並非古代文化，而是伊斯蘭、拜占庭風格的異國風情。歐洲的人們著迷於中世紀文化，並為如畫般的景致所吸引。原本就相當具有國際觀的阿瑪菲人馬上就理解這一點，並把在中世紀繁榮歷史中孕育出的東方美感視為自身的文化認同。這對海洋城市而言，是個聰明的選擇。

◎主教座堂廣場與「天堂迴廊」

阿瑪菲打從一開始，就充分考慮到防衛機能，人們從最安全的高地開始打造自己的居所。隨著城市的發展，阿瑪菲最終形成了沿著面海而開的溪谷東西兩側斜坡、向上發展起來的高建築密度城市。因此，就像是雨水總向低處流一般，人們不論住在阿瑪菲的什麼地方，都是走下斜坡，前往主教座堂廣場，穿越城門前往港灣地區。這樣的形式成為阿瑪菲特有的城市結構。港灣地區後方緊臨的城牆內側則建造了具有核心和象徵性的重要空間——廣場，這點相當具有港口城市的特色。擁有主教座堂和極具象徵性的廣場，是義大利才看得到的特色。

主教座堂周邊最令人讚嘆不已的，便是隱身在教堂左後方的「天堂迴廊」（Chiostro del Paradiso）。這個建造於一二六四年的設施，原是當地有力人士的墓地。與始終處於眩目陽光下的港口城市不同，帶著沉靜的氣息，走進迴廊後，總會陷入彷彿迷失在阿拉伯世界的錯覺。迴廊四周裝飾有一連串的尖拱門，為道地的伊斯蘭建築風格，再加上一棵棵的椰子樹，營造出綠洲氛圍，符合生活於沙漠的阿拉伯人追求的「陸上樂園」之印象。在西洋建築史的分類上，這座天堂迴廊，與位於西西里島巴勒摩、十二世紀中期由諾曼國王建造的「隱修者聖約翰教堂」（San Giovnni degli Eremiti）之迴廊一樣，都屬仿羅馬建築的範疇。然而實際上，它其實是相當典型的阿拉伯建築風格。對於地中海世界的南歐而言，與其用西方的框架去審視，不如從他們與伊斯蘭世界的關係去觀察，才能更容易去理解。

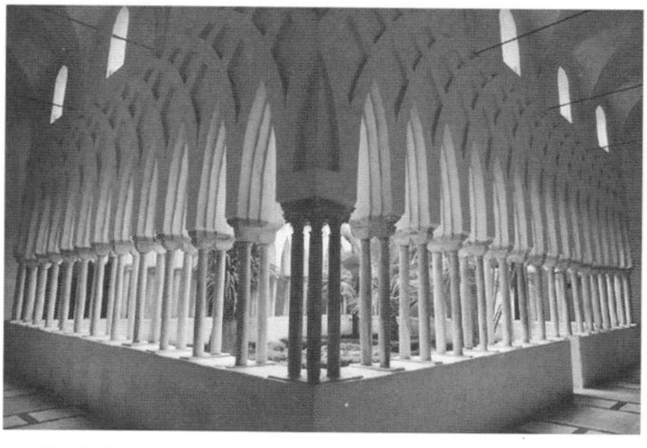

天堂迴廊　種有茂密椰子樹的中庭四周是美麗的迴廊，以典型的阿拉伯建築樣式建造。

◎一腳在葡萄園、一腳在船上

「天堂迴廊」的後方也很精彩。那裡是在宗教上擁有強大權力的主教座堂的所在地。

十一世紀建造的主教座堂一直保留至今，最近經過修復後內部的濕壁畫等又再次完整重現。從這座建築的上方俯看「天堂迴廊」，景色之美讓人為之屏息。也能深刻感受到這裡是刻意遠離喧囂，在神聖空間的內部創造出來的獨特氛圍。

在主教座堂後方的教堂綠地，則是一大片風格迴異的果樹園，被規劃成數個階梯狀的土地上，種著結實累累的檸檬。自中世紀以來，在密集的城鎮後方，便存在著這類廣大的果園。

若從航行在阿瑪菲沿岸外海的船隻上眺望，會看到在陡峭的斜坡上，緊鄰阿瑪菲古老市街的邊緣處，延展開宛如梯田般一層又一層的檸檬園，形成獨特的風景。中世紀的阿瑪菲人不只擅於航海，同時也致力於農業，在這裡就有這麼一句諺語：「一腳在葡萄園、一腳在船上」。所有經濟活動的開端，都是從土地的開墾開始。在險峻的岩壁上開墾出田園，種植栗子、葡萄、檸檬等。到了十三世紀之後，這裡開始大量生產檸檬。而檸檬的種植，其實也是受到東方的影響，當地人也說道，他們是向阿拉伯人學習打造出階梯狀檸檬園的技術。在中世紀，檸檬被視為藥品，當發生胃痛和發燒時食用；或是將尚未成熟的檸檬摘下，屯積於船中，以預防航海中的船員得到壞血病。

◎加速觀光化

到了近代，檸檬因栽培和摘取都相當費工且生產性低而逐漸被淘汰。不過，最近十餘年來，檸檬製成的檸檬酒（Limoncello）大受歡迎，這項在地產業終於起死回生，備受矚目。透過聰明的商人和有志之士，將阿瑪菲到蘇連多海岸地帶家庭內自製的酒類（像日本的家庭自製梅酒一樣）販售至市場，相當受到消費者歡迎，現在已經紅遍義大利全國，甚至外銷日本。

阿瑪菲周邊的檸檬，都是種在灑滿陽光的大地上，一直成長到快和橄欖一樣大才採收下來。搭配現榨的檸檬汁與當地豐富的海產和沙拉來品嚐，被稱作「地中海飲食法」，這類飲食習慣可以說是健康的代名詞，檸檬同時也象徵著當地大自然的恩惠。另外，檸檬酒不但美味，還能增強體力。我在阿瑪菲調查研究的這六年，檸檬酒獲得各界好評，在廣場和主要道路上的商店，清一色地都販賣起檸檬酒來。許多手工製作、繪有各種夢幻圖案的酒瓶也相當可愛討喜。

然而，時尚的商品日益普及，觀光加速發展，確實也開始影響到當地的日常生活。前述位於海門內的古老肉鋪，已改裝成為販售檸檬酒等流行消費品的伴手禮店。面對法拉利廣場，由一對老夫婦經營的蔬菜店，兒子在繼承後也改裝成販售檸檬酒等的熱門食材和伴手禮店。雖說這或許是觀光勝地的宿命，但看到與庶民緊密連結的店鋪一間間消失，熟悉的臉孔不再，還是讓人感到唏噓。

接著，讓我們登上阿瑪菲主教座堂後方的檸檬園，來到山腰上的高地。為了欣賞這片從高處俯視的美景，高地上建造了許多氣派的宅邸，從宅邸的陽台上，能將整個阿瑪菲盡收眼底，主教座堂的圓頂與鐘樓最為醒目，再向前則是蔚藍的大海，在這裡，任何人都能享受阿瑪菲經典的風景。不論是史料記載還是我們的調查都能清楚知道，從中世紀以來，在能夠眺望阿瑪菲全景的這片高地上，建有許多宅邸。

高地上的眺望，讓我發現了一個有趣之處。城市景觀的主要地標——阿瑪菲主教座堂的華麗立面，如果從後方看過去，其實只是一座像是舞台布景般的屏風式高牆。不過相反地，為了讓城市看起來更華麗美豔，特別打造了這樣的立面作為裝飾，也讓人著實佩服。

低地的商業區

◎表情豐富的法拉利廣場

中世紀的阿瑪菲港旁，於城牆內側的低地一帶，是商業生產活動聚集的廣場，數個拉丁文稱作Platea（敞街）的廣場都位於此，林立著店鋪、匠人的工房。其中最古老的一座廣場是「法拉利廣場」（Piazza Ferrari），現稱「總督廣場」（Piazza del Dogi），在中世紀時則稱作「鐵匠廣場」，它是現今唯一一座依然保留中世紀平面形態的廣場。

與華麗的主教座堂廣場不同，位於西側的法拉利廣場，充滿了庶民的生活感。現在依然是許多日常用品店的聚集

法拉利廣場　現在的總督廣場，為商業中心。作者拍攝

處，當地居民都來到此地購物，應付生活所需。相信造船廠就位於前方，也是讓這裡成為鐵器生產之地的原因。

展現出多元樣貌的法拉利廣場，其周邊建築有許多都依然保留有中世紀晚期的建築元素。每棟都是以一樓為店鋪，二樓以上為住宅，展現出中世紀的建築形式。特別是其中一戶是老夫婦經營的蔬菜店（近年改裝為伴手禮店），其建築為中世紀的塔樓住宅（Casa Torre），相當令人玩味。

在義大利的中世紀城市，不時能看見塔樓的建築。這些具有防衛功能的塔樓住宅，是將原本中古鄉間城堡旁的高塔移植到城市內而形成的建築。托斯卡納的山城聖吉米尼亞諾（San Gimignano）至今仍有十三座高塔聳立，被稱為「托斯卡納的曼哈頓」，便是著名的例子。其實像佛羅倫斯在中世紀前期，也因為各大家族間的紛爭不斷，造出許多的防衛塔。在共和制度確立之後，這些被視為封建時代產物的高塔，頂端多被切除，只留下市政廳等公家機關的高塔作為公共空間的象徵，也成為展現出以市民自治為基礎的共和制精神的城市天際線。

比薩、熱那亞等之後即將登場的海洋城市，也都是以坐擁眾多塔樓住宅而聞名的城鎮。多分布於義大利中部的塔樓，在羅馬的老街區中也能看到幾個例子，但在拿坡里卻不曾出現，可是在阿瑪菲卻保有一例，相當有趣。

◎近年的改裝工程

二〇〇二年，一棟位於法拉利廣場北側、看來殘破不堪的獨棟建物經過改裝後，成為室內設計時尚美麗的優雅藥品店，也是阿瑪菲近年重建工程的象徵之一。其設計是由當地的著名建築家朱塞佩·阿蒙多拉（Giuseppe Ammendola）操刀，事務所就位在安茹王朝時代統治者的官邸所在地、主教座堂廣場北側。這間獨棟的藥品店建物有地下一層和地上二層，阿蒙多拉將一樓原有的三家小店整合，加入了現代感十足的螺旋梯，作為連結三層樓的垂直動線。

看到這些阿瑪菲的改裝案例後會發現，與其說他們想保存這些古老建築，不如說是打算從歷史性的建築中找出現代化的可能，並積極進行設計，這麼做也讓這座歷史城市再次復甦。

近年，法拉利廣場的魅力與日俱增，閒置的老店和倉庫經過改裝後獲得重生。廣場成為迷你演唱會的會場，遊客絡繹不絕。更令人高興的是，廣場上當地的居民比觀光客更多，是一個具有庶民社群生活感機能的廣場。

和市民生活密不可分的法拉利廣場，其一角建有亞拉岡王朝時代統治者官邸——總督府，因此又被稱為總督廣場，其機能一直延續至一五八三年。總督府的位置現在為一棟氣派的建築，稱皮克羅米尼宮殿（Palazzo Piccolomini），住戶多是藥品店經營者、律師等富裕家庭。要進入這些住宅，不用經過法拉利廣場，而是從隱藏於後方的造船廠屋頂廣場進入。如此一來不但安全無虞，也能讓商業機能完全集中在法拉利廣場。

◎奢華的生活模式

皮克羅米尼宮殿中最適於居住的四、五樓，為阿瑪菲極具代表性的名門望族龐薩家族所有。住在五樓的，為事務所位在海門旁的知名律師安東尼奧．龐薩一家，從五樓看出去的風景美不勝收，能將港灣、海景盡收眼底，從自宅就能欣賞阿瑪菲的經典景致。他們會不時邀請親朋好友，利用能盡享海景的屋頂露台，舉行家庭派對，享受現代感十足的阿瑪菲奢華生活。每到夏季，主人家也會邀請我們一同度過歡樂的時光。這棟建築不只面海，同時也與法拉利廣場、造船廠的屋頂廣場相連，三面都能享有不同的美景。阿瑪菲主教座堂的立面、鐘樓，也是近在咫尺。

要完整復原貴族宅邸的各項機能並非易事。這棟建築內，數個家庭共同使用一座樓梯，現在的穿廊是十八世紀重建，但原型還可以追溯至更早期的年代。像這種設有休憩用階梯室的貴族宅邸，隨著時間更迭，內部的所有權也漸漸分化，名門望族也可能僅擁有一個樓層，阿瑪菲的居住模式，相信是在相當早期便已確立出獨特的形式。

◎層層交疊的個人宅邸、透天住宅

鄰近法拉利廣場的西側一帶，有一富含海洋城市阿瑪菲風情、殘存濃厚中世紀氛圍的住宅空間。

阿瑪菲以主教座堂為中心，發展出住宅區。如同前述，教堂總是率先建造於安全的高地上，接著其周圍才逐漸形成社群。在西南部的高地上，希臘人於中世紀早期便已形成社群，其中心便是「希臘聖尼可拉教堂」（San Nicola dei Greci），其後旁邊又建起了「聖比亞鳩教堂」（San Biagio）。現在聖尼可拉教堂雖然已不再具有教堂的機能，不過從周邊複雜的道路形態與建築的聚集方式，明顯可以知道這是源自於中世紀的古老社區形式。

其東側下方，留有多棟中世紀地方有力人士的個人宅邸——透天住宅（Domus）的珍貴遺跡。自法拉利廣場向西沿著狀似隧道的巴利安德大道向上，左轉偏離公路後，爬上狹窄的階梯繼續向上，便能看到迴廊環繞的中庭，是一個帶著不可思議氛圍的空間。第一次在這裡迷失方向時讓我很驚訝，因為沒想到阿瑪菲竟然還保留著如此古老氣息的地方。相信在過去這裡是帶有某種宗教機能的空間，在詢問了加爾加諾教授後才知道，原來這裡過去是透天住宅（十二世紀末），這才有一種豁然開朗之感。

此一複合機能的建築，據說是希臘社區中有力人士的住宅，建在遠離城市喧囂、外人難以進入且安全無虞的高地深處，須通過昏暗的隧道階梯前往，這樣的模式，是中世紀早期相當重要的宅邸建法。

在拉丁文中，Domus 為透天宅邸之意，在龐貝古城中也能看到許多此類的建築，具有人工式的挑高中庭和柱廊環繞的庭園等，這些都是典型的 Domus 透天住宅。透天住宅多是平

透天宅邸的挑高中庭　個人宅邸的中庭。作者拍攝。

房，或於屋頂設置房間。依加爾加諾教授所言，Domus多次出現在阿瑪菲的史料中，甚至也出現發展多樓層的高層建築。觀察現在留存的Domus，會發現還留有許多四層樓高的建築。順帶一提，在十七、十八世紀經濟復甦時期再次登場的貴族和富裕階級的宅邸，一般而言在阿瑪菲也稱作「豪邸」。

這棟留存下來的透天住宅，中央設有挑高且能夠直通天空的中庭，其一樓設有四根圓柱，上面有拜占庭式的伊斯蘭裝飾，成拱型相連。從中庭向上眺望還能看到二、三樓成小圓柱的獨特柱頭，這都是帶有拜占庭特徵的設計。中庭周圍為通道狀的穿廊，天花板的畫是連續交錯的拱窿設計，一直通到三樓，可以看出這確實是十二世紀的設計。一直到四樓型制大略相同，可推測整棟都是保有當初建造時的形式。

◎以中庭為中心的高樓化

透過加爾加諾教授的介紹，我們造訪了長期居住四樓的著名人士毛伊，並實際測量了這棟建築的大半部分，其中也包含了他的家。能用雙手實際測量完整的十二世紀建築，是只有在阿瑪菲才能體驗的調查經驗。即便從現在的審美觀來看，中庭周邊的建築構造依然帥氣又時尚。

位於死巷內，高樓建築圍繞著狹窄的中庭，從這種略帶壓迫感的建築外側，難以想像內部每一戶都寬敞又明亮。從毛伊家的陽台，能一百八十度觀賞阿瑪菲的市街景致，蔚藍的大海、正面的阿瑪菲主教座堂與鐘樓，還有背後險峻的山崖，都像是近在咫尺般一覽無遺。以往周邊的建築高度低，從這棟位居高地上的建築眺望，即便住在三樓或二樓，相信也能欣賞到極佳景致。

至於建築內部的格局，則是前後兩間房間縱列並排的細長型形式，可想而知這是中世紀標準的居住空間模式。這樣的空間圍繞著中庭，向上多層建造，成為一個整體的住宅建築。在過去時通常整棟都由某富裕人士所有，然而從現今建築中居住著不同的家庭看來，相信以前也是由互有血緣關係的各個家庭居住在一起，之後隨著時代的變遷，內部空間經過細分後，所有人增加，最終成為現在的公寓形式。

這棟的住戶身分相當多元。最上層坐享美景，住的是富裕企業家毛伊一家；同一層位於中庭另一邊內側，住的是優雅美麗的獨居老婦人，樓下居住環境良好的空間，則是老婦人的女兒夫婦居住，兩戶往來密切。對我們而言，每年夏季帶著日本的伴手禮前去拜訪這位老婦人，是相當令人愉快的行程。近年，阿瑪菲蓬勃的觀光發展讓不動產業相當熱絡，也有許多人將自家在夏季出租作為短期旅宿。在阿瑪菲至少還留有五棟十一至十三世紀建造的 Domus 透天住宅，幾乎每一棟都是以中庭為中心的獨特結構。這類中庭型住宅，自古便廣泛分布在地中海世界，阿瑪菲雖然在中世紀的初期便延續了此一系譜，之後卻沒有特別顯著的發展。這是因為，對於建設於斜坡上的山地城市而言，比起這種向內的封閉式建築，向外開放、設有前庭和菜園、具有良好視野的建築才更為合適。

從這樣的觀點來看，阿瑪菲與堅持中庭型建築文化的阿拉伯城市發展出相異的路線，也是在相異地形和環境下所產生的必然結果。

◎聖比亞鳩教堂

在看過複合型的 Domus 透天住宅後，再繼續向城鎮的西南部前進，造訪聳立於高地上的聖比亞鳩教堂。自古道沿階梯一路向上，好不容易來到了入口處。據說現在聖比亞鳩教堂最大的煩惱，便是因為所在位置太過險峻，所以很難找到神父進駐，而無法進行彌撒。為我們打開教堂大門的，是居住於面法拉利廣場氣派豪宅邸中的年輕男性阿方索．布洛德先生，他的家族代代都負責維護、管理這座教堂。平日在薩雷諾的銀行工作，每到周末便利用時間來教堂進行清掃管理。

一七七九年改建為巴洛克風格的教堂內部相當氣派，特別是黃色與藍色等鮮豔色調組成的義大利彩陶磁磚地板，更令人屏息。幸運地，我們得以進入筆直指向天際的鐘樓，以最棒的角度，將阿瑪菲核心市街與蔚藍海岸全景盡收眼底。以粗獷的岩山為背景，建於高地的聖比亞鳩教堂與下方攀爬於山崖上而建的建築群，形成了獨特的景觀，從聖比亞鳩教堂向海上眺望的景致更是令人震撼。進入近代，不再需要擔憂防衛機能，建築更是蔓延至山腳下，更添魄力。

接下來要造訪位於聖比亞鳩教堂下方、建於古道旁險峻斜坡上的住宅群。因擁有獨特外觀，這排建築是旅客熱門的拍照地點。周邊的道路上，依然設有許多覆蓋於建築上的隧道。打開木門，眼前出現的是超乎想像的極陡峭階梯，穿過狹窄昏暗的階梯，迎接旅人的竟是陽光普照、閃閃發光的海面，這是彷彿回到中世紀的空間設計才能感受到的精彩演出。再走到近代增建、突出於海面上的露台，能看到第勒尼安海浮在眼前，享受絕佳的開放感。從外側略感陰鬱的隧道狀道路看來，難以相信內部竟坐擁如此豐富的生活空間。阿瑪菲超乎想像的力量，總是隱藏於內部。

此一階梯能通往四戶住家，讓人難以置信的中世紀特殊居住空間內，則是一如往常的阿瑪菲日常景致。右下的住家歸拿坡里人所有，每年夏季，他們都來到此地度過優雅的假期。

◎建於河川上方的主要道路

接著再次回到市中心。阿瑪菲的商業機能，都集中於法拉利廣場、主教座堂廣場，以及南北縱貫於谷底的主要道路上。

來到熱鬧的大街上，這條主要道路的商業空間，是十三世紀後半覆蓋住流經谷底的河川，於上方打造、發展而成。宛如伊斯蘭城市的市集，道路兩側樓房的一樓小店林立，相當熱鬧。與市集不同的是，建築的上層住宅層層增建，成為充滿魅力的街道景致。基本上店鋪與上層住宅並不相通，但為了做生意，每天還是要到店裡才行。這和住商合一、兼具住宅與店鋪機能的日本町屋不同。

商店則與阿拉伯的市集相似，每一間都小巧精緻，卻可以創造出龐大的業績。店主和店員們也和市集一樣，常站在店外攬客。每年來到此地調查，與各店家的人們也變得熟識起來，經過店鋪時都會互相打個招呼。面對這些親切的店家，路過時總是此起彼落的「Ciao」（好）、「Buon giorno」（日安）、「Salve」（嗨）等招呼聲，相當繁忙，也展現出這座城鎮社交空間的一面。

地形上，通過谷底的主要道路寬約四至七公尺，並有二至四個彎道。近海處也是經過微妙的彎曲後路面幅度漸增。以往河川仍流於地面上時，曾有四座橋樑連結東西兩側。現在，在過去橋樑的位置，也設有岔路連結南北向主要道路的東西兩地。不過從外地來到主要道路的大批人潮，通常不會注意到這些低調的細小岔路。

◎阿拉伯式的浴池遺跡

當道路還是河川時，相信人們都是穿過西側稍高的高台，轉向東側後方的高台前進。這些昔日的主要道路，如今依然隱身在後方，是當地居民重要的生活路線。另一方面，覆蓋了河川打造出的新幹道，也成為新的生活軸線，發展出至今依然蓬勃有生氣的商業空間。

不過，在此要特別關注的是，從今日的主要道路中段開始（離主教座堂廣場約一百五十公尺處），在其東側的後方，和道路約成平行、有著一條由拱橋支撐的中古涵洞巷弄（supportico）。涵洞巷弄由連綿不斷的樸素拱橋組成，緩和彎曲的牆面以石灰岩塗成白色，孕育出富含地中海城市風情的空間結構。看似自然形成的道路形狀，訴說著此地在中世紀初期便已存在。看到這樣的景致，我推測在河川尚未被覆蓋以前，自主教座堂到此一通道的河岸東側，也許也有一條。

進入涵洞巷弄，能看到十三世紀的阿拉伯式浴池遺跡

阿瑪菲雖然沒有阿拉伯人社群，

阿拉伯式浴池遺跡　進入涵洞巷弄（上圖），能看到阿拉伯式的浴池遺跡（下圖）。作者拍攝。

卻受到阿拉伯文化極大的影響，這座浴池並非公共澡堂，而是私人住宅中設置的私人浴池。宛如檸檬榨汁機形狀的圓頂空間中央設置了阿拉伯特有的建築結構。如今這裡是一般的伴手禮商店，獨特的圓頂造型也被成山的商品遮蔽，看不太出原有的模樣。

深受古羅馬人喜愛的浴場文化，在基督教普及的中世紀歐洲逐漸衰退。然而在另一方面，浴場文化與相當重視身心的清潔——特別是在禮拜前要洗淨身體的伊斯蘭教習俗不謀而合，進而在阿拉伯世界普及起來。像是受到阿拉伯長期統治的安達魯西亞的格拉納達，在阿爾罕布拉宮內部及街上，都能看到阿拉伯式浴池的遺跡。不過在其他的歐洲地區，阿拉伯式浴池就相當罕見了。阿瑪菲的這個例子，以及周邊城鎮像是斯卡拉、波多內（Pontone）等，建於中世紀的私人宅邸中，也都能看到一些十三世紀的阿拉伯式浴池遺跡。這也證明了海洋城市與阿拉伯世界擁有強烈的連結。

◎東西不對稱的市街景致

接著來觀察，歷經多個階段才完成的主要道路兩旁的建築。你會發現越下層越古老，越上層越新，因為那些都是之後增建的。一樓店鋪內的天花板多呈中世紀的拱窿隧道狀或交叉拱窿。

面向主要道路的東側，後方就是涵洞巷弄的帶狀地區，其中的商店都是玄關狹窄、深度淺，只有一房的傳統式店鋪。其中一間為裁縫師皮多・卡耶塔諾的工作室，已經半退休的老匠人，特別打開工作室讓我們參觀。有著拱窿的單間工作室設計簡單，是當時相當典型的空間構造。為了有效利用拱窿下的空間，以木板隔出了上下兩層，以梯子相連。上層作為收納商品、材料的儲藏空間，同時也可用來休息入住。

◎區分商業空間與居住空間

觀察這條主要道路，還有另一項令人玩味的地方，那就是若要進入一樓的店鋪，必須直接走外側的出入口；但若要前往上層的住宅，它的出入口則不面對外側街道，而是要通過從旁分枝出去的階梯狀岔路，才得以抵達。像這樣明確區分出公共的「商業空間」與私人的「居住空間」，是包括伊斯蘭世界在內、各地中海城市都能看到的共通點，特別是聚集了眾多外來人口的海洋城市，這樣的構造具有保護居住者的重要功能。

以旁側的階梯通往住宅，其實也是藉此分隔了熱鬧的商業空間與寧靜的居住空間，是相當別出心裁的設計。通往住宅地的階梯狀斜坡，巧妙地隱藏在風格統一的街道空間中，一點都不起眼。像是在東側，自涵洞巷弄分枝出多條階梯，從道路正面完全看不出後方竟如此深邃。至於西側，從主要道路向上通往西側高台的前主幹道的階梯狀斜坡，約間隔二十公尺就有一條，但每條的入口上方都以建築物覆蓋，成為拱窿狀的隧道，它的存在同樣不起眼。對觀光客等外地人來說，在心理上自然產生閒人勿近的氣氛。

此外，這些岔路階梯，斜度都設計為三十度。乍看複雜宛如迷宮的阿瑪菲城市空間，其實是利用了細緻的地形，並考慮到人們心理而經過巧妙設計出來的。

◎層層堆疊的市街景致

在主要道路卡普阿諾大道的西側有一棟獨特的有趣建築，它設有二層輕緩的拱型（十四～十五世紀）陽台，稍微突出於路面，從道路看上去相當醒目。左側就是加爾加諾教授父母的居所，對我們而言，這裡是相當熟悉的地區。這一帶以階梯狀的狹窄斜坡，連結覆蓋於河川上的主要道路與西側後方。面對熱鬧的主要道路，建築物的一樓為店鋪，門向著街道而開，因為其後方緊臨著斜坡，一樓的店鋪深度通常較淺。至於要通往上方一層又一層的住宅，當然不是由主要道路前往，而是要透過旁側陡峭的階梯狀狹窄坡道。

爬上此一階梯，就潛入了中世紀建造的陽台下方的隧道中，雖然在心理上會讓人產生是否要繼續前行的想法，但也只能抱持著好奇心，驅使自己繼續向上走。首先映入眼簾的，是第二層的中間隔層入口，這是個天花板較低的內部空間，現在除了作為倉庫，也為度假用的空間。重要的第三層，在較旁邊的階梯更上方之處設置了入口，通過由數個家庭共同使用的階梯與通道，才得以進入各個住戶的生活空間。

前方的住宅擁有向路面突出的雙層拱型陽台，留有中世紀建築氣派外觀。後側則是加爾加諾教授雙親的住家。從靠近道路這一側開始，分別為臥室、客廳、廚房三間並列，是十八世紀阿瑪菲的典型住宅格局。不過房間的天花分為拱窿（Vault）、交叉穹窿（groined vault）、穹窿（dome），樣式各不相同，可看出分別建於不同的時期，只是如今全混合在一起了。在推測是建於十八世紀的拱型天花下是優雅的客廳，也是住家的中心——我相信這棟中世紀開始便存在的古老建築，是在十八世紀時重新整修的。靠著這樣層層的整修改建，讓古老建築得以延續發展。從日本的習慣來看，也許會感到意外，這裡的格局強調臥室，並將面對道路、視野最好的空間留給臥室。

向上來到第四層後，可以明顯地觀察到，這棟建築應該是在十八、十九世紀時，由單獨持有者整體增建的居住空間。回到街道上再次眺望此一複合建築物的整體外觀時會發現，從一樓到四樓，每一層的外觀各不相同，最後增建的第四層則像是勉為其難地想要增加與其他樓層的統一感。層層堆疊的阿瑪菲市街，就是透過這樣的原理而形成的。

發展於斜坡上的住宅區

◎推理複雜的增建過程

進入十三世紀後，阿瑪菲的主導權完全被比薩、熱那亞等其他城市給取代了，而其自身也被納入法國安茹王朝、西班牙亞拉岡王朝的統治範疇內，實力急速衰退。不過，到了

十七、十八世紀時，溪谷的上游地區（稱作水車溪谷）運用水車發展造紙業和義大利麵產業，經濟活動再次復甦。連帶的建設活動也熱絡了起來，不但開始建造新的宮殿及豪宅，在原有的中世紀建築上方也增建起新樓層。阿瑪菲的建築不論是天花板還是屋頂都是石造的，要往上增建並非難事。

建於險峻山谷間的阿瑪菲建築，便是經歷了這樣的過程，一層又一層增建起來，這也是位在斜坡上的城市才能夠完成的，由眾多複雜的空間組合而成的獨特系統。克服了坡度，巧妙利用既有的條件，形成高密度且層層堆疊的城市。

不論哪一棟建築，都與建造當初時的模樣大相徑庭。住戶為了各自的需求，不斷增建，也想出了各式各樣的方法來進出新的樓層。不斷變化的建築，開始在意想不到的地方設置出入口。透過分析出入口的設置法去理解其居住系統，進而闡明住宅的增建過程及居住模式，是理解這座有如推理小說般錯綜複雜的城市之關鍵。

阿瑪菲的建築在歷史進程中不斷向上攀升，像是出入口的設置，基本上可以發現以下的手法。相對於文字書寫的史料，刻劃在建築物上的痕跡，才是解讀歷史的重要史料，這也是從建築的領域去研究城市歷史最大的樂趣。

首先，觀看建築的外觀，拱門、窗戶的形狀，以及柱廊的形式等設計特徵，這是理解其建造時期的線索。接著是建築的內部，拱窿頂的形狀也是判斷建造年代的重要元素。這些都是建築史研究方法的基礎，正因為南義擁有能夠延續數個世紀的石造文化，這樣的研究法才能屢次派上用場。

此外，藉由住宅的平面構造，也就是格局的形式，也能看出該時代的特徵，進而推測出建設的時期。從住戶單位的格局來看，中世紀是相當簡單的一排二間的結構，隨著時代的變遷，像是加爾加諾教授家在後方增建三房，或是增加面積後，橫排二房、後方二房的構造也跟著出現。而最上層的富裕家庭，也有房間三排並列的模式。

想要了解阿瑪菲住宅的堆疊過程，可以觀察建築物的斷面，由此也可了解各個住宅是在哪一樓層設置出入口。通常面坡道側會隨著斜度縮小面積，少了可當內部空間的面積、乾脆外擴打造出露台。有些地方也會將增建的房間突出於道路上方，視覺上讓下方道路看起來變成了隧道，這在阿瑪菲相當常見。

◎石砌建築與拱窿的種類

阿瑪菲不論階級、住宅規模或樣式，基本上都將房間設計成拱型空間，這是其傳統建築的特色。擁有多元豐富的石造建築，也是阿瑪菲海岸、蘇連多、卡布里島、伊斯基亞島及拿坡里周邊地域的共通特徵。在義大利中，此地也與本書最後介紹的普利亞一帶，並列為石砌建築最發達的區域。

人們常說，相對於日本的木造建築文化，歐洲則是石砌。實際上卻不盡然如此。在巴黎、阿姆斯特丹等地，十六世紀前的一般住宅，其實都是以木造骨架為主軸的「木框架建築」（half-timbered），倫敦一直到十八世紀遇上大火之後，才將木造建築改為磚瓦建築。至於整棟建築全以石材打造的石造建築，只存在於義大利。而即便是威尼斯、佛羅倫斯或羅馬的一般建築，在樑柱、地板、支撐屋頂的骨架上，也都還是使用木材。如此想來，阿瑪菲的石砌建築，才真的是名副其實的獨一無二。

這裡的拱窿技術，可以一路追溯至古羅馬時代，一直傳承到中世紀之後，並不斷持續地發展。如同前述，依據拱型空間的形式，可以推測出建造的時期。接著要來說明一下建築的專業知識，對於喜愛西洋歷史的人來說，多知道些也絕無損失。

首先，最單純的形式便是「長拱窿」（barrel vault），它最早出現在四千年前，由埃及人率先建造而成，為最古老的樣式。不過，此一樣式不斷地出現在之後的各個時代裡，因此要單純判定這一造型的建設時期，反而不太容易。

原理上來說，「穹窿」（dome）也是一種單純的形態。在正方形的平面上外接架起半球狀的圓頂，然後將四邊垂直立起、削平後便大功告成了。這種形式自中世紀一直到文藝復興時期一直被廣泛的運用，在阿瑪菲老街區的低樓層中，也能看到這樣的造型，推測應該是從十三世紀開始出現於此。

中世紀的拱窿頂樣式中，最具代表性的則是將兩個長

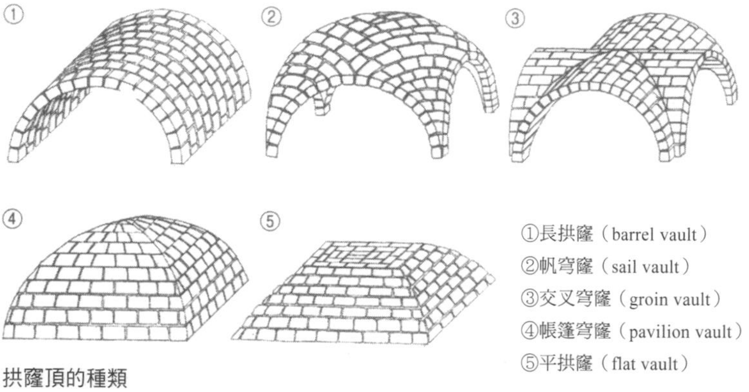

拱窿頂的種類

拱窿（barrel vault）垂直交錯打造的交叉穹窿（groin vault）。此一形式出現於羅馬帝國時期、普及於中世紀。在阿瑪菲，最常見的則是交叉尖拱穹窿（pointed groin vault）。此一具有裝飾性質的美麗造型，相當適合用在建築物的玄關以及具有象徵性的大廳等重要空間。一一七九年建造的海門、一二四〇年大規模翻修的造船廠，都採用此設計，因此可推測交叉尖拱穹窿在十二世紀末期至十三世紀最為普及。相對於此，半圓交叉拱窿，則是盛行於十二世紀初期。

阿瑪菲保留了為數眾多的中世紀拱建築，不過建築的高樓層則多是採用帳篷拱窿，這就像把一個大大的帳篷罩在上面，其四角的房間再向中央架起四個曲面而成。這樣的形式在十七世紀巴洛克時期到十九世紀中期相當盛行，特別是在阿瑪菲經濟顯著復甦的十八世紀，能看到許多具有美麗穹窿空間的住宅。此外，也有人將此　拱窿空間的上方做成平坦的造型，然後在上面繪製自己喜歡的濕壁畫作為裝飾。至於帳篷穹窿直接做為建築最上層時，則保留屋頂的曲面造型，形成獨特的景觀。

只要稍微理解以上的分類，在觀察建築時，便能大致想像得出來其空間是怎麼打造出來的了。

◎外側是迷宮、內側精彩又寬敞

在斜坡城市阿瑪菲，居民的生活空間都是配合斜坡及山崖的形狀打造，形成了高度密集的城市空間。從熱鬧的主要道路往上走，爬上階梯來到位置稍高的老主幹道，只是如此，出現在眼前的景色就會全然不同。隨著人潮減少，周邊盡是寧靜的住宅區；再沿著階梯繼續向上，越接近山地坡度越陡，人煙也越顯稀少。

人們日常生活的住宅場域，在阿瑪菲便是如此巧妙地延展於坡地上。不論走往哪一個方向，都能一腳踏進地中海世界獨特且複雜的迷宮狀空間。雖然在阿拉伯的城市中也有異曲同工之妙，但阿瑪菲是溪谷山地地形，多是陡峭的階梯，而且到處有建物下的涵洞巷弄，光影交錯，街道旁的住戶外觀皆相當封閉，難以想像內部的模樣。然而，徘徊在這立體的迷宮內，不斷向上攀爬一陣子後，視野總會豁然開朗，將海洋城市美麗的全景盡收眼底。

我造訪過許多阿瑪菲的人家、調查其內部構造。其中最讓人感到吃驚的是，相對於外側狹窄令人煩擾的迷宮，進到個人宅邸的個人空間後，家家戶戶都是精采又寬敞。許多人家設有陽台，並透過巧妙配置讓人從陽台也能眺望山景與海景。有許多人家也巧妙地運用屋頂露台，打造舒適的私人空間。這裡雖不似阿拉伯世界設有中庭，但也因為沒有庭院，從外側看不到內部，更能營造出私密、放鬆的空間。同時，為了栽種檸檬等水果，還運用位於坡地的優勢，發展出集中雨水以灌溉作物的技術。

在阿瑪菲，即便到了今日，只要是稍微設有階梯的坡道，車子便無法進入，車子其實只能出入位於谷底的主要道路，要運送貨物至後方的商店或餐廳，靠的都是小型手推車。在這個崇尚無障礙空間的時代，這裡也許是一個過時的城市。不過以往驢、馬等家畜並不以階梯為苦，高台上也是建造貴族宅邸的良好位置。實力雄厚的修道院，更是獨占了視野良好的高處以建造自己的建築群。對於依賴汽車的現代人來說，這裡的確是相當不方便的地方，時至今日在觀光客遽減的冬季時，仍能在阿瑪菲看到搬運建材的驢子身影。

◎高地的教區教堂

不只阿瑪菲，整個義大利自中世紀以來，以小型的教堂為中心形成的教區，一直都是周邊居民組成社群、相互交流的重要據點。

如同前述，阿瑪菲在中世紀早期，便在安全的高地上建造起教區教堂，並在其周圍形成了社群。阿瑪菲也和威尼斯一樣，教區同時也是地方上的社區單位。阿瑪菲原有十一個這樣的社區，四個在西側、七個在東側。阿瑪菲主教座堂自古便是重要的公共場所，人聲鼎沸，是阿瑪菲的象徵。相對於此，散落在住宅區的各教堂及其周邊，對居住於此的居民而言，是與他們日常生活緊密結合的重要存在。近年，禮拜多在主教座堂舉行，小型教堂平日幾乎沒在使用，教區內的居民之間，日常的連結逐漸減弱。不過即便如此，周邊的居民依然維持、管理這些教堂，在特別的慶典時，還會為它們梳妝打扮一番。阿瑪菲以各教區的教堂為中心發展住宅區，教區周邊的住宅大多擁有悠久的歷史，自古便是發展十分蓬勃的重要區域。接下來就從位於西側與東側斜坡上的教堂為中心，觀察其周邊的住宅群，來了解阿瑪菲是怎麼形成的。

◎通往西側高地的陡峭斜坡

首先我們來到西側，它的後方緊鄰陡峭山壁，坡度較大。在它後方深處，待爬上了陡峭斜的坡後來到高台上之後，建有聖腓力及聖雅各教堂（Santi Filippo e Giacomo）。這座古老的教堂推測應該建於九世紀，然後在中世紀早期，在如此陡峭的岩石斜面地形之上，已經形成了住宅區。對於居住於此的年輕女性而言，每天必須上上下下行走於蔓延在斜坡上的階梯，著實辛苦，在這裡經常會看到人們在途中停下休息的身影，或是來往的人們互相打氣。抵達最頂端的崖邊，便是聖腓力及聖雅各教堂前的小廣場，回頭向下俯視，可以看到盤踞於谷間的斜坡城市阿瑪菲的美景。

旅程到這裡還沒結束，沿著教堂廣場前往上延伸的隧道狀階梯向上，便是緊貼著岩壁而建、共有五層樓高的住宅群，外觀看起來氣勢十足。這些住宅我們也幾乎挨家挨戶進行過訪談，並實測了內部空間。每棟住宅中都能看到中世紀的拱窿頂房間，增建部分也都是十七、十八世紀重建的交叉穹窿。在略為昏暗的階梯狀坡道上反覆折返，再向上走約十五公尺後，便能抵達可以舉目遠眺、寬敞的公共露台。視野突然大開，阿瑪菲的老街美景再次映入眼簾。因建築密度高又層層堆疊，在擁有許多隧道的阿瑪菲，我們經常能見到由光和影交織出來的旋律，在一些街道上都能看到視野開闊、充滿動態美感的景致，這可是建於斜坡上的城市所特有的視覺演出。公共露台面對四個家庭的住屋，是居民們彼此交流的場所。下層是拱窿頂的屋頂，樸素卻別具風格。

◎每間住宅都有舒適的露台

這一帶，幾乎都是相同構造的三層樓房，緊貼著背後的崖壁，向上層層堆疊而建。來到高處，空間寬敞起來，住宅的玄關顯得開闊不少。相對於建造在老街上的中世紀典型住宅，多是面谷那一面為臥室，面山這一面為客廳和廚房，成一縱列排序；這裡則是從中世紀開始便面對山谷，客廳與臥屋成二列橫排，前方為露台。這麼一來不論在哪個房間，都享有絕佳的視野。

其中一棟的二樓住著一對三十多歲、年輕友善的夫婦和他們的孩子。夫婦原是阿瑪菲的居民，在搬遷到錫耶納之後，把舊家作為夏季的別墅來使用。在他們身上，可以看到義大利人強烈的愛鄉精神，對自己出生的故鄉抱有深刻的情感與自豪。特別在阿瑪菲最有魅力的夏季時，和許多離鄉的阿瑪菲人一樣，都會選擇在此時返鄉度假，住上一段不短的時間。

再往上一層，這裡能完整使用下層屋頂空間打造出來的舒適露台，眼前就是蔚藍的大海和綠色的檸檬園，以及位於山谷坡地上的建築群。美景由一人所獨占，真是一處奢華的空間。

這個地區本來就是沿著後方山崖的形狀，以建築內縮的手法，利用下層建築的屋頂，讓處在高密度的建築群中的幾乎每一戶人家都能擁有露台。對夏季氣候適中的阿瑪菲而言，比起室內，室外的露台更像是客廳的延續，每戶人家都積極善用此一空間。這也是擁有高度私密性的高地地區才能看到的景象。

在陡峭斜坡上建造的阿瑪菲，不論是哪一層樓，都享有良好的採光和通風，兼顧衛生，還能一覽美景。中世紀的人們應該不像近代人，將優良的視野與美景視為高品質的享受，而僅是為了防禦外敵因此選擇高地，卻因此孕育出在環境和景觀上的價值。

◎通往東側高地的輕緩斜坡

與緊鄰山壁的西側相比，東側的斜坡顯得輕緩不少，不斷向上攀、往裡延伸，住宅區也依次展開。走在坡道與階梯交織而成、宛如迷宮的道路上　總給人狹小封閉的印象，但其實每戶人家的居家空間內，都設有作為私人空間的前庭、庭園和菜園，綠意盎然，居住空間意外寬敞。此外，每戶人家為了增添各自的風格，從外側的道路開始，通常都要經過長長的通道後才能抵達住處。

此處住宅的典型手法是在東側設置類似公共中庭的死巷，讓周邊的住宅群圍繞此一空間而建。這可能也是受到伊斯蘭世界的影響，如果前往西西里島、普利亞等地，這種與鄰居共同持有的公共交流空間，都是城市的基本構造。與之相比，阿瑪菲的數量雖然較少，但還是能看到有趣的實例。由此可知，中世紀時住處周邊的人際關係也是重要的城市結構之一。

在此來介紹一條種有扶桑花的死巷。穿過東側的斜坡，從以往的主幹線西蒙尼大道（Via Sant Simone）爬上階梯，進入死巷後便會看到拱門，這裡散發著一股外來者難以進入的氣氛。不過因為沒有設置門板，因此從外側也能看到內部的景象。圍繞著這個死巷，共有六戶人家居住於此。一樓有三戶，設置了簡單的柵欄，也有人家種植了花草。往上則是有親戚關係的二個家庭居住，階梯中間設有門板區隔，門板內側是私人空間。每一戶都保有向外眺望的絕佳視野。

在西西里島和普利亞一帶，一般來說死巷的內側都設有自治單位管理的道路，而阿瑪菲的死巷周邊則多是由居民共有，由自己來進行管理。「共同持有的住宅」（condominium）

在義大利文中寫作condominio，而他們時常使用其形容詞condominiale（共同住宅的狀態），也是相當有趣。

死巷的空間可以讓人通往周邊的住宅群，因為附近的居民都沒有自家專用的庭園，所以日常生活的範圍一定會擴展到外部的公共空間。有人搬出椅子在旁休息，孩子們在這裡玩耍，也有人晾衣服，此處是周圍居民重要的公共空間。

此外，在V字型峽谷兩側的斜坡上發展而成的阿瑪菲，溪谷的西側與東側得以互相眺望，享受彼此的美景，也是一般山城所沒有的獨特空間體驗。義大利其實有無數的山城，大部分都像佩魯加（Perugia）、錫耶納或烏勒比諾（Urbino）那般建於山頂，或是像阿西西（Assisi）、顧比歐（Gubbio）位於單向的斜坡上，很少能看到面對面的斜坡景致。另一方面，阿瑪菲以溪谷相隔，兩側的斜坡距離恰到好處，不會過近也不會過遠，剛好能看到對面的建築群景致，這也讓居民們容易產生連結與歸屬感。我在阿瑪菲經常能感受到那股強烈的文化認同，相信這和地形也有關係。

◎專為女性設計的建築機能

從扶桑花的死巷穿過西蒙尼大道向上，就能來到東側地區的重要地標——聖路淇亞教堂（S. Lucia）。和其他教堂相比，聖路淇亞教堂建於時代略晚的一一六一年，是為了供奉聖人西蒙尼而建的，他的名稱也成為道路名流傳至今。此一教堂由居住周邊的三戶人家共同管理。現今的建築是在十七世紀時重建的，外觀雖然簡樸，內部卻是美麗豪華的巴洛克樣式。

左手邊的邊牆上並列著三個葉子形狀的格子窗，令人眼睛一亮。詢問之下才知道，這是因為以往女性不能參加彌撒，因而特別在教堂內部的高處設置了格子窗，讓她們能從後方的房間眺望教堂內部。格子窗後方的空間據說在過去作為女子修道院來使用，現在則是年邁婦人的居所。因位於坡地上，住宅中也有高

聖路淇亞教堂　上方的格子窗是為了讓女性也能參加禮拜而設置的。作者拍攝。

低落差，入口處位於靠山那一側地勢略高之處，連接西蒙尼大道。

像這樣讓女性得以間接參加禮拜的建築設計，我在拿坡里的修道院內也曾看過，在現今的阿拉伯／伊斯蘭世界的清真寺中也能見到。住宅的內部空間也有類似的設計。在開羅一棟十六世紀的傳統宅邸中，當挑高的大廳舉辦晚宴時，女性們也能從旁邊位於二樓的狹小廊室中，透過格子窗觀看宴會。在十三世紀的巴勒摩郊外，諾曼國王打造的齊薩王宮中，也設有同樣的裝置。其融入了阿拉伯／伊斯蘭發達的建築文化，在一樓的中央大廳裡，引入來自後方山丘的水源，從牆上的裝飾口流出，並在室內設計了水路及小小的噴水池，然後流向庭園。在大廳旁的二樓，也設有女性專用的房間，讓她們得以透過格子窗，間接地參與下方華麗的宴會。

經過這次調查讓我得知，原來在阿瑪菲也有類似的建築文化，真是此行的一大收穫。

◎從外面看不到的庭園和陽台

維持、管理聖路淇亞教堂的三戶人家，在曾住有修女的小房間旁、也就是西蒙尼大道的山邊，設置了大門以及外側的階梯，並在此建起住宅的一樓，再連通進入各個家庭。其中令人玩味的，便是米洛內家詭譎的設計。面對道路的腹地因地面較高，需以外部階梯通向庭園，造成其通道與二樓同高，完全橫跨在道路上。從下方的道路看來，這裡便像是長長的隧道。

在薩雷諾擔任獸醫的米洛內一家，居住在玄關寬敞、有二排房間並列的大規模住宅建築，每個房間都能看到十八世紀建造的交叉尖拱穹窿空間，其中一間的天花板中央，還繪製了拿著鈴鼓跳舞的女性濕壁畫。原本只是古代庶民的小規模住宅群，隨著時代的變化，增建了充分保有私密性的優質住宅，成為現今的模樣。雖然擁有典型的格局，他們卻完全不在乎建築立面，入口也設置在完全不會吸引外來者注意的私人庭園中，相當有趣。面對山谷的陽台，則巧妙地使用了獨特的巴洛克雙層拱門，與眺望的美景融為一體，打造出完美的視覺效果。不過若是行經此地的路人，根本連陽台的存在都不會發現。阿瑪菲的坡地住宅，便是這樣刻意地不裝飾外觀，將精彩隱藏於內側。

◎繼承自中世紀世界

義大利城市常見的「豪華宅邸」（palazzo），多以柱廊圍繞著中庭，面向主要道路而建，且設有華麗的立面，為公共空間也增添色彩。然而在阿瑪菲卻幾乎看不到這樣的建築。不論是佛羅倫斯在十五世紀建造了面臨道路的 Palazzo 建築，或是文藝復興時期發揮了遠近法打造出美麗街景，抑或是之後巴洛克式的城市空間，全都與阿瑪菲無緣。如同前述，雖然阿瑪菲在十二、十三世紀建造了擁有挑高穹窿頂的主教座堂，但在此之後除了極少的例子外，幾乎不曾再出現圍繞著中庭而建的住宅。至於直接建在路邊的住宅，或是呈幾何學式受到照顧的廣場，也未曾出現過。直至今日，阿瑪菲仍然傳承著中世紀時具有地中海獨特古風，在迷宮式的空間構造裡過生活。

有錢人的宅邸一般都面對道路建起冰冷的高牆，或設有柵欄，然後在其中或上方打造綠意盎然的庭園，使住宅能面對整片綠意。這也和原本孤立在田園中的別墅式建築有著共通之處。一般的阿瑪菲典型住宅多是從山地側向山谷側採縱列延伸，只有一個房間能對外眺望，而有錢人的宅邸室內空間寬廣，建築物面向山谷，呈南北走向（橫列），設有二到三個客廳，讓每個房間都能享有美景。

◎高地上的卡薩諾瓦家

終於來到視野不會受到任何阻礙的高地上了。前方是教堂所有的大片果園，對面則是谷底的老街區，向左便能看到蔚藍的大海，美景讓疲勞頓時一掃而空。之前不斷行走在封閉且惱人的階梯狀道路，攀爬在立體迷宮中的人們，來到這裡後，能夠看到海洋城市的全景之美，那種開放感實在是難以言喻。

接著我們就來拜訪一棟位置絕佳、可以獨享這片美景的住宅。首先，來看看由阿瑪菲最具代表性的望族卡薩諾瓦家擁有的這座宅邸周邊。卡薩諾瓦家在第二次世界大戰時曾出了多位市長，在這一帶擁有許多房產，今日聳立在高地上的這棟，也是屬於薩諾瓦家的。一旁配合地形而建、形狀特殊的平面住宅，則是列托家的居所。這家的母親自一九六四年起租下這棟房子入住後，女兒一家也繼續居住於此，最近更向卡薩諾瓦家買下，成為這棟房子的主人。女兒一家是我們經常造訪的餐廳「Il Teatro」的經營者。他們居住在山谷東側的高地上，每天到沿著西側舊主幹道旁的店鋪工作。

這棟建築讓人不感意外地，也將臥室設在景色最美的位置。內側的廚房留有可以燒烤比薩、麵包的石窯。此外，廚房後面設有大型蓄水池，過去的所有者卡薩諾瓦家，也能從上方的住家直接來舀水使用。這種儲存雨水的蓄水池，在自來水尚未普及的二戰前，是洗衣、煮飯的重要生活用水。據說女性們每天都會下山到市政廳前廣場的公共水道舀水。在自來水設施建設完成前，每戶人家前設置的雨水蓄水池，也會當作飲用水來使用。

不只是觀光城市

◎沉寂與再次繁榮

從歷史舞台上完全消失後的阿瑪菲，一直到了十八世紀之後，經濟實力才又再次復甦，訴說著光榮歷史的獨特建築與城市風景，開始吸引眾人的注目。

阿瑪菲得以在十八世紀時再現繁榮，是因為在河川的上游建了許多利用水車運作的造紙工廠之故。以手工漉紙打造的阿瑪菲紙大受歡迎，此後，義大利麵工廠及甜品工廠也相繼出現。工業考古學上重要的大批工廠建築遺跡，也成為阿瑪菲的另一種代表風景。

接著如同前述，參加豪華旅遊的遊客增加，也促進了經濟的發展。十九世紀，陽光普照、風光明媚的海岸景致，以及帶有拜占庭、伊斯蘭等滿載異國風情的建築魅力，都緊緊抓住歐洲人的心，阿瑪菲成為旅遊的首選之地。洋溢著中世紀氣氛的海洋城市，與十九世紀的浪漫主義不謀而合，讓這裡成為超人氣的文化觀光勝地。

一八四〇年代，阿瑪菲改建了位於東西兩側高地邊緣的修道院，開設了康文特NH大飯店及盧納康文特飯店，成為知書達禮的富裕階層旅客造訪此地時，爭相入住的高級飯店。以義大利的旅行為靈感，創作了《即興詩人》一書的安徒生，也是入住康文特NH大飯店的文人之一。

一八六一年主教座堂的立面損壞，修復時採用了現在的新伊斯蘭樣式重建，這件事再一次強調了阿瑪菲在歷史上的文化認同，源自和阿拉伯／伊斯蘭交流的過程。

冬季受到偏西風的影響，許多義大利和歐洲各地的上流階層選擇來到濕氣較低的阿瑪菲過冬。不過，即便進入了二十世紀，來此觀光的人依然僅限於上流階層。

另一方面，在近代化中逐漸趨於劣勢的南義，經濟開始消沉，貧富差距變大，連每天的生計都成問題，許多人選擇離鄉打拼。阿瑪菲人也不例外，他們不僅前往農業興盛的卡拉布里亞（Calabria），也有許多人移居到英、美等國家。不過即便相隔千里，阿瑪菲人對自己家鄉的感情與驕傲從來不曾消失，在阿瑪菲的守護聖人聖安德烈的紀念日那一天，仍會返鄉慶祝。

◎經濟成長與石油危機

二戰後的一九五〇、六〇年代，義大利整體的經濟開始蓬勃發展，大眾型的觀光度假村如雨後春筍般出現，一般大眾也開始到阿瑪菲觀光。以往被視為是富人特權的觀光旅遊，也轉型為大眾觀光。

進入一九七〇年代，石油危機讓已開發國家的經濟紛紛陷入困境，移居至海外的南義人口也隨之急速減少。此前的海外移民者也在八〇年代後紛紛返鄉，這些外部的刺激，為城市帶來了活力。

義大利整體對於城市和地區的建設方針，也從大規模的工業開發，轉變為配合各地特色及環境，進行小規模高質感的開發路線。原本就具有深厚創業家精神的中北部艾米利亞—羅馬涅大區（Emilia-Romagna）、威尼托大區（Veneto），和家族經營的創作型中小企業，推出了許多符合時代潮流的產品，不斷創造出新的產業園區，這些地方在一九八〇至九〇年代又被稱作「第三義大利」，備受矚目。

另一方面，南方則因為其優美的大自然及龐大的歷史遺產而受到關注。這些都是歐洲北部所沒有的資源。可以說在義大利，越是靠近南方越是擁有有利的條件。阿瑪菲及其海岸周邊的小城鎮開始大受歡迎，也與整個大時代的走向息息相關。

◎阿瑪菲的造訪者

要進入阿瑪菲，必須開車沿著有如谷灣式海岸複雜的山崖地形前進，對於不熟悉的駕駛人來說頗有難度。但也正因位於如此難以抵達的區域，使其在大眾化的浪潮中，依然維持了恰到好處的觀光規模。

來自四面八方的遊客來到阿瑪菲，他們之中有人搭乘大型巴士前來參加團體一日遊，有些是短期觀光停留，有人則租了夏季別墅準備待上一段時間；其中也有些已在阿瑪菲置產、不時前來小住，抑或整個假期都打算待在這裡的人們；人群中還有利用暑假返鄉的在地人，許多移居海外的阿瑪菲人都會在夏季時返鄉。不少出生於阿瑪菲的人即便離開了家鄉，他們的家族依然在此地擁有房產，以便作為返鄉時的居所。上述的這些人們，都是維持阿瑪菲經濟的推手。可以說，「觀光」二字其實涵蓋了多重意義。

對於沒有特別突出產業的南義而言，觀光產業逐漸成為最重要的經濟命脈。話雖如此，單手拿著旅遊書遊覽觀光景點，並非這裡的主流觀光方式。此地有許多已造訪多次的旅客，他們一而再再而三回到這裡，其中不乏許多長期滯留的人。最近，將大自然的恩惠與歷史遺產應用到觀光的模式越來越普及，打頭陣的便是美食文化。將豐饒的田園中所收穫的農作物加工後製成葡萄酒、香腸等，為飲食提供更時尚且令人愉悅的高附加價值商品，在市場上高奏凱歌。其中餐具、器具的精巧設計也占有舉足輕重的地位，檸檬酒可以說是典型的成功案例。此外，巧妙地運用歷史資產，改裝自古老建築物卻又個性十足而舒適的飯店，也成為人氣住宿地點，旅客可以在充滿開放感的餐廳品嚐美味的料理和葡萄酒。如此一來，觀光變得富含深度，這是短期的造訪者難以體驗的旅遊資源。

◎南義的包容力

另一方面，現代的市民生活又是如何的呢？建造於有限斜坡空間上的阿瑪菲，其中暗藏著無數複雜的坡道與階梯，是相當獨特的地中海式立體迷宮城市。住在高處的人們，每天都必須上下無數的階梯，相當消耗體力。然而，依然有許多居民忍受這些不便，生活在這座斜坡城市裡。

不論男女老少，只要雙腳還能活動，每人在一天之中至少都會有兩次機會走下斜坡到市中心。他們並不是為了買東西或是辦事，而是單純為了感受充滿刺激的華麗城市文化，以及在咖啡廳品嚐美味的冰淇淋、一面和朋友們談天說地，然後在海濱進行令人愉悅的散步。

保有海洋城市記憶的港灣周邊，以及從海門進入主教座堂廣場的空間，都是阿瑪菲人引以為傲的城市元素。同時這裡也有義大利人生活中不可或缺、稱作「Passeggiata」的散步道。特別在夏季，用完晚餐後趁著傍晚氣候涼爽，不論男女老少，大批民眾都會來到海邊，人群中還有不少推著娃娃車的媽媽們。不只是年輕情侶，老夫老妻也會來到海濱一同浪漫散步。

突出於海面上的棧橋更是大受歡迎。走在被夜色圍繞的海上，感受吹拂過臉龐的海風，沁涼無比，彷彿時間的流逝也慢了下來。回過頭看，聳立於海洋旁邊的斜坡上盡是完成於中世紀的住宅群，地標鐘樓也在夜間照明下與夜空相互輝映。

阿瑪菲雖然是一座連汽車都無法進入、極度不便的斜坡城市，但居民卻有如此美好的海濱，每天晚上都能享受幸福的時光。等到白天的主角——觀光客們紛紛離去後，能在此處享受絕佳奢華時光的依然是當地的居民。這一點讓人感受到了南義的包容力。

◎舉辦國際學會

阿瑪菲這座城市絕對擁有超越觀光的文化吸引力。超越觀光、度假城市，以豐富的歷史與風土為基礎，向世界傳遞其自身的價值，成為一座名符其實的文化城市，這才是阿瑪菲應該努力的目標。這是我和加爾加諾教授共同得出的意見。

有了這樣的共識後，在「阿瑪菲文化與歷史中心」的倡議下，近年來關於海洋城市空間相關研究的各項國內外交流活動日趨熱絡。二〇〇一年，阿瑪菲首次在市政府的市議會，盛大地舉辦了以「中世紀地中海海洋城市的類型」為主題的大型國際學術會議。

我和加爾加諾教授聯合設計了企劃案，期望能在會中探討海洋城市風景及城市空間是如何形成的，一邊進行比較、一邊向各方學習。對於加爾加諾教授等阿瑪菲當地的研究者而言，要更清楚地理解自己生於斯、長於斯的城市特徵，透過這樣的活動是絕對必要的。

不只是比薩、熱那亞、威尼斯等被視為對手的海洋城市，連來自薩丁尼亞島的卡利亞里（Cagliari）、拿坡里、巴里、布林迪西（Brindisi），及西西里島的巴勒摩等其他南義代表性海洋城市的專家們，無不熱情地闡述自身城市的造船廠、商棧、海關、市場、塔樓、水源供給設施等建築，以及城市空間的特徵和民間信仰。此外，羅馬大學的美術史專家也解說了在拜占庭、阿拉伯的強烈影響下誕生的阿瑪菲、拉維洛等中世紀美術的特徵及其背景。法國歷史學家以宏觀的觀點，探討了位於東地中海城市的阿瑪菲人的居住地特色。至於阿瑪菲則由加爾加諾教授闡述了其做為海洋城市的歷史，再依據我們到目前為止的調查成果，提出城市空間構造的特質。

到了四年後的二〇〇五年，阿瑪菲舉行了第二次研究交流會，讓許多研究夥伴們再次齊聚一堂。在第一次學術會議後，出版了內容豐富的論文集，這次為了能夠加深研究與交流，會議請了權威級的歷史學家來和與會者積極進行意見交換。阿瑪菲透過海洋城市研究國際中心的努力，在世界上逐漸嶄露頭角，在其背後有著當地人熱烈盼望、推廣這座城市的歷史與文化的熱情。我在當下也感受到，從海洋望向城市的歷史研究路徑具有高度的發展性。

◎海洋城市間的帆船大賽

義大利四大海洋城市阿瑪菲、比薩、熱那亞、威尼斯，會在每年六月左右舉行具有悠久歷史的帆船大賽。和中世紀時如出一轍，四個城市都視彼此為競爭對手，划槳的選手們奮力地在波浪間前進，同時施放絢麗的水上煙火。

舉行第二次研究交流會的二〇〇五年，剛好也是帆船大賽的五十周年紀念大會，舉辦地阿瑪菲更是傾全城之力共襄盛舉，成就了一項盛大的慶典活動。四個城市的居民都穿上各自的傳統服飾，以總督為首、裝扮成共和國領導者的人們舉辦了華麗的遊行。接著在聚集於港灣旁觀眾的注視下，以海洋為舞台，拉開帆船大賽的序幕。比薩之於阿諾河、熱那亞之於海灣、威尼斯之於大運河，每一座城市都擁有與地形和當地條件相符的水岸環境，實在相當有趣。加爾加諾教授在活動中擔任了帆船大賽全國現場轉播的解說員，他清晰的口條讓人印象深刻。二〇〇五年的活動由威尼斯獲得了優勝，其他名次依序是比薩、阿瑪菲、熱那亞。而上一次在由阿瑪菲輪辦舉行時，則由地主阿瑪菲獲得優勝，更讓市民們陷入瘋狂。

這項義大利海洋城市歷史悠久的帆船賽，一九五五年在比薩當時的市長提議下開始舉行，大受歡迎，成為與錫耶納的賽馬（Palio）齊名的義大利代表性夏季活動。為了紀念帆船賽開辦五十周年，利用阿瑪菲整座寬敞的造船廠舉辦了展覽會，回顧這項充滿義大利海洋城市榮耀的大會。會場展示了自第一屆起的活動海報、照片、賽旗和傳統服飾等珍貴史料，然後是裝飾了象徵各個城市的吉祥物、裝飾繁複且實際下過水的賽船。這些史物無不訴說著海洋城市彼此之間文化的共通性。同時也讓人想起往昔，驕傲的海洋城市居民們將彼此視為良性的競爭對手，一起在地中海這座舞台上，打造了輝煌的歷史。這讓我們去思考，這段歷史對現代人能有什麼啟示。

透過這項充滿魅力的活動，除了能讓活在當代的人們了解歷史和文化認同的重要性，也是一次和過去交流的好機會。

1 《阿瑪菲海洋研究試論》，關西大學出版部，2003 年。

第四章

河畔港都——比薩

沿阿諾河空中鳥瞰比薩　圖片中上方即為知名的「奇蹟廣場」：比薩斜塔、主教座堂、洗禮堂、墓園。

河上的海洋城市

◎斜塔以外的魅力

興盛於中世紀的義大利四大海洋城市，只有比薩是以緩慢流經東西的阿諾河為中心，向南北兩側延伸發展而起的河港城市。雖然比薩的死對頭佛羅倫斯同樣位於阿諾河的上游處，不過相對於阿諾河僅流經佛羅倫斯的邊緣，比薩位於河川的內側，是仰賴船運才發展成繁榮的海洋城市。十九世紀之前的各個時代，阿諾河上總有眾多船隻來往或在岸旁卸貨，熱絡的水岸風光不難想像。

說到比薩，相信任何人第一個想到的就是那座有名的比薩斜塔。這座斜塔與主教座堂、洗禮堂、墓園合稱「奇蹟廣場」（Piazza della Miracoli），被列為世界遺產。來到比薩的觀光客，大多在看完這個充滿紀念價值的地區後，便心滿意足離開了；然而，值得細細品味、帶有深刻歷史性的重要景點，大多隱藏在整座城市之中。

二〇〇〇年五月，我再次造訪比薩，打算探索這座港都城市的迷人之處。幸運的是，與我同一世代且交情匪淺的城市史研究學者露西亞・努提（Lucia Nuti）正在比薩大學教授美術史，我在法政大學的學生吉田友香子也因為這個原因來到比薩留學，跟隨努提教授學習，正努力研究比薩的城市史。也因此，我在兩位熟門熟路的研究者帶領下，盡情地探訪了比薩一番。

◎古羅馬時代的原始風景

擠滿了觀光客的主教座堂半圓形殿的右側外壁上，刻有羅馬時代港口圖樣的浮雕：面水而開的市門位於正中央，兩側停滿氣派帆船。這面浮雕不但充分說明了比薩港口城市的身分，也是建於中世紀主教座堂的重要構成。像這類描繪古代港口的裝飾性圖像相當引人注目，可以說是比薩的原始風景。

舊日的比薩城　古羅馬時代港口的浮雕，位於主教座堂半圓形殿外。作者拍攝。

關於比薩的城市起源尚有許多不明之處，目前只知道源自附近皮薩山的河川支流，此支流南下匯入自東邊流經的阿諾河，比薩就誕生在這個地理位置絕佳的地方。在西元前四世紀伊突利亞（Etruria）時代，本地早已出現了以現今舊市街為中心的城市核心區。西元前三世紀，比薩成為羅馬的殖民地後，正式展開城市建設。阿諾河不但讓城市便於防衛，也可透過船運與第勒尼安海沿岸的中小型港連結。也因此，比薩在很早就能透過與內陸河川的連結，成為交易中心。

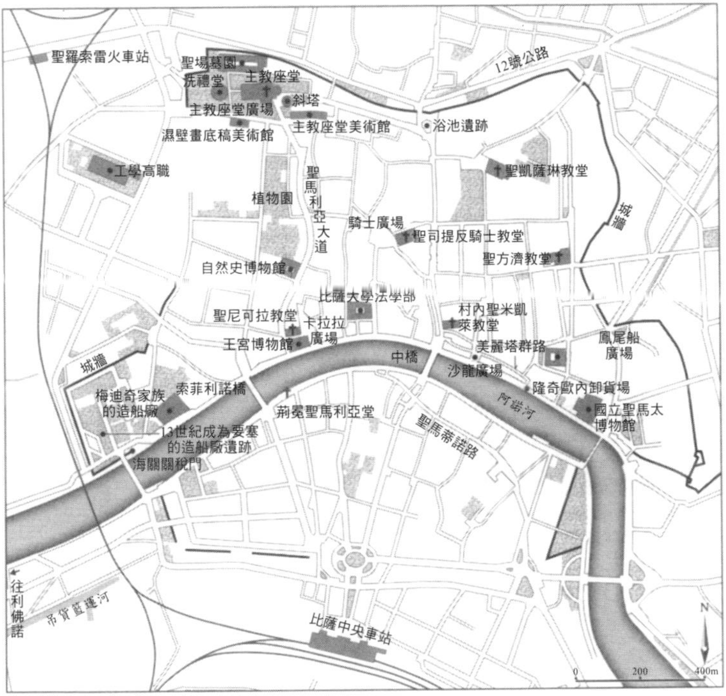

現在的比薩市街

河川帶來的土石讓陸地逐漸擴大，現在離海約六、七公里遠的比薩，在古代與海只隔四、五公里左右，只要在出海口沿阿諾河而上，馬上就能抵達比薩。然而，河川的流向隨著時間產生了巨大變化，要查明古代港口的確切位置並非易事。唯一可以確定的是：比薩在古羅馬時代，北側城牆外有來自皮薩山的支流，並在這裡設有具備港口機能的設施。今日比薩的城牆外側已是公路，並沒有留下水路的痕跡。

不過，最近在奇蹟廣場西側的聖羅索雷（San Rossore）車站附近，挖掘到羅馬時代的多艘船隻，可以知道過去這裡擁有豐沛水流和船隻密集往來的地利優勢。進入中世紀，為了建設以比薩主教座堂為首的各種代表性建築，相信是利用河川將石材等建材搬運至此的。在北義的米蘭也能看到類似情況，發展於低處的水都米蘭，有多條運河貫穿其中，也同樣依靠船隻，搬運用以建造哥德式華麗大教堂所需的石材。

◎建造城牆

如同前述，比薩的起源可以追溯到古羅馬時代之前。進入羅馬時代之後，城市興起，但是因為比薩在城市成立之前就已經有人居住，這讓它與佛羅倫斯、路卡等古城以軍營為中心的棋盤格狀規劃，呈現出不同的風格。比薩的道路沿著地形做出細微變化，不論走到哪裡，都能享受景觀的多變性。不過，要完整復原古代城市絕非易事，因為古代的景致必定會再堆疊上中世紀之後建造的城市景觀。

從中世紀之後一直到現在，騎士廣場（Piazza dei Cavalieri）始終是城市的中心。在文藝復興盛行的十六世紀，讓佛羅倫斯走向繁榮的梅迪奇家族將比薩納入版圖，在建築家瓦薩里（Giorgio Vasari）的巧思之下，打造出由美麗的建築所環繞的廣場。從此也讓這座中世紀的市民自治廣場，轉變為讚揚梅迪奇家族，其統治托斯卡納光榮歷史的紀念廣場，還得到了「Cavalieri」（騎士）這麼一個高貴的名號。從這座廣場的位置來看，我相信在羅馬時代，一定也是城市的核心，不過在進行了挖掘之後，很可惜地，目前還沒有得到具體的發現。

前面提到了比薩的地理位置，北側有皮薩山支流流經，南側則為阿諾河，兩條河流中間正是比薩的市街，騎士廣場正好就位在中央位置。再加上市街西北側留有的浴場遺跡，正好提供了羅馬時代的城市生活中心的確存在於此的證明。

羅馬帝國崩壞後，比薩面臨了衰退的危機，一直到八世紀，利用港口機能復甦了經濟、人口增加之後，城市規模才因此擴大。到了中世紀初期，雖然規模仍比不上羅馬時期的榮景，但阿諾河北側（右岸）到支流處的中間地帶，已形成了一道南北走向，均整的城牆所圍繞的城市。不過，根據史料可知，十一世紀末在東側的城牆外開拓了新的開發地——阿諾河南側沒有軍事設防的地區出現了村落。一〇七〇年左右，比薩成為自治城市（comune）。

接著在一一五三年，以海洋自治城市之姿開始興起的比薩，整合了上述三大居住地帶，開始建造起城牆。於是，阿諾河南側（左岸）產生了廣大的城市街區，成為中世紀之後比薩的一大特徵。流經外側的阿諾河，成為貫穿城市中心的河川，自此，從河上發展、繁榮起來的海洋城市比薩就此誕生。整合了三大核心的城市體制，也讓比薩迎向巔峰時期。

◎參加十字軍

比薩在中世紀初期，先後被納入倫巴底王國、法蘭克王國的統治下，由執政官（vicecomes）治理，一般認為這也是「維斯康提」（Visconti）這個貴族姓氏的由來。九世紀至十一世紀左右，比薩與同為海洋城市的對手熱那亞聯手，持續與阿拉伯進行海戰，並成功占領了大半的薩丁尼亞島。九世紀，阿瑪菲在加埃塔、奧斯蒂亞，與阿拉伯軍的戰役大獲勝利，讓阿瑪菲一口氣站上了第勒尼安海最強海軍國家的地位。但是到了十一世紀，此項殊榮轉移到比薩的手裡。握有強大軍事力量的比薩與諾曼人聯手，在一〇六三年後，不時支援諾曼人征戰卡拉布里亞和西西里島等地。

此一時期，拜占庭帝國因受到土耳其系的塞爾柱王朝脅迫，苦不堪言，皇帝阿歷克塞一世及皇室科穆寧家族向羅馬求救。一〇九五年，羅馬教宗烏爾班二世（Urban II）決心自伊斯蘭教徒手上奪回聖地耶路撒冷，呼籲教徒展開十字軍東征。面對教宗的呼籲，四大海洋城市展現出不同的反應：已經進入衰退期的阿瑪菲對十字軍東征絲毫沒有興趣；威尼斯此時與東方積極展開交易活動，卻也擔憂東征會讓自己的權益受損，因而抱持懷疑的態度。首先顯示出濃厚興趣的是熱那亞人，而至今僅以西地中海為活動中心的比薩，在判斷協助十字軍可為自己帶來利益後，才決定參加東征。

當時，身為自治城市的比薩由執政官治理，大主教達勾貝特（Dagobert）的權力龐大，他在第一次十字軍東征（一〇九六～一〇九九年）時便率領了一百二十艘槳帆船組成的艦隊參戰，並協助相當關注東方的諾曼軍，征服安提阿公國。這樣的功績讓達勾貝特得到了耶路撒冷總大主教的任免權，在針對拜占庭帝國及其周邊統治權的政治攻防戰之中，他巧妙地將局勢引導至對比薩共和國有利的防線，並獲得了殖民地。

◎與阿瑪菲、熱那亞的關係

也是在這個時期，比薩開啟了與阿瑪菲的同盟關係。阿瑪菲人向拜占庭帝國提出申告，允許比薩人在康士坦丁堡可以眺望金角灣的阿瑪菲殖民地旁，建設比薩自己的殖民地。一一二六年，兩個海洋共和國之間更簽署了在海上和港口互相援助的合作條約。不過，採投機主義的比薩之後卻違反了此條約，轉而支持與神聖羅馬帝國同盟、對抗諾曼人的拿坡里。比薩集結了四十六艘槳帆船，於一一三五年和一一三七年，兩次掠奪了阿瑪菲。

進入十三世紀，針對科西嘉島（Corsica）、薩丁尼亞島的統治權，比薩開始與掘起的熱那亞針鋒相對。一二四一年，比薩在吉廖島（Isola del Giglio）的海戰上獲勝，由此可知當時比薩仍保持優勢。然而在此之後，情況發生變化，轉而由熱那亞占上風。接著在一二八四年梅洛利亞島（Meloria）的海戰中，比薩吃了敗仗。一三二五年時，比薩更失去了薩丁尼亞島。這個曾經風光一時的海洋城市國家，就這樣喪失了地中海的霸權。

話雖如此，這件事並沒有造成比薩太大的混亂。實際上，與其他義大利中部城市一樣，在十四世紀後，本來是執政官（Potesta）治理的海洋自治城市比薩，也轉向由單一家族握有大權統治的「執政團制」（Signoria）。[1]

十三世紀到十四世紀期間，比薩不時與內陸的路卡、佛羅倫斯等地相爭，但最終在一四〇六年時向佛羅倫斯臣服。一四九四年，佛羅倫斯再敗於法國國王查理八世後，比薩曾短暫獨立，之後又在一五〇九年，再次敗給了馬基維利組織的佛羅倫斯軍隊之手。

漫步於阿諾河堤碼頭

◎港口、造船廠、海關

在概觀海洋城市比薩的中世紀歷史後，接著便實際走進城市空間，一窺其發展過程。如同前述，中世紀時的比薩與古代不同，城市的中心南移到船運發達的阿諾河南側，並於此地擴充了港口機能，自第勒尼安海進入的許多帆船也集結到比薩的港口停靠。

在四大海洋城市中，只有比薩是靠河的港口城市，那麼它的構造究竟是怎樣的呢？大型帆船下錨停靠的場所、徵收關稅的海關，以及建造、修理船隻的設施等，全都設置於近海的下游處，也就是城市的最西側。前面的章節曾說明過，威尼斯也一樣在靠海的地區設置了這些設施。

造船廠是海洋城市裡不可或缺的存在。比薩活躍於地中海的共和制時代，興建於十三世紀的造船廠位在城鎮的西側，位於沿阿諾河而建的海關關稅門旁外側。這裡也是城鎮中河川的最下游，不但方便出入海口，同時也利於防範來自海上的攻擊。梯形的腹地與威尼斯的造船廠相同，這裡宛如要塞般，周圍都建起了堅固的高牆來做防衛。

現在的造船廠屋頂滑落，宛如廢墟，但依然能看出當時的構造。保存至今的建築可追溯至十五世紀，船隻自阿諾河穿過拱型的入口進入內港，就是船舶修理廠。目前此處雖然規劃為遺跡公園，但因管理狀況不佳，讓人難以接近。

另一方面，收取關稅的海關則是在一一八〇年前後建造於面阿諾河的位置。船上的貨物在此搬移到較小的船隻上，再分別運至位於聖尼可拉教堂（Chiesa di San Nicola）及聖多納教堂（San Donato）中間的倉庫，然後利用水運、陸運分送到城市內部或內陸地區。

◎與威尼斯相似的構造

在比薩，整條河川沿岸的發音為「倫嘎諾」（Lungarno），指的就是阿諾河堤岸或碼頭，具有港口的機能。河川兩岸處處可見階梯狀的卸貨場或是停船處，從一六四〇年的鳥瞰圖上，也能看出與日本停船場相似的「雁木」造型階梯狀設計，一階一階向水面下延伸。在中世紀的水岸風景畫（一五八〇年）或是十九世紀的版畫、照片中，也能看到與河川平行的階梯延伸至水面下。相信這兩種形式都曾被採用過。

此外，為了防範洪水及促進城市近代化，在一八七

1640 年的比薩鳥瞰圖　城市被包圍在城牆內，市街整齊的展開於阿諾河的兩岸。圖中可以看到繪有船隻在河上的出入口。取自：E.Tolaini, Pisa, 1992.

〇、八〇年代實施的護岸工程，加寬了堤岸道路、撤去了卸貨的石階，如今只剩下名為「隆奇歐內」（Roncione）的卸貨場被保存下來，著實可惜。

另一項證明了比薩在中世紀沿河而發展、具有明確港都構造的，是宛如梳齒般垂直於河道的多條細窄道路，它們被稱作畢可羅（Veicolo）。在河川的出入口，畢可羅上大多會有建築物覆蓋形成隧道。如此一來，面河而建的華麗牆面依然能保有其連貫性，也區分了外側與內側的世界。從狹窄的巷弄穿過隧道，就能來到明亮熱鬧的堤岸邊，讓人心情雀躍。

在此要特別注意的是，比薩與威尼斯相似的城市構造。威尼斯的里奧托地區擔負了連結東西世界、具有中央市場的功能，其大運河沿岸也有許多細小的巷弄（calle）垂直延伸，通向市街深處。自船上卸貨到河岸石階上的商品，便是透過這些巷弄形成的設計精良的動線，運送到城鎮的各處。巷弄兩側還有許多匠人的工房，這些都與比薩相當類似。

◎熱鬧的阿諾河堤岸

比起威尼斯大運河沿岸，比薩阿諾河沿岸的停船場數量壓倒性地多。在威尼斯，面水而建的宅邸能直接從船上接收卸貨商品，因此大運河沿岸的公共水岸僅止於海關前與里奧托市場等地。比薩則是將阿諾河沿岸的水岸空間都設為堤岸道路，當然這麼做就必須沿河建造無數的卸貨石階。因此，幾乎所有的巷弄前都是尚用船隻的停靠站。根據一二八六年的史料，自治政府針對新舊停船場的位置和數量訂定了法規，企圖進行規劃治理。之後停船場轉為私有化，依照個人的貨物收益，需負責新建或維持卸貨階梯，這使得阿諾河沿岸變得更加熱鬧繁榮。

隆奇歐內的卸貨場 阿諾河岸唯一保留下來的卸貨場石階。作者拍攝。

畢可羅的隧道 細窄的道路與河川垂直而建。作者拍攝。

在中世紀初期，城牆沿阿諾河而建，建築物全都面向內側的道路。走在北側自古就很繁榮的美麗塔群路（Via Belle Torri），或是河川南側的聖馬蒂諾路（Via San Martino），便能清楚感受到這一點。早期的塔樓沿著內側的道路連綿而建，氣勢非凡。

然而，隨著比薩不斷擴大、發展，城市構造擴張到阿諾河沿岸，經濟活動的主要舞台也移至阿諾河水岸空間。船隻運來的大量物資，在此進行卸貨，周邊也開設了店鋪、工房、倉庫，以及出攤販打造出來的熱鬧港口城市空間。

建在河川附近的眾多教堂，也是不能忽視的重點。教堂前的廣場多為市集，是當地社經活動的重要空間。海外商品的重要交易停船場，就位在聖尼可拉教堂廣場（現在的卡拉拉廣場）旁。如同威尼斯的里奧托周邊，在比薩，針對小麥、魚、葡萄酒等各種不同的商品，阿諾河水岸空間設置了許多公共的卸貨場，且多集中在能通往後方市場的右岸。

◎塔樓住宅

比薩並非只是將從古至今的建築層層堆疊而已，建築內部也能看到各個時代的痕跡。比薩是從中世紀早期就已達到繁盛期的海洋城市，儘管此處地勢平緩，建築物卻多為四、五層樓，呈垂直狀向上發展。除了土地有限之外，中世紀時當地的世族和財閥之間的激烈鬥爭，也是另一個讓比薩建築垂直發展的社會背景。如同被稱為「塔城」的聖吉米尼亞諾，在比薩也能看到處處隨意建造的高塔，直到今日仍保有許多當時留存下來的遺跡。不過，比薩最大的特徵，在於中世紀隨處可見，被稱作「塔樓住宅」（Casa Torre）的高樓層住宅。

實際來到塔樓住宅前，努堤教授向我們說明道：要在脆弱的地盤上興建高樓層建築，需要注意的地方可不少。與近代鋼筋水泥框架結構（Rahmen structure）類似，首先，在左右兩側以堅固的石材立起粗壯樑柱，兩根柱子中間再架起數個石造拱型支架連結支撐兩側的樑柱，間隔的牆面除了出入口外都被填滿。早期的建材多使用木材，之後改為磚瓦。因此，形成了白灰色的石柱和拱窿空間，以及磚瓦牆面等比薩特有的特色建築構造。

文藝復興之後，多以石灰泥（stucco）粉刷覆蓋住這些中世紀遺留下來的結構，再置換成新式的窗櫺設計等，改變了城市的風貌。不過，近年人們開始重視修復再生，開始回溯建築的歷史，並積極地展現層層堆疊而來的時代設計，使得中世紀那充滿比薩獨特風格的白灰色牆面終能重見天日。海洋城市的閃耀風格，隨著建築的復原再次重現。

◎佛羅倫斯的統治與新城市利佛諾

如同前述，比薩在一四〇六年被佛羅倫斯占領後，失去了政治上的自主權。

在此時期，佛羅倫斯人在阿諾河沿岸的城市西側所建造的堅固要塞依然留存至今。這座要塞是為了要防衛阿諾河的下游處、從海洋進入比薩的出入口，這一點著實耐人尋味。不過在接下來的一個世紀，比薩就無值得載入史書的事蹟了。

一五〇〇年左右，海洋城市比薩面臨了巨大的轉捩點。此時比薩雖然已納入佛羅倫斯的版圖中，但統治佛羅倫斯的梅迪奇家族依然擔心海洋城市比薩會再度復興，而威脅到佛羅倫斯；再加上航海時代的來臨，佛羅倫斯決定正式建設一座港灣城市。於是，佛羅倫斯在面海的位置打造了一座夢幻之都——利佛諾。這座城市採五角形幾何式建設，同時也是座要塞城市，即便進入到使用

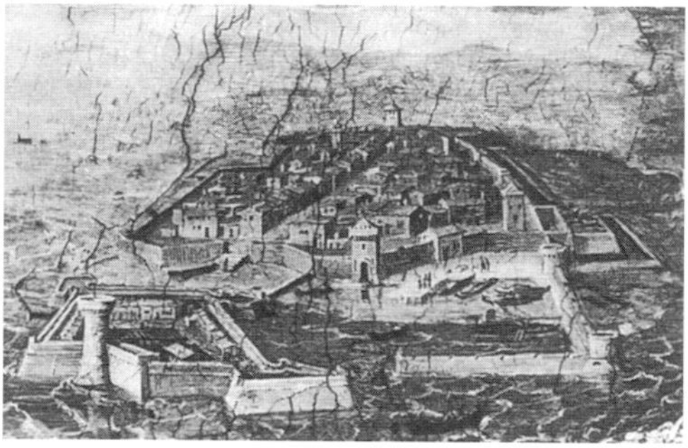

利佛諾的景觀畫　位於比薩以南約二十公里處，由佛羅倫斯的梅迪奇家族一手打造的港灣城市。此為 16 世紀時的畫作。取自：D.Matteoni, Livorno,1985.

大砲的時代，也能確實肩負起防衛的工作，巨大的港口被防波堤層層包圍，裡面也建造了燈塔，今日我們仍能看到許多這座城市留下的遺跡。

因為這件事對比薩的歷史相當重要，容我詳述這段故事。利佛諾在十一、十二世紀時便已形成小鎮，一四二一年被納入佛羅倫斯的版圖之內。之後於科西莫一世到斐迪南二世之間，在政府的計劃下，進行了全面的建設。

首先在一五二一至一五三四年間，根據桑家羅家族老安東尼（Antonio da Sangallo il vecchio）的設計，在這座古老城鎮的海濱，建造了文藝復興風格的要塞。接著於一五七五年時再依建築家貝納多（Bernardo Buontalenti）的構想，以打造一座完全符合文藝復興理念的城市為目標，準備著手建設新的利佛諾。考量到地形因素，採取梢不等邊的五角形為輪廓，並在外圍挖設壕溝。五角中的其中一角是由古老城牆環繞的城市。原本計劃打造棋盤狀的劃一市街，在經過修改之後，成為現在的以中央為象徵的長方形廣場，並於廣場南側設有主教座堂。

利佛諾既是重要的港口，又是軍事據點，因此在第二次世界大戰時遭到空襲而毀壞。二戰後雖然經過修復，但古老的建築幾乎已不復見，因此來這裡造訪時，請不要抱著太大的期望，不然一定會失望的。不過，梅迪奇家族實現的理想城市構造，依然保存在這座新舊交融的要塞中。有趣的是，以往在城牆外側緊臨著稱作「新威尼斯」（Venezia Nuova）運河，在它周邊是一些風格獨特的區域。以人性尺度（human scale）打造的水岸空間，能夠感受到一般的庶民日常生活氣息。這一帶是為了肩負起利佛諾的城市與商業活動機能，在梅迪奇家族的命令下整頓建造的。

◎梅迪奇家族進行的城市整頓

就這樣，和中世紀時相比，比薩的港口城市機能大為下降。在梅迪奇家族的統治下，造船廠在中世紀轉變為要塞，建造了全新的磚瓦造船廠（一五八八年完工）。梅迪奇家族的金球家徽，至今依然被裝飾在建築的正面中央。當時這座造船廠設置的目的不是為了建造商船，而是打造軍船，供應給同等於海軍的聖司提反騎士團來對抗土耳其。在此造好的船隻會立即放上輸送帶，在阿諾河下水。但是戰船要通往海上卻不是透過阿諾河，而是從人工打造、整頓良好的運河運送的。此時的比薩雖然不再是國際貿易城市，但依然以水都之姿活躍在歷史舞台上。

十六世紀初期，梅迪奇家族開始正式統治比薩。為了促進水流循環以改善衛生環境並修復船運的水路網，他們展開了大規模的水路改善工程。其實在梅迪奇家族統治前，李奧納多・達文西也曾為了改善蛇行且劇烈彎曲的阿諾河，計劃修建運河，卻因為碰到太多難以處理的濕地而以失敗告終。稍足堪慰的是，達文西本人曾經詳細調查了比薩周邊的阿諾河流域及田園地帶，留下了珍貴的地圖。

梅迪奇家族想靠船運連結周邊各個領地，進而重新整頓古老的運河。此外，為了連接新建的外港城市利佛諾與比薩，也新建了給小船使用的運河，並於一六〇六年完工。

現在，只要前往位於城鎮東側的鳳尾船廣場（Piazza delle Gondole），便能看到比薩特有的運河與停船場，這裡正好能顯示出他們重視船運的性格。此地和中國的水都蘇州相似，在城門的一旁設有能潛入城牆內的水門，形成了陸路與水路交通相輔相成的形式。

梅迪奇家族建造的造船廠 16 世紀時，在原有的造船廠稍微上游處建造了氣派的新造船廠。建築物的上側能看到梅迪奇家族的金球家徽（圖左）。作者拍攝。

◎文藝復興後的比薩

在梅迪奇家族的統治下，阿諾河堤岸的意義也起了大幅轉變。以往集中於河岸邊熱鬧的商業、市場活動，轉移到城市內不起眼的內側，河岸開始出現了華麗的貴族宅邸。就像十六世紀的威尼斯，原本滿載東方貨物、船隻密集往來的大運河，也從商業交易的空間轉變為華麗的劇場式舞台，阿諾河沿岸也在文藝復興後成為城市的門面，展現出美麗的景觀。

這個時期重新整頓，形成以統一的柱廊規律環繞的市場景觀，一直留存到今日。各個店鋪每天都在販售新鮮蔬菜、水果以及雜貨，好不熱鬧。

除此之外，梅迪奇家族還在比薩建造了另外兩個文藝復興式的空間，都是以柱廊規劃得井然有序。一個是位於阿諾河畔的沙龍廣場（Piazza della Berlina），自中世紀起就是庶民生活中不可或缺的蔬果市場，此時也成為環繞著柱廊、秩序井然的空間。另一個是稱作「智慧」（Sapienza）的豪華中庭，這裡在一四九三年曾是比薩大學的本部，現在依然是比薩大學法學部及圖書館所在地，這裡總能看到許多學生往來，充滿朝氣。二十世紀雖曾重修過外觀，但只要一走進中庭，依然能看到充滿秩序美感的文藝復興式空間。中世紀比薩曾引以為

梅迪奇家族的遺產　梅迪奇家族整頓的市場（圖上）與沙龍廣場（圖中）以及「智慧」中庭（圖下）。每個空間都以美麗的柱廊環繞，展現出文藝復興式的秩序之美。作者拍攝。

傲的強大經濟與軍事力量雖然式微，不過梅迪奇家族卻也賦予比薩新的角色，重組了過往的大學，讓比薩成為學問之都。

創建於一五四四年的比薩大學植物園（Orto botanico di P sa）是歐洲最古老的大學植物園，原本位在阿諾河畔梅迪奇家族造船廠的位置，之後經過二次搬遷，在一五九五年移到現址。

◎聖拉尼耶里燭火節

在近代化方興未艾的十九世紀，市民發現了阿諾河的全新可能性。自一八四〇至一八四七年，比薩展開了自丘陵地帶到市區的河岸築堤工程，老街區至上游地帶的東側規劃出舒適的散步道，堤防下的河岸種植樹木、設置長椅供人休憩並眺望河景。同時也設置了能在白天進行表演的劇場、花壇，彌補了市中心綠地較少的遺憾。

十九世紀末，海水浴場蔚為風潮，東側阿諾河畔也設置了親水區，一旁還有更衣間，在海水浴場的旺季，更有連絡船通往附近人氣鼎沸的比薩海岸城（Marina di Pisa）。在觀光的推動下，從幾年前開始，船運再度出現生機。搭乘小型遊覽船自城市東側出發，沿阿諾河一路向河口駛往聖羅索雷公園，是相當受歡迎的觀光行程。

因阿諾河而繁榮的比薩，卻也苦惱於該河帶來的氾濫。十九世紀中期，河川兩岸經過整頓後，雖然造起了高聳又堅固的堤防，卻還是無法完全解決水患。一九四九年與一九六六年都曾發生過嚴重的水災，特別是一九六六年的大洪水，不只襲擊了比薩，還殃及佛羅倫斯，造成索菲利諾橋（Ponte Solferino）倒塌，損害慘重。

經過近代整頓、改建，阿諾河逐漸失去了以往的獨特氛圍。不過每到傍晚，大批的居民還是會來到水邊，享受水岸空間。為了找回阿諾河往昔的面容，每年六月十六日夜晚都會舉行聖拉尼耶里燭火節（Luminara di S. Ranieri）。這一天夜裡，河川沿岸的每棟建築正面，都會一同點起由市政府發放的蠟燭，讓黑暗的水岸浮現出美麗的燈火，這是比薩人深深引以為傲的慶典。

聖拉尼耶里燭火節　每年六月十六日晚間，阿諾河沿岸的建築都會點起蠟燭。鹿野陽子拍攝。

---

1 Signoria 在義大利各城市國家的含意不同，以比薩為例，是由某一家族主導的執政團治理，團員常是九人，按任期更換人選。

第五章

新舊融合的文化城市——熱那亞

不斷更新的熱那亞港灣　新舊的港灣設施交錯混合，成為充滿生氣的城市空間。

「哥倫布之城」的現在與歷史

在義大利引以為傲的四座海洋城市中，熱那亞至今依然能讓人感受到港口城市特有的熱鬧氣息。

◎義大利最大的港都

一九九二年，適逢哥倫布發現美洲新大陸五百周年，熱那亞周邊舉辦了以「克里斯多福．哥倫布：船與海」為主題的世界博覽會，配合博覽會的舉行，熱耶亞進行了大規模的水岸重建，海濱空間開始出現現代化的建築群。不過只要稍往城市的內部移動，便可親眼看到從過去傳承至今的港口城市景致。在面海呈大弧形的港灣上，保有眾多中世紀以來的古老建築，至今仍有各式各樣的商業活動聚集，展現出港都特有的混雜和熱鬧的氣氛。

現在的港灣中心雖然已經轉移到過往港口的西部外側，不過熱那亞依然是義大利最大的港口城市，同時與馬賽、巴塞隆納並列為地中海最重要的港都，二〇〇四年更獲選為歐洲文化首都，現在這座城市透過各式各樣的活動，向世界傳遞它的歷史與文化。

義大利的四大海洋城市分別擁有不同的地理條件，展現出令人玩味的多樣景觀。其中熱那亞與阿瑪菲一樣，都是直接面海發展的地中海典型港口城市。從克里斯多夫．格拉西（Christoforo de Grassi）於一四八一年描繪的城市鳥瞰圖上，能清楚看到當時的情景。與巴勒巴里家族的雅各在一五〇〇年繪製的威尼斯鳥瞰圖相比，可知這是相對早期的景致。克里斯多夫．格拉西這幅展現出熱那亞成熟城市文化的鳥瞰圖，如今展示於改建自城市裡最重要的設施——造船廠的嘎拉塔海洋博物館（Galata Maritime Museum）展示空間中。

畫作中央能清楚看到因商業交易而繁榮的城市建設，後方是寬廣的山丘和斜坡，是相當典型的地中海世界港口城市景致。不過與阿瑪菲相比，熱那亞後方腹地較廣，擁有得以發展成大城市的良好條件。

在中世紀，熱那亞利用有限的空間，發展出地中海式錯縱複雜的市中心，走在古老的市街裡，會發現不論是街道規模或彎曲的道路及兩側建築的樣貌，都和威尼斯高度相似，

1481 年的熱那亞鳥瞰圖　克里斯多夫．格拉西作品。在兩個山崖上都聳立著燈塔，內側能看到許多大型帆船停靠。收藏於嘎拉塔海洋博物館。

也許這是因為兩者在同個時代發展的緣故。若要說到這兩座城市哪裡不同的話，熱那亞除了坡道多了點之外，在堅硬的地盤上蓋起的建築物，都有如高塔般垂直聳立，而發達的塔樓住宅又近似於比薩。

◎陣容豪華的領路人

在義大利的古老城鎮中，總會有優秀的當地城市史學家，充滿熱情地進行在地研究。熱那亞也有一位剛退休的安尼歐・波雷及（Ennio Poleggi）教授，多年來他都在熱那亞大學建築學系任教，從一九七〇年代起便出版了許多關於熱那亞城市歷史的精彩著作。我在威尼斯留學時，便深深為他觀察城市時新鮮獨到的觀點所吸引，在義大利城市研究上，他的著作始終被我奉為聖經。

特別是他與同為建築家的共同研究者盧西亞諾・格羅西・比安奇（Luciano Grossi Bianchi）一同出版的著作《中世紀的港都——十世紀至一六世紀的熱那亞》（*Una città portuale del medioevo: Genova nei secoli X-XV*），詳述了港都熱那亞城市形成，展現出獨特

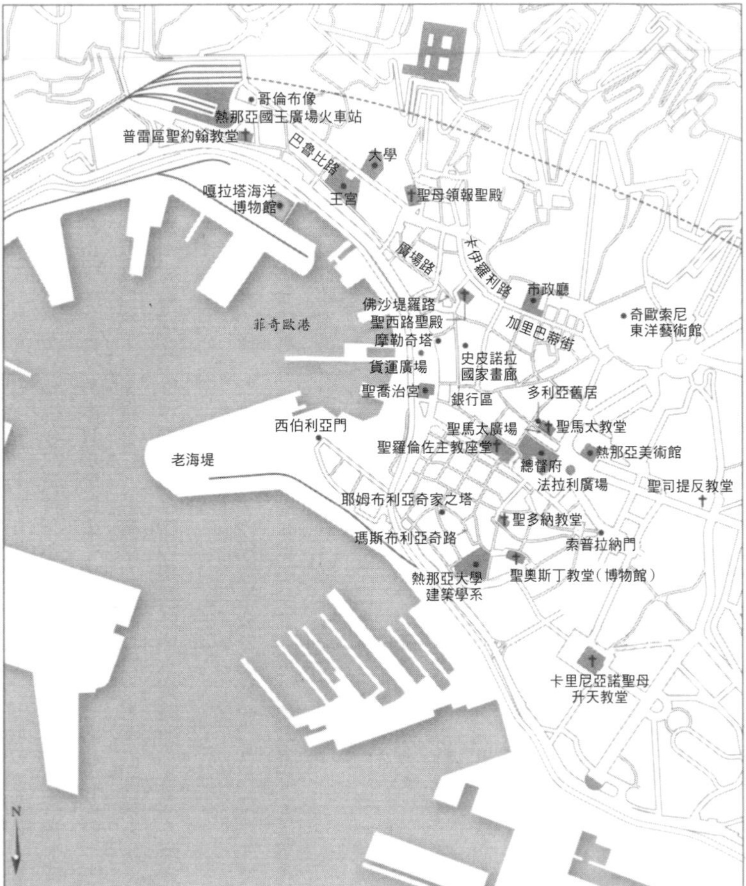
哥倫布像
熱那亞國王廣場火車站
普雷區聖約翰教堂
巴魯比路
大學
嘎拉塔海洋
博物館
王宮
聖母領報聖殿
廣場路
卡伊羅利路
市政廳
佛沙堤羅路
聖西路聖殿
菲奇歐港
摩勒奇塔
加里巴蒂街
奇歐索尼
東洋藝術館
史皮諾拉
國家畫廊
貨運廣場
聖喬治宮
銀行區
多利亞舊居
西伯利亞門
聖馬太廣場
聖馬太教堂
聖羅倫佐主教座堂
熱那亞美術館
老海堤
總督府
法拉利廣場
聖司提反教堂
耶姆布利亞奇家之塔
聖多納教堂
瑪斯布利亞奇路
索普拉納門
熱那亞大學
建築學系
聖奧斯丁教堂（博物館）
卡里尼亞諾聖母
升天教堂
N

現在的熱那亞市街

且精彩的研究成果，也讓我們這些慣於將大陸文明史觀視為主流，難以關注海洋、港口的近代思維的研究者們大感震撼。這可謂是國際上首次正式將目光放在港口城市的重要性上。從視覺開始，描繪出人們的社會經濟活動與歷史進程中，城市和建築形態的形成與發展，以及和空間結構變遷之間的關連，內容極為傑出。

與威尼斯、阿瑪菲相同，熱那亞的市街中也留存了許多中世紀的建築與空間，街景本身就是解讀歷史的活教材。帶著波雷及教授的著作走在街上，便能清楚理解熱那亞這座海洋城市的本質。話雖如此，畢竟書本相當厚重，最後還是只能把其中的圖片和照片集中的頁面影印下來隨身攜帶。就這樣，我沿著古老的舊街區漫步，觀察這座港都。

所幸在之後的威尼斯國際學會上，我結識了波雷及教授，接著在二〇〇一年的阿瑪菲學會上又再次相會，那時反而是我這個日本人帶他同遊阿瑪菲的巷弄中。我們一起到我所熟悉的餐廳用餐，度過了愉快的時光，進而熟稔起來。

今日的熱那亞充滿朝氣，不斷向世界傳遞其城市文化，要論述熱那亞，若是只聚焦在過去的歷史就太可惜了。幫我實現了解熱那亞實際情況願望的另一位人物是著名的都市計劃專家：布魯諾・卡布利耶利（Bruno Gabrielli）教授。他與波雷及教授一樣退休自熱那亞大學建築學系，同時也是熱那亞都市計劃局局長，在水岸重建等計劃上有過大展身手的好成績。多年來他還是義大利歷史城市保存協會的會長，最近還成為帕瑪、布雷西亞等地都市計劃的推手，行動能力極強。

我在二〇〇七年十月再度造訪熱那亞時，卡布利耶利教授夫婦對我照顧有加，其夫人也專攻建築，以前曾擔任比安奇教授的助手，對熱那亞建築的歷史瞭若指掌。在和波雷及教授會合之後，他們成為我最棒、最豪華的城市領路人。跟著他們的腳步，我開始走進熱那亞的市街。

◎熱那亞發源地——城堡

熱那亞的歷史非常悠久。西元前六世紀前後，與海共生的原住民來到今天被稱作「城堡」（Castello）的小山丘定居，形成了第一座營寨聚落（Castrum）。這裡位於現在城牆環繞的舊街區南端，能眺望海景的高地。與海相連而生的熱那亞，不論在城市文化或生活形式上，都與靠山的內部利古里亞大區（Liguria），展現出不同的風貌。城鎮的經濟發展，也與船隻息息相關。

城堡山丘的西側為突出於海面的石壁，稱作「老海堤」（Molo Vecchio）。其北側的入海口，很早就形成了船隻的停泊站，自羅馬時代一直到中世紀初期，都是重要的港口，可以說是港都熱那亞的原點。翻開現在的地圖，此處的標示為「舊港」（Porto Antico）。

波雷及教授與卡布利耶利教授率先帶我前往他們多年來任教的建築學系校區。兩位教授引以為傲的校園，就位在熱那亞發源地城堡區的正中央。這個地區最近正在進行挖掘調查，出土了許多青銅器、陶磁器等，也說明了早在西元前六世紀時，這裡便有外國的船員、商人居住。

這裡還挖掘出西元前四世紀的古羅馬城牆，是最早的城壁遺跡。然而到了羅馬時代，這個地區卻像是被遺棄了一樣，直到進入中世紀的十、十一世紀，在山丘的最高處建造了主教居住的城堡（Castello），成為城市世俗權力的中心。接著在一一六〇年左右，建造了聖西維斯特（San Silvestro）教堂與修道院；一四五二年，主教將宅邸讓渡給多米尼克派的修女，之後一直到十七世紀的巴洛克時代，經過不斷地擴建，成為大規模的修道院複合建築。不過，在第二次世紀大戰時遭到空襲受大很大的損壞，之後成為廢墟，自此無人問津。

◎熱那亞大學建築學系的搬遷

當初熱那亞大學建築學系以極大的熱誠和堅定的意志，希望將該系的位址設在這個已經形同廢墟卻充滿故事的地方。過去熱那亞也曾在追求便利性的近代化影響下，不再重視密集又複雜的老街區，任其周邊環境逐漸荒廢。在這樣的背景下，波雷及教授與卡布利耶利教授等建築學系教授，認為重建老街區是自己的社會使命，於是在一九九〇年將校區遷移至這座藏有高度潛力與象徵意義的地方，而且也確實帶來了龐大的效益，開創了老街區重生的契機。

同時，成為廢墟的聖西維斯特教堂與修道院遺跡也展開了大範圍的考古調查，挖掘出羅馬時代以前的城牆遺跡及古老的城堡遺址，證明了這裡是熱那亞最古老的城市核心所在地。當中世紀建造的五角形高塔之基石部分及修道院中庭的部分柱廊出土後，這一帶便被規劃為考古公園，並修復重建了文藝復興和巴洛克時代的建築。另外還請來建築家加爾堤拉，大膽地以玻璃與磚瓦打造帶有前衛設計風格的六層樓教堂大樓等現代建築，融合了新舊元素的美麗校區就此誕生。近年，義大利全國各地的建築學系學生有七成以上為女性，讓校園更加精彩紛呈。

校區位於山丘上，在下方的整座山坡上保留有許多建造於中世紀十二世紀左右的古老建築，不只有庶民的住宅群，也有很多領導海洋城市的貴族之宅邸，這部分之後會再詳述。中世紀的熱那亞多是以封建貴族的宅邸為中心，形成了稱作「豪邸」（Albergo）的門閥望族，在城市中扮演了重要的角色。

其中權力最龐大的門閥之一——耶姆布利亞奇家（Embrici）便居住於此，其居所為建

13 世紀的建築群　（上圖）耶姆布利亞奇家所在的高塔。（下圖）瑪斯布利亞奇路還保有 13 世紀建造的多棟民宅。作者拍攝。

於十三世紀的高塔，一直保留到現在。以往為數眾多的中世紀高塔，在後來的時代多被移除、廢棄，保存到現在的相當稀少，也因此這座高塔成為了相當珍貴的古蹟。熱那亞大學建築學系的系主任——魅力十足、工作能力超群的女教授貝尼蒂塔・斯帕多利尼（Benedetta Spadolini），邀請我到她的研究室，從高處三百六十度眺望熱那亞的港灣美景。

緊鄰建築學系校區的後巷——瑪斯布利亞奇路，還保有十三世紀建造的多棟庶民住宅，這裡能看到如畫般的景致。建築的二樓部分稍微突出，並以連續的小拱型裝飾支撐，可愛的造型展現出中世紀獨特的風情。一樓多為工房，要通往二、三樓的居住空間，必須從旁側的小巷進入，沿階梯而上。一直到十五年前左右，這一帶的庶民住宅群仍處於完全荒廢的狀態；但自從建築學系搬遷至此後，帶動了周邊的活力，現在修復工程正在進行，這一帶逐漸成為具有歷史風情的魅力街區。在思考熱那亞城市與大學的關係時，這裡也是相當重要的地區。

◎伊斯蘭與法國的影響

我們曾向波雷及教授詢問羅馬時代熱那亞的狀況，他卻表示目前尚未明瞭，只能從數個考古挖掘中，了解到當時曾有幾個樸素的居住區，如此而已。進入九世紀，熱那亞城堡山丘北側的平原開始發展，建造起城牆、規律的道路網，形成了結構精巧的城市。西側則是自港口向北延伸的筆直海岸線，稱之為「堤岸」（Riva）。

西元一〇〇〇年左右開始，商業活動越來越熱絡，船運交通成為重要工具，第一座木造棧橋也在此時期登場。富有的商人家族——史皮諾拉、古里瑪蒂古里瑪蒂、卡爾比、卡塔尼歐等知名世家——壟斷交易，進口了各式商品，包括從伊斯蘭世界來的香料、絹絲等奢侈品。

熱那亞起源地城堡山丘的北部，從

聖羅倫佐主教座堂　建於總督府旁的主教座堂。不論外觀（左圖）還是內部（右圖）都採熱那亞特有的黑白水平狀設計，也讓人感受到伊斯蘭文化的影響。這棟教堂的建築時間從 12 世紀初期至 14 世紀，花費了漫長的時間才得以完成，為仿羅馬風格與哥德風格的合體。

中世紀開始發展為城市。北部的城市外圍，建造起聖羅倫佐主教座堂，成為之後中世紀城市發展的中心。自十二世紀初期至十四世紀，這座花費漫長時間建造而成的教堂，採仿羅馬與哥德混合風格，不論外觀還是內部，都能看到熱那亞特有的黑白水平條紋，明顯是受到伊斯蘭文化的影響。據卡布利耶利教授所言，黑色的石材是來自東方的舶來品，我也曾在敘利亞的大馬士革，實際看過不少相似的建築設計。

熱那亞還有另一項引人注目的特色。一般而言，義大利城市裡主教座堂的鐘樓，多半像是比薩斜塔或佛羅倫斯的喬托鐘樓那般，與教堂本身分離而建，很少有與教堂建築合而為一的設計。然而，除了高度不同外，熱那亞位於主教座堂左右兩側的鐘樓與教堂建築完全融為一體，看來是受到了法國的影響。

聖羅倫佐主教座堂與港口、後方的「銀行金融區」（Piazza Banchi）都保有相當的距離，與將教堂建在海濱作為重要象徵的威尼斯或阿瑪菲不同。以空間的脈絡來看，熱那亞的海洋城市元素十分薄弱，反倒是之後在東側附近登場的重要建築——總督府，才是城市景觀上重要的象徵。

◎活用文藝復興、巴洛克時代的宅邸建築

卡布利耶利教授購入了主教座堂旁一棟古老貴族宅邸的主樓層（piano nobile，即一般所謂的二樓），從幾年前開始就住在裡面，我一直耳聞內部的陳設相當典雅，等到實際造訪之後，真是讓人嘆為觀止。進入一樓玄關大廳，映入眼簾的是兩排向內延伸的圓柱支撐著穹窿頂，後方則是圓形的挑高空間，設計相當獨特。據教授夫婦所言，這座宅邸與熱那亞大多數的建築相同，都是將中世紀建造的多棟小型建築整合起來，重新設計翻新而成。每一棟建築都能看到層層堆疊的歷史痕跡。搭上近代才增建的電梯來到二樓，終於要進入教授的家了。他們的住處一樣擁有拱窿，還有三間寬敞到令人驚訝的房間，牆壁、天花板上都以濕壁畫裝飾。巴洛克後期的華麗室內裝潢，讓人讚嘆不已。

熱那亞在中世紀以海洋城市之姿名震地中海世界，儘管曾經從歷史的舞台上消失，但城市的繁榮與發達依舊持續，這點從城市中遺留下許多的文藝復興和巴洛克時代的豪華貴族宅邸可以看的出來。這些堆疊延續的歷史，果然還是要經過當地的專家來說明，才能確實掌握。

看到文藝復興時代之後建造的雄偉總督府，可以理解熱那亞在數個世紀中為何能維持雄

厚的實力。總督府初建於十三世紀，後於十六世紀末擴建規模；之後雖然一度因火災損壞，但從一七七八年至一七八三年之間，又以新古典主義風格重建，成為現在這座宛如左右向外展翅的華麗建築。規模龐大的建築內部，以濕壁畫、石灰粉刷，及少見的大理石等裝飾得美崙美奐，展現出共和國的力量。現在這裡則是作為大型展覽會和活動的會場，向世界傳遞本土文化，也是市民們熟悉的公共空間。

◎自治的象徵——海洋宮

接著來到港口周邊。十一世紀至十二世紀，港口機能從西側的弧形海岸開始一路向北發展，船隻開始在此停靠，並出現了突出於海面的棧橋。由史料可知，早期從十一世紀到十四世紀之間的棧橋多為木造，之後才開始替換成能讓容積龐大的船隻停靠的石造棧橋。

海岸線與棧橋之間，靠填海造陸擴建了土地，上方建設起穀倉、造幣局、海產市場等，

總督府　初建於 13 世紀，後於 16 世紀擴建規模，又於 1778 年起因大火而重建，脫胎成新古典主義風格的雄偉建築，今為大型展覽會場。

其中的聖喬治宮（Palazzo San Giorgio）一直保留至今，成為建構港灣風景的重要元素。聖喬治宮建於中世紀一二六〇年的老建築部分，被稱作「海洋宮」，在當時用來當作市政廳，為共和國自治的象徵。整座建築面海而建，是相當符合熱那亞海洋城市風格的設計。一三四〇年這裡成為收取關稅的海關，十五世紀則改建為主導熱那亞經濟的聖喬治銀行。之後在一五七〇年時，南側大幅增建，在面海的立面飾以壯麗的濕壁畫。這座象徵海洋的建築，自古以來一直是熱那亞圓弧形古老港灣地區最重要的地標。

在義大利，都市計劃局局長的重要性僅次於市長。多年來擔任此一職務的卡布利耶利教授，可說是熱那亞的名人，也多虧了他的介紹，讓我得以進到這座建築的內部參觀，一圓多年夙願。走上典型文藝復興風格的大階梯來到主要樓層，建於中世紀的內側部分著實吸引人——房間的三面牆上都是中世紀時原創的獨特窗櫺，中間明亮的大廳則是依十九世紀的風格改建而成，牆中央裝飾著伊斯蘭風格的磁磚，相信建造當初

聖喬治宮　16世紀增建部分的外觀。

應該也裝飾著類似的裝飾。由橘色、淡藍色、黑色、綠色、白色等組合而成的鮮豔色調，在摩洛哥也能看到類似的風格。作為文化認同而呈現出的伊斯蘭風情，實在相當有趣。

◎取得自治與進軍海外

在看過面港灣而建的熱那亞地標建築後，來簡單談一下這座海洋城市的歷史。熱那亞在中世紀早期，經過東哥德、拜占庭、倫巴底王國的統治後，被納入法蘭克王國第二王朝——加洛林王朝的版圖。之後，熱那亞與比薩聯手，和入侵第勒尼安海北部的阿拉伯人展開海戰。一〇八七年，熱那亞的艦隊與比薩、阿瑪菲的艦隊聯手，殲滅了位於北非的海盜藏匿基地，展現其強大實力。

隨著海運與經濟的持續發展，熱那亞與其周邊的地區終於脫離了加洛林王朝的控制，一〇九六年時發展出宛如公約團體的自治城市。十二世紀，城市國家制度趨於完善，注重公共性、平等的自治治城市逐漸完成。不過，熱那亞與其他義大利城市一樣，都面臨教宗黨與保皇黨兩系名門望族的激烈鬥爭，造成社會動盪和市民的怒火。最後熱那亞還是和其他義大利城市相同，從十二世紀末開始，採用執政官來管理市政府，改變了過去的統治模式。十二世紀末開始，雖然鬥爭依舊持續，不過參加海外投資的公民增加，擴大了貴族階級之下一般市民的階層，這些中產階級為了保護自身利益，在一二五七年選出古列爾莫・鮑加內拉（Guglielmo Boccanegra）作為總督，開啟了民選領袖制度。

這個時期，隨著國力的提升，熱那亞也開始擴展其統治領域，積極向海外擴張。一方面壓制對手比薩的力量，逐步將附近的利古里亞大區占為己有，另一方面也在一一一三年占領了戰略地位重要的韋內雷港。就這樣，起源於羅馬時代的城鎮藉由擴張，開始轉變為堅固的要塞城市。

◎與比薩和威尼斯的紛爭

第一次十字軍東征（一〇九六～一〇九九年）是熱那亞擴大地中海商業交易的契機。熱那亞的指揮官古列爾莫・安布里科在奪回耶路撒冷一役立下關鍵性的戰果，讓熱那亞人搶得先機，趕在比薩、威尼斯之前，於康士坦丁堡和耶路撒冷之間的重要據點安提阿取得居留地。

比薩與熱那亞原是合作關係，但友好的關係並沒有持續太久。第一次十字軍東征之際，基督教世界的各個勢力不斷相爭，只為了奪取霸權。兩者的利害關係產生對立，在進入十三世紀後愈加惡化，直到一二八四年的梅洛利亞海戰過後，比薩喪失了制海權，才讓兩者的紛爭劃上休止符。

威尼斯與熱那亞之間也是時有衝突。首先，起因於拜占庭帝國的衰弱，引發了政策上的歧異。第四次十字軍東征（一二〇二～一二〇四年）時，熱那亞為了對抗樹立拉丁帝國的威尼斯，支持拜占庭皇帝重返康士坦丁堡登上統治者王位，之後更於一二六一年協助重建了拜占庭帝國。此舉讓熱那亞取得了至今由威尼斯壟斷的特權，獲得康士坦丁堡金角灣北側嘎拉塔（Galata）地區的居留地，並由母國熱那亞每年派遣執政官進行統治，形成了自治的城市國家，也成為黎凡特地區商業交易的重要據點。此外，在黑海的重要港口城市卡法（Kaffa，俄語之費奧多西亞〔Feodossia〕）也設置了據點，一直到十五世紀為止，熱那亞保持著其強大的海運勢力，在巴勒斯坦地區、愛琴海、黑海、科西嘉島、北非等地，都設有物資集散地和停船場，打造出龐大的殖民地網路。一二九八年，熱那亞與威尼斯的對立越演越烈，在亞得里亞海的海戰中，熱那亞擊敗了威尼斯，也在此役中俘虜了馬可波羅。進入十四世紀，熱那亞更攻入威尼托大。不過在著名的寇甲之役（一三七九～一三八〇年），熱那亞卻徹底敗給威尼斯，自此之後，熱那亞對威尼斯轉而採取慎重保守的態度。

十三世紀後，隨著阿瑪菲人發明磁石式羅盤、並造成普及之後，熱那亞成為航海圖的重要繪製地。此一時期，和東方的貿易發展順利，黑海貿易也相繼擴大，熱那亞積極進軍北海。直到一二七〇年代為止，都有固定槳帆船航線往返於熱那亞與法蘭德斯的布魯支（Bruges）之間，那時是熱那亞商業範圍持續擴大的穩定時期。

熱那亞的海洋學校培育出許多優秀的船長，其中包括搭乘西班牙的三桅輕快帆船（Carabella）率先抵達新大陸，讓歐洲人得知新世界存在的克里斯多福・哥倫布。

◎克服衰退，建設城市

盛極一時的熱那亞在經歷了與威尼斯的長期對立，以及來自米蘭、法蘭克的威脅和城市內部的派系鬥爭後，開始走向衰退。一四五三年康士坦丁堡淪陷，熱那亞在黑海的殖民地卡法孤立無援，最後落入了土耳其手中，自此熱那亞失去重要的據點。此外，隨著哥倫布的「地理大發現」，西班牙、葡萄牙等國因此獲得龐大利益，國勢日隆，反觀仰賴地中海交易而繁榮的義大利傳統海洋城市，紛紛面臨經濟危機。

儘管局勢極為不利，熱那亞還是堅強地存活下來。被尊為「熱那亞國父」的安德里亞・多利亞（Andrea Doria）為神聖羅馬帝國的查理五世皇帝建造槳帆船，並與西班牙締結同盟，開設歐洲基督教世界的主力銀行，靠金融業維持城市繁榮，也藉此維持了熱那亞共和國的經濟與政治獨立。此一時期，在總督多利亞的統治下，熱那亞的寡頭政治逐漸增強，支撐國家經濟的貴族階級投入龐大資金在建設新的城市空間和建築上。一五五一年，在這樣的風氣下開通了新街（Strada Nuova，今日的加里巴蒂街〔Via Garibaldi〕），道路兩側以義大利文藝復興時代理想的城市為規劃藍圖，打造出完美的街景。關於這點之後會再詳述。

在打造出如此華麗的文藝復興風格城市空間後，熱那亞在進入巴洛克時代後雖然持續建設，但是在歷史上的重要性已逐漸減弱。一七六八年、拿破崙誕生的前一年，熱那亞被迫將領地科西嘉島賣予法國，這件事相當具有象徵性。不過一直到十九世紀初期被納入薩伏依王朝的版圖為止，熱那亞是義大利海洋共和國中，保持獨立最久的一個。

舊市區、高地、重生的港灣

◎騎樓商店街

把視線放回到市街上。如同前述，熱那亞在十二世紀到十四世紀時，藉由地中海的商業交易致富，走向繁盛巔峰，其中最能展現其繁華的港灣景致，便是十二世紀前半實行的大規模公共事業建設。面海的沿岸在原本城牆的位置上，建造起上側為住宅，下方則是公共走廊的騎樓，騎樓的內側（陸地側）則開設起小巧的店鋪，成為熱鬧的長條街市。

一四三二年，人文主義者皮克羅米尼（Enea Silvio Piccolomini，之後的教宗庇護二世〔Pius PP. II〕）曾說：「在這長一千步（約七百公尺）的騎樓市場，能買到任何你想要的東西。」

這條騎樓稱作「騎樓街」（Via di Sottoripa）[1]

摩勒奇塔　唯一保留全貌的塔樓住宅。作者拍攝。

，位於海濱山崖的下方，總長其實超過八百公尺，規模龐大。粗壯的柱上是連續的尖拱、有些是半圓拱，也有些是平弧拱，相當壯觀。

這條道路上的建築，上方住宅多是建造於一一三五年左右的中世紀初期。若對照古老的景觀畫，會發現其中也有許多高聳的塔樓住宅，以所在的位置來看，這些塔樓住宅應該是替代了原本城牆的防衛功能。之後，塔的上方多被拆除，改建為與周遭高度一致的建築。摩勒奇塔（Torre dei Morchi）是現今騎樓街區僅存的高塔，從它的模樣可以想像當時的塔樓住宅。在熱那亞，居民經常和親戚們聚在一起，或是組成名為「豪邸」的集團，他們一同建造塔樓、一同居住，這麼做不但能共同抵禦外敵，也能展現豪門世家的勢力。

◎豪邸集團的角色

很慶幸日本還有像龜長洋子這樣的研究者，多年來致力於探討中世紀熱那亞的城市社會歷史，並透過第一手史料，針對住宅、豪邸進行深入研究[2]。一直以來，作為中世紀義大利代表性的海洋城市，威尼斯與熱那亞經常成為相互比較的對象。威尼斯的城市社會注重追求共和國整體的利益，人們多以集團為單位，以整體一致的思維去行動。而熱那亞人重視的則是自我的利益，因此政爭不斷。

以船為例，威尼斯的國有槳帆船在海外交易上扮演了重要的角色，熱那亞的船隻則是私人所有，進軍海外的主導權掌握在各個商人手上，而非脆弱的國家。因此，維繫著私人關係的「豪邸」（Albergo），也被視為「家」的延伸。

然而，龜長洋子指出，多年來歷史學家們不曾對「豪邸」進行正式、深入的個別研究，卻總是不假思索使用Albergo一詞。她以直接的稅金記錄、公證人文件和當時的議事記錄等史料，實際針對豪邸進行研究，進而發現熱那亞的豪邸有時是由許多不用姓氏的人所共同持有，然後再形成一個新的姓氏作為豪邸的「所有人」，或是由有權勢的家庭整合了其他中小型的家庭來組成。這讓我們了解到，豪邸（Albergo）應該是隨著時代而變化，擁有多樣的形式才對。

◎為數不多的廣場

雖然住家或豪邸在熱那亞的社會承擔了重要的功能，但供市民使用的開放性公共空間——廣場——卻十分稀少。在熱那亞，完全看不到像威尼斯的聖馬可廣場，或是阿瑪菲的主教座堂廣場那樣，可以讓市民們整天聚在一起的華麗廣場。即便是聖羅倫佐主教座堂前的廣場、或是總督府前的廣場，也都不具備這樣的機能。可以說：政治經濟組織的差異，直接反應在城市空間的結構上。與之相對，各個名門望族都在自己的宅邸群前建造了小廣場，多利亞、培斐雷、古里瑪蒂、史皮諾拉等有權勢的家族都是如此。

其中，多利亞家的聖馬太小廣場，展現出統一性的造型，在廣場文化並不發達的熱那亞顯得彌足珍貴，具有象徵意義。熱那亞巧妙地利用斜坡城市的地理條件，在地勢較高的東側設置了教堂，教堂前方由下往上，設置了如舞台般的階梯。周圍建起了在當時已屬相當高樓的五層樓建築群，供多利亞家族所屬的各分支家族居住。建築群的外觀統一採用黑與白灰色的水平條紋，整齊地圍繞於廣場周邊。正對教堂的建築一樓為連續拱廊騎樓，不但開放感十足，也營造出舞台般的視覺效果。

既然說到廣場，也來談談規模雖小，卻是熱那亞最重要商業區——「銀行區」（Piazza Banchi）。「銀行區」名稱來自於經營外幣換匯、經商的 Banco 一詞，也就是銀行之意。「銀行區」位於聖喬治宮後方，緊鄰港口，就像是熱那亞的里奧托廣場，為城市商業、經濟活動的心臟地帶。在這個做為商業中心的「銀行區」廣場後方，也發現了海洋城市中不可或缺的商棧。

如同威尼斯的里奧托廣場形成於古老的里奧托聖雅各教堂前一樣，「銀行區」也位於精巧優美的「銀行區聖彼得教堂」（San Pietro in Banchi）前。教堂位於地勢較高之處，需爬上階梯才能抵達。廣場周邊的建築，雖然同樣展現出十六世紀文藝復興的風格，不過起源相對較早。此教堂在八六二年時被稱為「城門口聖彼得教堂」（San Pietro della Porta），現今依然能從一旁的古老城牆看出痕跡。今日，這座小小的廣場依然從事各式各樣的活動，複雜的景致難以一次被收入相機的鏡頭中。

◎面港而建的騎樓

接著再回到海洋城市的主角——港口。面對港口的地面層是騎樓，騎樓街的南方街段有倉庫空間，是用來放置小船、航海用具的特殊空間。從倉庫原始又樸實的風格看來，應該是在大規模公共工程的騎樓建造前便已存在的古老設施。現在這裡已經過改建活用，變身成半地下室的餐廳和店鋪。人們會在這被稱作「騎樓街」（Via di Sottoripa）南段的拱廊通道下享用晚餐。

面海而建的騎樓街，自中世紀後期開始一直都是商業交易的中心。市街上都是來此簽訂收約的商人，以及加工鐵器、大理石、銅器的匠人，四面八方的人齊聚於此。當時的海洋較現在更深入陸地，在距海數公尺處的地方建有塔樓，船隻可以從旁卸貨，再屯積新的貨品離去，相當熱鬧。

與海線平行的騎樓街，是人們往來頻繁的熱鬧場所，這裡的商店中販賣的都是依靠船運，來自世界各地的商品。不論是熱那亞人還是外國人，都不曾將此處私有化，始終保有公共空間的特性。

過去，在這裡能夠買到船員的衣物、香料、異國的水果、日用品、刀刃、時鐘等各類商品。現在還進駐了各式商店，販售魚（鮮魚、乾物、炸物皆有）、小型收音機、手沖咖啡、放在桶子裡的沙丁魚、辦公室用的鎖頭和手機等。古老店鋪的拱型空間內部多已進行改建，但也有數間依然保有過往的氛圍，吸引外國觀光客的目光。酒館、咖啡廳也會在行人專用的騎樓擺設桌椅，供市民使用。

十三世紀，為了提供居民飲水，騎樓稍上方的位置設置了巨大的水道。在格拉西的鳥瞰圖（一四八一年）中，還能看到面海處設有拱型水道橋，今日依然能看到部分遺跡。

水道設施下方，同樣聚集著多樣的店鋪，將道路的面海口堵了起來。這裡就像是佛羅倫斯的「老橋」（Ponte Vecchio），好像會自動繁殖一般，臨時的簡易店鋪不斷增加。此外，還有著販售書籍、衣物、家用品、飲料的攤販，洋溢著宛如亞洲、伊斯蘭世界城市的熱鬧氣息，讓人忘記自己身在歐洲。

騎樓街內部　聚集了各式各樣的小店，宛如市場般熱鬧非凡。作者拍攝。

卡布利耶利教授表示：「這裡根本就是阿拉伯城市的蘇克市集。」對這一帶充滿活力、展現出港都熱那亞特色的城市空間給予了高度的評價。教授夫人帶我們前往騎樓中她推薦的炸物鋪，為我們點了熱那亞的傳統輕食——用埃及豆磨成粉製成的烤餅（Farinata），以及炸鱈魚。我們就跟當地人一樣，馬上站在店前吃了起來，味道相當不錯。我們和旁邊餐飲店的店員聊了起來，從對話中得知，他是來自孟加拉的移民，在十二年前來到熱那亞。在港都的這座騎樓周邊，的確很適合亞洲、伊斯蘭世界的人們生活。

◎挖掘貨運廣場

不論哪裡的港口，都會隨著時代的需求不斷改變其構造，很少有碼頭能保留下歷史的遺構。不過幸運的，透過近年來熱那亞港灣周邊持續的挖掘，發現了古老的港口遺跡。

首先，貨運廣場（Piazza Caricamento，高架公路下填海造陸形成的廣場）在一九七六年開始進行一連串的挖掘，並發現了中世紀及十六世紀的棧橋。為配合一九九二年舉辦的世界博覽會，熱那亞進行了各項工程，其中也包含大範圍的考古挖掘，名為梅爾康薩、雷阿雷、卡爾比的棧橋及中世紀的設施紛紛出土，讓人了解原來防波堤是在無數的木樁上堆疊起巨大的四角形石塊打造而成的，上方的石頭容易受損，曾置換過多次。

貨運廣場現今依然是熱那亞舊港區的心臟地帶，站在建於港口海面與陸地之間的高架橋上，向左便能看見這座古老的廣場；接著將視線向西北沿著弧形的港灣看去，便能看到曾被城牆包圍的老街區及法卡門，其外側則是以往港都最重要的造船廠所在地。在中世紀十三至十五世紀，港口不斷發展、擴張，這一帶也建造起能夠停放軍艦、槳帆船的船塢。從十六世紀之後的鳥瞰圖和地圖上，都能發現這一帶總被畫得特別巨大，以強調其存在感。近代的改建雖然劇烈，所幸十七世紀建造的槳帆船造船廠設施被保存了下來，經過修復改建為海洋博物館。

◎最古老的驛站與燈塔

沿著海岸稍向西側前進，便能看到面海而建、開放感十足的獨特三層樓建築。這座被稱為「普雷區聖約翰教堂」（S. Giorvanni di Pré）的建築，是耶路撒冷的聖約翰騎士團在十二世紀所建的住宿設施。此騎士團為了方便朝聖者，在地中海各地都建造了類似的設施。經過最近的修復與調查，發現這座建築可以透過地下通道，直接連通港邊的停船場，可以說是世界上現存最古老的「公路休息站」。站在這座建築前，遙想著東方海域，令人感慨萬千。

十二世紀，當熱那亞以海洋城市之姿大舉擴張勢力之際，港口整體也產生了巨大的轉變。至今依然聳立於入海口處的燈塔，便是此一時期建造的。對接近港灣的船隻而言，燈塔告知了港口的位置；對城市的人們來說，燈塔則具有監視和提醒外敵接近的功能。一五一四年，燈塔雖然在為了抵抗占領市街的法國軍所掀起的戰鬥中遭到破壞，但在三十年之後，就完全依照原狀進行重建，此後一直保存至今。

中世紀的舊港向西突出海面的礁堤端也建有燈塔。在前述的格拉西鳥瞰圖上（頁二八五），這兩座燈塔的內側是寬敞的水面，巨大的帆船在入海處以繩索與老海堤相連，停泊於外海。另一方面，港口的內部有眾多棧橋，許多小船都在此停靠。

造訪老海堤，面向港口能看到「西伯利亞門」聳立在前方。這是一五五〇年左右，由加里亞佐・埃里希（Galeazzo Alessi）設計的城門，明顯展現出十六世紀大砲問世後的主流築城論思想與嚴謹的防衛模式。

普雷區聖約翰教堂　朝聖者專用的住宿設施，設有地下通道可直通港口。作者拍攝。

◎前往老街區內部

從以上的內容可以明白，熱那亞傳承了中世紀以來的港灣設施與空間。近年來港灣地區按照熱那亞出生的國際級建築師倫佐．皮亞諾的設計構想，加入嶄新的形象改建，如今已是大批市民與觀光客聚集的人氣區域，匯集了未來與過去的原素，形成一個不可思議的熱鬧空間。

沿港灣而建的騎樓街，分歧出多條輕緩的坡道通向市街內部，這也說明了對城市而言，與港灣連結是相當重要的一件事。市街內部則有許多南北向的道路，雖是同一條路，卻因路段不同擁有多樣的名稱，像是廣場路（Via del Campo）、佛沙堤羅路（Via di Fossatello）、聖路加路（Via S. Lucca）等，這些與地下街平行的道路，都是老市街的主要幹道。

自佛沙堤羅路走向聖西洛路（Via S. Siro）的角落地帶，有一處呈不規則狀、饒富趣味的空地。十三世紀時活用這塊空間建造起五層樓高的塔樓住宅，從佛沙堤羅路眺望此一黑白模樣的典型熱那亞中世紀建築會發現，二至五樓各設有拱型窗櫺，二樓有五座、三樓有四座、四樓與五樓各有三座，這不只是為了向上眺望時能感受到節節高升的視覺效果，也是為了讓光線較難進入的低樓層擁有更多的窗戶用來採光所設計。比薩因地層結構較脆弱，為了讓地基能夠承受建築重量，骨架多以巨型石材的拱型群層層堆疊，打造出輕快的塔樓建築；而地基穩固的熱那亞，除了開口部分占了特別大的空間外，以磚瓦打造的高樓層建築也是相當常見的建法。

除了黑白樣式的外觀設計外，另一大特徵是一樓的造法。藉由巨大的連續拱門造型，讓建築前方形成半戶外式的廣場供人們聚集。這種半公共式的空間稱為「騎樓空間」，常見於熱那亞有權勢的家族宅邸，也為缺乏廣場的城市提供了人們交流、聚集的場所。聚集在這些半公共式廣場的並非是一般市民，而是與望族擁有深厚關係的人們，或是鄰近的居民。中世紀在義大利各地都建有許多塔樓住宅，其中熱那亞的塔樓更是高度發展的建築文化，現存的塔樓則多已改造為店鋪。今日的熱那亞老市街，其密集程度常給人喘不過氣來

佛沙堤羅路上的塔樓住宅 典型的熱那亞中世紀建築。作者拍攝。

的感覺。不過在充分利用騎樓空間的時代，市街應該是更舒適清爽的。只要了解這一點，走在老市街上就會發現，黑白樣式的塔樓住宅下方保存著騎樓痕跡，著實有趣。熱那亞風格的街角小廣場，便是這樣形成的。

◎高地的舞台裝置空間

在看過中世紀建造的老街區內部後，換個心情來高地上，看看以文藝復興風格打造的風雅城市空間。

中世紀的熱那亞海洋城市國家以港口為中心，在周邊緩的坡地上建造起高密度的城市，不過到了十六世紀後半，為了滿足貴族和上流階級的需求，開始向外側的高地田園地區進行開發，沿著筆直的「新街」（加里巴蒂街），兩側興建了文藝復興風格的新式高級住宅。建築內部設有柱廊環繞的中庭，外側則有豪華的立面，利用遠近法呈現出優美的視覺效果。如此華麗的貴族宅邸就這樣並排於道路兩側，這樣壯觀的景致相信是世界少有的。

不論是靠海還是靠山，道路兩旁豪宅林立。靠山的建築建位於坡地上，巧妙地運用高低落差，打造出富含變化的空間，特別是多利亞─圖爾西宮（Palazzo Doria Tursi，一五六四～六六年建造，現市政廳）率先採用了巴洛克式的舞台裝置性空間設計，堪稱傑作。從加里巴蒂街進入後，走上位於玄關大廳內側的階梯，來到位在高處的中庭，向內側延伸的細長中庭後方仍舊門戶大開，再以階梯與位於更高處的庭園相連。大階梯就像是建築的軸心，大剌剌地位於正面後方的中央，整個動線揮灑自如，在宮殿豪宅的歷史中寫下了嶄新的一頁。

在耶穌會的大學（現熱那亞大學）中，可以看到像這樣活用斜坡，展現出獨特空間連續性之建築的更顯著發展。位於加里巴蒂街附近的巴魯比路（Via Balbi），由熱那亞最重要的巴洛克風格建築家巴魯多羅梅歐・比安可（Bartolomeo Bianco）設計的豪華建築也選擇依山而建，發揮出追求舞台裝置的視覺效果。

道路對面的靠海那側，聳立著王宮（一六五〇年建），位於能眺望港灣的高地邊緣，後方設有庭園。這是為了能三百六十度觀賞海景而刻意面海的設計，打造出開放感十足的構造。宮殿後方設有休憩用階梯室，同樣是為了能欣賞海景，採左右對稱的大片窗戶設計。與同時代的羅馬建築相比，熱那亞的建築設計更加地自由且富含能動性。

在總督多利亞的帶領下，熱那亞共和國持續繁榮，為了款待來自世界各地的貴賓，自十六世紀後半至十七世紀初期制定了法律，嚴選出數棟富裕貴族階層沿著新建道路建設的豪華宅邸，列入「榜單」（Rolli）中，作為今後國賓入住的迎賓館。從城市整頓的計劃來看，這是首次出現在歐洲的獨特創舉。二〇〇六年七月，熱那亞被載入了世界遺產的名單，登錄的對象包括了自文藝復興至巴洛克時代，高地上新開發的數條道路，以及沿路被稱為「Rolli」的貴族宮殿宅邸，現在的「新街」加里巴蒂街、巴魯畢路、卡伊羅利路（Via Cairoli）也都包含在內。

◎與時俱進的古老港口

最後，再來看看作為現代熱那亞門面，不斷進行改建的古老港口周邊。這次能由擔任熱那亞市都市計劃局長的卡布利耶利教授為我們帶路，真的是太幸運了。

從近代起，熱那亞港以緩慢的速度進行填海造陸，形成巨大的棧橋突出於海面的獨特造型。整個計劃從前述舊港南側的古老地區開始，歷經數個階段，慢慢向北延伸。建築家倫佐．皮亞諾考量的主軸設計擔負了重要的角色，此後舉行了多次的國際招標，並以其設計為基礎，展開多樣的重建計劃。

在這個計劃中，盡可能活用倉庫、港灣設施等歷史性建築；以未來性設計著稱的倫佐．皮亞諾也著手設計水族館等，積極融入帶有現代設計風格的建築作品，刷新了港灣地區既有的印象。除了放置大受小朋友歡迎的氣派木造帆船之外，還在街道旁種起椰子樹，展現出設計者的巧思。停靠無數遊艇的碼頭旁則建起了低矮而明亮的建築，一樓為餐廳或店鋪，二樓以上則是住宅，打造出帶有生活感的舒適海濱區域。在看慣了日本的海岸線總是建起一棟棟超高樓層的摩天大樓而缺乏熱鬧的生活感之後，看到熱那亞的海濱，真讓人好生羨慕。

悠閒地沿著港灣向北行，可以發現停靠漁船的碼頭仍被保留下來，也能看到漁夫們在一旁整理漁網，這些都讓人感受到港口功能仍在實際運作，充滿現實感。建造於水濱對面碼頭上的細長倉庫，延續了原本的構造，如今轉變為供人居住的公寓；一旁新建的巨大建築，則是熱那亞大學經濟系的校區建築。這也可以看出，海濱地區的重建融合了文化性、創造性的元素，並混合了多樣化的機能。

地中海世界規模最大的嘎拉塔海洋博物館，是港灣重建的另一個嶄新象徵。此建築延續了共和國造船廠各設施中留存下來的部分，傳承了古老的記憶　十七世紀時，這裡是熱那亞建造強大槳帆船的所在地，修復重建如此貴重的歷史建築，配上現代化的設計外觀，採用最新的展覽技術，告訴人們人類與海洋在這幾個世紀以來密切的關係，是一個魅力十足的博物館。

博物館內，完整復原並展示了十七世紀熱那亞建造的巨大槳帆船，吸引了來訪者的目光。港口入海處為了防禦而使用的鐵鎖殘骸也是展示品之一，每一樣都饒富意義。此外，館裡還詳細介紹了哥倫布的生平，以及航海圖、羅盤等在歷史上的發展，以及在漫長航程中，船員們的生活及食物取得的詳細說明。取得授權後，館方更放進了倫佐·皮亞諾以熱那亞港灣地區為中心所設計的大規模城市重建計劃設計圖、模型等，充分展現熱那亞海洋城市的歷史榮耀與精神。

二〇〇四年，熱那亞獲選為歐州文化首都，並以「藝術之都熱那亞」、「海洋首都熱那亞」、「現代城市熱那亞」三大概念為主題，舉辦了許多展覽會、戲劇、舞蹈、演唱會、科學會議、前衛建築等活動，徹底發揮其城市實力。同時，重新裝修主要道路，鋪上傳統的優雅石板，推動行人專用空間，讓歷史的街區更進化、更迷人。

擁有豐富的中世紀海洋城市風景與歷史記憶，同時又積極融入現代化的元素，在文化、經濟上都生氣蓬勃的熱那亞，相信今後也會更加發揮其實力，讓人目不暇給。

要塞城市——韋內雷港

◎韋內雷港

在比薩與熱那亞中間，面利古里亞海處，有一座充滿魅力的港口城市——韋內雷港，其名稱的意思是「維納斯之港」，據說是因為古代曾有供奉維納斯的神殿位於崖上因而得名。港如其名，著實是一座美麗的港灣城鎮。

然而，與這詩情畫意的名稱相反，中世紀時比薩與熱那亞曾在此地發生激烈的對峙和戰爭，最後由熱那亞占領此地作為防禦據點，將這裡打造為堅固的要塞城市。縱然當時城市因經濟繁榮充滿魅力，但從古老的景觀畫中還是能看出這座城市的嚴肅面。進入近代，和平的時期到來之後解除了武裝，韋內雷港利用與海相連的陸地空間，打造出開放感十足、美麗如畫的城市風景。而且還名列世界遺產的芳名錄中。

這座城鎮的歷史相當悠久，雖然沒有確切的史料記載，但依傳承的內容可以推測出，最早可追溯到羅馬時代以前。而且從那個時期開始，就依靠寬敞又安全的港口發展出繁榮的商業活動。外海上的帕爾馬利亞島（Isola Palmaria）為韋內雷港擋掉了海浪的襲擊，地理條件優異。羅馬時代這裡則是連結高盧、西班牙航運的重要中繼點。

眾多的漁夫、船員生活於這座與海共生的城市，配合上此處優美的風景，孕育出崇拜象徵海洋與美神維納斯的信仰，也許是再自然也不過的事了。波提且利的名作「維納斯的誕生」中所描繪的女神神令人信服。在希臘神話中，阿芙蘿黛蒂（Aphrodite，等同維納斯的地位）原就是誕生自海中泡沫的女神。

韋內雷港周邊

◎山崖上的神殿與埃里切的維納斯

建於山崖前端高地上的神殿建築，不但起到保佑漁夫和船員們在海上工作以及航海時的安全，也帶來繁榮。同時對在海上航行的船員們來說，它也是一個明確的安全標的。

在西西里島西側，海濱附近的埃里切（Erice），也能看到類似的建築。位於城鎮至高點的岩山上能眺望海景的位置，原住民西庫爾人在西元前十世紀為祭祀「豐收的女神」而建造了神殿。這座神殿不但是船員們航海的指標，也是祭祀航海之神的聖地。以女性的魅力與美麗為主的女神信仰，自古以來是地中海世界的共同文化特色。之後隨著統治者的交替，祭祀豐收女神的神殿名稱雖然不斷變更，卻始終能保存下來，並維持其信仰的重要性。希臘人以自己的女神阿芙蘿黛蒂作為神殿名稱，羅馬人則稱之為維納斯，而且再加上來自東方風格的儀禮後，產生了和女性神職人員發生神聖結合的賣春行為，讓豐收女神更是聲名遠播。韋內雷港的神殿，據說供奉的是「埃里切的維納斯」。埃里切的維納斯在當時，對於來往地中海的船員而言具有特別的意涵。在船運和航海熱絡的羅馬時代，從高處守護西西里島海域的埃里切維納斯神殿，與同樣自山崖高處守護海洋的韋內雷港神殿形象相合，成為人們信仰的中心。

葦內雷港的維納斯神殿同樣也是重要的聖地，周邊地區的人們紛紛以海產、橄欖、葡萄、無花果等取自大自然的作物進獻。羅馬人更在神殿周邊建起城牆，打造安全的居住地。七世紀，葦內雷港先是成為拜占庭艦隊的重要基地，接著又被納入在利古里亞沿海擴張勢力的倫巴底王國版圖下。之後在九世紀至十一世紀之間，葦內雷港多次受到伊斯蘭教徒海盜的襲擊，所幸這裡的自然地形易守難攻，成功地驅趕了海盜的攻擊。之後靠著比薩、熱那亞等海洋共和國勢力的抬頭，才終於免受伊斯蘭勢力的威脅

一一一三年，熱那亞成功取得葦內雷港，對力量大增的海洋城市而言，這裡正是防禦來自勁敵比薩威脅的最佳要塞。就這樣在整個中世紀，特別是熱那亞與比薩漫長的爭戰時期（一一一九～一二九〇年），葦內雷港的命運都與海洋共和國熱那亞共進退，也在熱那亞的保護下，成為重要的軍事和貿易港口城市，經歷了一段光榮繁華的時代。

◎要塞建築群

接著來看看熱那亞人打造的要塞城市——葦內雷港的空間結構。在以往維納斯神殿的位

置，熱那亞人在初期的建築之上，率先以哥德式風格建造起基督教的聖殿——聖彼得教堂（一二五六～一二七七年）。聖彼得原是漁夫出生，這座教堂的建造也反應出當地漁夫們對聖彼得的虔誠之心。聖彼得教堂就像是熱那亞市中心的主教座堂一樣，採黑白兩色的水平條紋，展現出獨特的外觀，在造型上也能感受到伊斯蘭的元素。

被海洋城市熱那亞統治後，這座面海而建的教堂就是韋內雷港最大的象徵性建築。過去羅馬人建造的城牆已經消失，成為寬敞的戶外空間，只有聖彼得教堂聳立於山崖的尖端。爬上輕緩的階梯進入教堂，在內側的牆壁和尖頭的拱窿頂上，依然是黑白水平條紋，散發出莊嚴的氣息，從海洋反射的光線由細長的開口處射入，讓人印象深刻。左側小型的祭壇上放有許多能寫上心願的布條，和日本的民間信仰相同，這裡也具有許願的功能。

在古代居住地東側面海的坡地上，計劃性地建起了

聖彼得教堂　建於山崖前端，過去被當成維納斯神殿，是漁夫和船員的信仰中心。

由城牆環繞的中世紀城市。由於建在山崖上的緣故，人們只能從東側進入城鎮，此處也建造了唯一一座城門，而且基本保留了中世紀時的樣貌。值得一提的是，城門左手邊由白石打造了三個箱形裝飾物，大小不一，在正面下方都各有一個洞。原來這是用來測量進入城門的農民和商人所攜帶的橄欖、油、葡萄酒、小麥的重量，徵收通行稅用的。當時的城門及其機能得以如此完整的保留下來，是相當少見的珍貴遺跡。至於位於左側的高塔曾做為監獄使用。

環繞著要塞城市的堅固城牆建於一一六〇年，但在沿海地區，則從受到波浪拍打的岩壁上直接蓋起了幾間堅固的塔樓住宅，每戶人家的牆壁相互連接，住宅本身就形成了城牆。這些十二、十三世紀由熱那亞人打造的沿海住宅，成為韋內雷港的門面，經過改建之後依然沿用至今。每戶人家都位於面海的位置，入口都十分狹窄，內部細長且堅固，這是考量到防衛機能而設計的格局。

另外，城鎮內部也有一條保留有十二世紀風情的主要道路。路旁塔樓的住宅群展現出中世紀的建築設計，小小的連續拱型裝飾，加上二樓以上的樓層突出於道路上方，這些獨特的造型與熱那亞大學建築學系校區旁的中世紀住宅群相當神似。四、五層樓的堅固建築兩側是狹窄的街道，這裡能看到魄力十足的要塞城市景觀，富含變化，相當迷人。

◎活用古老建築的現代品味

我在二〇〇五年七月首次造訪韋內雷港。當時，掌管城門旁觀光資訊站的婦人十分得意地向我介紹她的房子，說從她家能看到一望無際的海景。此住宅是非常典型的樓房住宅，過去都是將最重要的房間設置在靠近主要道路的位置，近代則在靠海處設置寬敞的出入口，並增設陽台，打造出舒適的客廳兼迎賓室。原是要塞城市中不見天日的住宅內部，現在則成為能獨享海景的現代生活空間。

中世紀建築的一樓多是自古傳承下來的店鋪和工房，現在則多為符合設計大國義大利身分的時尚、現代感商店。其中有一間由二十多歲女性經營的橄欖油專賣店，以前衛的設計打造門面，完美融合了古老與創新的元素。架上擺滿了利古里亞大區各地所生產的橄欖油產品，頗能感受到店主的堅持。她說：「我們這些年輕世代必須為這座古老的城市帶入新的氣息。」

與日本的老街保存概念大相徑庭的地方在於，義大利的歷史城市多以現代化的品味來活用古老的建築，帶入合適的機能與時尚設計，展現出現代城市難以呈現的獨特魅力。即便是迷你的地方城市韋內雷港，也表現得有聲有色。

一三九六年，韋內雷港被納入法國的版圖，一四九四年時因遭受亞拉岡王朝的攻擊，受到了莫大的破壞。之後韋內雷港的軍事功能逐漸消失，轉變為重要的商業貿易中繼港，持續維持著海洋城市的機能。昔日的要塞城市解除武裝後，人們開始在海濱建造起舒適的水岸道路與突出海面的棧橋，港灣周邊洋溢著華麗又熱鬧的氣息。特別在夏季，來自各地的遊艇在此停靠，成為人氣的度假勝地。

話雖如此，最能盡情享受這舒適悠閒水濱風情的還是當地居民。在城門前方面海處，過去停靠和修理船隻的地方，如今成為市民聚集的公園。即使登錄在世界遺產名單後知名度水漲船高，市民們依然以現代的品味改造、居住在這座美麗的海港城市裡，讓人感動。

1 騎樓街（Via di Sottoripa）：義大利文的 sotto 意指「下」，ripa 是「堤道」，sottori a 指建物下的走道。

2 龜長洋子，《中世紀熱那亞商人之「家」——豪邸・都市・商業活動》，刀水書房，2001 年。

第六章

南義的海洋城市

加里波利　被城牆所圍繞，周長約 1600 公尺的島嶼。右側為北方。

島嶼的要塞城市——加里波利

◎普利亞地區的港口城市

沿著亞得里亞海沿岸一路走向長靴狀的義大利南方，普利亞地區正好位在腳跟的位置。因地理位置相近，這裡自古就明顯受到希臘的影響。直至今日，義大利東南部的雷契周邊，仍有許多社區能以古希臘語溝通。

加里波利（Gallipoli）與莫諾波利（Monopoli）是普利亞地區具代表性的港口城市，兩座城市都擁有悠久的歷史，構造富含特色。我曾與研究室的學生們花了四年的時間在當地進行調查研究。

兩座城鎮都起源於古代，其名稱和拿坡里一樣，源自於希臘城邦。中世紀時，這裡發展出地中海世界特有的、錯綜複雜的城市空間。但其充滿戲劇性的華麗城市樣貌，則是到了十七、十八世紀才臻至完成。面海而建，擁有港口，為城市帶來財富的條件。正因如此，當船運貿易越來越重要時，整個南義的海洋城市及港灣城市都無不蘊藏著繁榮的可能性。

在南義的港口城市中，西西里島與普利亞兩處都有不少饒富趣味的例子。在兩地的舊街區裡，都像阿拉伯的城市迷宮。在離島或山崖上，也都設有如要塞般的城牆做為防衛。然而這些空間到了近代之後逐漸乏人問津。十九世紀中期，近代整齊如棋盤狀的城市空間登場，成為市民生活的主要舞台。行道樹並列的大道、寬敞如公園的廣場、從車站開始延伸的軸線道路、劇場、公共建築、以及彷彿身在巴黎的咖啡廳……等，與舊市區完全不同的新市區展現出近代的城市美學，成為舞台上的主角。另一方面，讓人覺得環境條件不佳，連汽車都無法駛入的舊市區，被貼上了陳腐的標籤遭到眾人遺棄，環境更是隨之荒廢。

但自從保存、重建歷史城市的風

南義的主要港口城市

氣，從富饒的義大利中北部開始發展，並取得了巨大成果之後，這陣風終於也吹到了南義。在這樣的風潮下，光靠經濟與技術打造出整齊劃一的近代城市空間，已無法滿足現代人。既然是以人為本，不適合汽車社會的舊市區空間，不如就全面禁止車輛進入、開放給人們使用，打造出一個帶有戲劇性又充滿個性的愉悅空間。

如此一來，這些比北義擁有更悠久的歷史、擁有展現出建築美學與魄力的石造建築的南義古老港口城市，終於受到各方矚目。對於知道這裡在十多年前仍然「危險、骯髒、恐怖」的人來說，如此的轉變著實令人吃驚。

◎重新發現「海邊的舊市區」

位於普利亞地區內陸丘陵地帶的阿爾貝羅貝洛（Alberobello），是一座散落著以石灰塗抹、由白色建築所構成的可愛小鎮，從上個世紀八〇年代起，小鎮就成了著名的觀光地。許多北義或大城市的居民們來到這裡，將可愛的圓錐屋頂的特魯洛（Trullo）民家當作別墅來使用。從一九八〇年代起，有許多案例是將普利亞地區特有、被稱作瑪塞利亞（Masseria）

的農場，改建為現代化設備的農莊旅館（Agriturismo），這種做法是承襲自托斯卡尼掀起的觀光風潮。在沿海地區，夏季別墅和飯店林立，成為現代化的度假勝地。如今選擇探訪舊港區市街，在個性十足且實踐「地產地消」的餐廳裡用餐，入住改建自古老建築的B&B民宿[1]來度過假期的旅客，已開始大幅增加。

值得注意的地方還有當地居民的行動變化。直到十年前為止，市民們已習慣了前往乾淨、充滿綠意的新市區逛街購物，然而現在卻開始造訪逐步重建中的舊市區了。在被海洋、島嶼、海岬等環繞的港口城市漫遊，不但能盡情享受自然之美，也能體驗到豐厚的歷史文化，每一個角落都有故事。對當地居民來說，只要重新將目光轉向這些老市區，相信都會升起懷念之情，這也是歷史空間能夠大受歡迎的原因。就這樣，長期被遺忘的海洋城市，伴隨著現代人的品味，再次受到了世人的關注。

◎迷宮中的巴洛克城市

我第一次認識加里波利，是從購買的書籍中看到它充滿魄力的空拍照。這座浮現於海上的要塞之島，上面擠滿了建築物，道路錯綜複雜，形成地中海世界特有的迷宮式城市空間。數年後我的夢想終於如願以償，在實際造訪後，加里波利完全沒有辜負我的期待。極度複雜的空間，讓威尼斯的迷宮街道在它面前不值得一提。每次遇到這樣不可思議的城鎮，總會讓我想要徹底調查一番。

於是從四年前開始，我與學生們展開了加里波利的調查，而且馬上發現了很多有意思的地方。我們在地中海世界各地看到的這類富含地區性變化的城市空間，多是以中世紀的風格打造而成，然而這裡卻是以十七、十八世紀巴洛克時代的建築設計為主，形成一充滿戲劇感的華麗城市空間，就像是一座「迷宮中的巴洛克城市」。位於稍偏內陸的雷契雖然也是風格典雅，被稱作「巴洛克的佛羅倫斯」，但加里波利的景致更加充滿戲劇性，魄力十足。當然這也是因為島嶼上空間有限，才形成如此密集的建築風景。

◎橄欖油帶來的財富

一般來說，義大利的城市形成於中世紀後，在接下來的時代裡持續累積財富，才得以在之後的文藝復興和巴洛克時代繼續展現風采。

義大利南部，沒有像中北部發展出文藝復興式的豪宅城市，反倒受到了西班牙的影響，藉由擁有大片土地的貴族等特權階級統治城鄉，創造出華麗文化，在之後的巴洛克時代大放異彩。

農村與城市緊密結合，是義大利歷史上的一大特徵，南義尤其強烈。加里波利周邊自古便是重要的橄欖產地。不論是在田園中，還是城市內貴族宅邸的地下室，都能看到稱作「Frantoio」的橄欖油榨油工廠。

橄欖油的生產讓十七、十八世紀的加里波利迎來了黃金時代。普利亞地區的橄欖油與托斯卡尼、利古里亞大區並列，都相當有名。不過此時普利亞地區生產的橄欖油不作為食用，而是用於照明，並出口到歐洲各國。在加里波利的港口，總能看到待運往國外各地，堆得如小山高、裝在木桶裡的橄欖油。那個時期，普利亞地區約七十％的橄欖油都生產於此。

農園收穫的橄欖由貨車運送到島內四處，在豪宅地下設置的榨油廠，由驢子轉動石臼榨油，製成橄欖油。這樣的榨油工廠在島內共有四十座之多，而收藏橄欖油的地下貯藏室在加里波利更是隨處可見，是當地的主要產業。

橄欖油帶動經濟活動，累積了財富，加里波利也產生了許多家財萬貫的貴族階級和資產家，他們紛紛建造起巴洛克式的宮廷豪宅。在這裡，幾乎不見帶有古典風情的道地文藝復興風格建築，而是從中世紀建築延伸、形成被稱作加泰隆尼亞風格（Catalonia）的建築，並在十五至十六世紀大為發展，產生許多貴族的豪華宅邸。

這些巴洛克時代的豪華建築，大隱於如迷宮般的城市內部。透過精密計算接到彎曲的角度和步行時能見到的景致，創造出如劇場般的效果。有些地方透過削減道路寬度整合成廣場，凸顯出建築的外觀。隨著時代更迭，有些建築面海設置開口，並增建了陽台。

◎有格調的豪宅藥局

浮在海上的獨特要塞狀島嶼，以及魄力十足的貴族宅邸建築，都讓加里波利的觀光價值水漲船高，與南義的其他港都相比，隨著近代城市的發展而遭到遺忘、荒廢的情形在這裡並不嚴重。此外，上流階層的貴族始終居住於城市內部的豪宅，即便中途換成別的家族接手，也依然是貴族和資產家所擁有。港口的海濱地區有供貴族階級聚集、交流的沙龍，一直到二十至三十年前仍持續運作。

我們也拜訪了幾棟典雅的宅邸，其中最具代表性的皮瑞利宮（Palazzo Pirelli）位於主要道路的正中央、大教堂正對面的轉角處，這裡是城市中最精華的地段。這是雷契出身的貴族皮瑞利一家在一五八五年時建造的豪宅，面大教堂那一側的二樓設置有雙重拱型窗與陽台，經常吸引路人的目光。

入口設於面主要道路那一側，現在的一樓為改建自玄關大廳、帶有濃厚歷史氣息的藥局。原是宅邸正門的入口處以土黃色的雷契石打造，為道地的加泰隆尼亞風格。自一八四〇年起，這裡便一直是老字號藥局，華麗的天花板裝飾令人目不暇給，讓這個小空間成為加里波利的人氣觀光景點。與量販藥妝店氾濫的

皮瑞利宮　（上圖）位於市街最精華地段的宅邸。陣內研究室提供。（下圖）一樓為老字號的藥局。稻益祐太拍攝。

日本不同，即便今日，歐洲的藥局依然是高格調的場所，歷史上也僅有修道院、名門望族才得以開設藥局。

這間藥局是由加里波利的名門普羅邦薩諾一家所經營。普羅邦薩諾夫人的祖先原本務農，後與貴族家的女性結婚，並在此開設了藥局。夫人的祖父和父親兩代分別購買了這棟宅邸的主要部分，現在整座建築大部分都歸這個家族所有。身為貴族的後代，氣質優雅的夫人同時也是藥劑師，她一手經營藥局，一手帶大三位女兒。夫人相當重視屋內空間的展示，特別喜歡布置家中空間，古董級的典雅家俱一字排開，各個房間的牆上都依不同主題掛設了畫作。我的學生在拜訪夫人居所時做了實測，他們繪製出連家具位置都精細標示的空間平面圖，沒想到隔年再度前往時，家具的位置已經大幅變動。她說：「改變布置不是理所當然的事嗎？」這件事讓我們深刻感受到義大利人對美麗居住空間的堅持。

◎巴洛克的宅邸

這裡的主要道兩側，多為中世紀晚期至十六世紀文藝復興時期的建築宅邸，但徘徊在城鎮內部如迷宮般的道路時，眼前又會突然出現建造於十七、十八世紀的巴洛克式宅邸，加里波利的戲劇性真讓人吃驚。

多克西宮（Palazzo Doxi）是巴洛克式宅邸的典型，它位在大教堂西側後方和道路稍微交錯的轉角，壯觀的外型突然進入人們的視野中。這棟座落於大角度轉角處的宅邸，活用了其地理位置，將華麗的入口設在轉角處，兩側延續至二樓、三樓的醒目牆面則呈現拱型樣式，後方是寬敞的中庭，以及向上延伸的外側階梯。這些隱藏在建築內部的巴洛克式戲劇性設計，和外部的街道相呼應，巧妙地活用了中世紀形成的不規則迷宮城市結構，實現了加里波利式的巴洛克景致。此一

多克西宮　多克西宮能看到多樣的巴洛克式設計。二樓和三樓有巨大的拱型窗（上圖），面道路側設有長型的陽台（下圖，稻益祐太拍攝），以及附帶外側階梯的中庭等。

宅邸現在為佛塔納一家所有，他們平日居住於新市區，將宅邸分租給五戶人家。漁夫、建設技術人員等一般市民，如今也都能住在巴洛克式的華麗空間中。

稍微往東走，一樣是位在市街內部的羅密多宮與斐尼利宮，其所在位置也相當有趣。在中世紀迷宮狀的城市空間中，相信他們是將既有的部分街區削減、拓寬道路，在設置了細長而不規則的廣場後再於兩端建造起華麗的宅邸，看得出來是經過細膩的設計，依城市的結構所打造的建築。

走進蜿蜒的道路，突然出現在眼前的壯麗巴洛克式城市空間，是兩座豪宅的所在地。其中羅密多宮歷史較為古老，約建於十六世紀末至十七世紀初，完工不久就由德・帕切（De Pace）家族購得，之後藉由聯姻轉為與色納貝（Senape）家族共同持有，在巴洛克時代進行了大規模整修，是加里波利數一數二的著名宅邸。十九世紀義大利統一運動中，聲名遠播的女英雄安東尼耶塔・德・帕切（Antonietta De Pace）便是出身於此家族。此建築如今稱作「色納貝德帕切宮」（Palazzo Senape De Pace）。

儘管我們突然造訪，宅邸的主人還是仔細地為我們介紹了龐大建築的各個空間，每個房間都放置了豪華的家具，即便在現在也依然能窺探貴族的生活。如今宅邸的部分改建為

B&B民宿設施，在正面玄關之外，又另開設了供旅客進出的出入口。此外，這裡每周都會舉行一次導覽行程，讓參訪者能深入宅邸內部，體驗貴族氣氛；介紹宅邸歷史與內部空間的宣傳小冊子，也設計得相當時尚精練，符合當今義大利的品味。

◎行會的團結力

隨著十七、十八世紀橄欖油交易帶動了經濟，加里波利出現了各式各樣的行業，誕生出與橄欖油產業及大範圍商業活動相關的公證人與銀行保險員——所謂的中產階級；而原來的漁夫、農民、港口卸貨員和木桶匠人等，則成為勞工階級。

加里波利的社會史有意思的地方在於，一般而言「行會」[2]多在十三世紀的中北部義大利形成、於十六、十七世紀發展成熟，加里波利的行會卻遲至十七世紀才出現，但一樣扮演著重要的功能。

加里波利的行會依職業區分，一六一三年時阿西西的聖方濟教堂（Chiesa di San Francesco D'Assisi）的石材工人組成了行會，並於一六六七年建造了聖母無染教堂；而古老的「眾天使聖母堂」（Santa Maria degli Angeli），也在一六六二年由漁夫與農民組成的行會建造而成。其他不論是木桶匠人、港口卸貨員、冶鐵師、家具行、裁縫師、鞋店等，都建有各自的教堂。

在城市的歷史中較晚登場的行會教堂，多建在能眺望海景周邊的地帶，其建築也具有別處看不到的加里波利特色。教堂的正面，設有左右兩個相當醒目的入口，反映出內部的特殊構造。行會教堂不只具備彌撒的禮拜機能，同時也為同業者提供聚會的場所。稱作「Priori」的議長座位設在靠近入口的正中央，因此必須從議長席的左右兩側進出教堂。沿左右兩側的牆壁設有長椅，需依照集體社會的等級制度依序入座。內側則與其他教堂相同，也有聳立著守護聖人雕像的祭壇。

現在的行會教堂，雖然未必延續了原本的職種，卻都慎重地保存了記載歷代議長姓名的文件，並以自身組織的歷史為傲。

在漁夫與農民建造的眾天使聖母堂，總能看到男性成員聚在一起談天說地，展現出到維持不墜的行會團結力。當然，組織的經營、慶典的籌備等也是重要的工作。每年八月十五日聖母馬利亞升天的前一晚，整個加里波利都會共襄盛舉，舉行莊嚴的宗教遊行，活動的主角就是放置於教堂內的聖母馬利亞像；而統籌整個儀式的，則是該行會的成員們，他們會穿上藍色與白色的宗教服裝，手持蠟燭引導馬利亞像前進。神轎後是吹奏樂隊，接著是虔誠的居民們。行經路線兩側的人家，也會從二樓的窗戶或陽台觀看，整座城市化身為充滿宗教氣氛的戲劇性空間。

聖母馬利亞像的宗教遊行　展現出行會團結力的重要活動。作者拍攝。

◎環繞在死巷周圍的住宅群

在氣候良好、自然資源豐饒的地中海世界，居民們總試圖著將戶外空間納入自己的居住環境內。在加里波利，不只是前述的貴族豪宅設有美麗的中庭，在中產階級的中規模住宅中，也巧妙地設置了前庭，並在道路旁安置能通往露台的戶外階梯，打造出稱作米亞諾（Mignano）的舒適戶外空間。中世紀時受到拜占庭的影響，女性較難自由地出入公共場所，待在家裡的時間相對變長，像這樣的露台就成為她們能放鬆休憩的地方。同時，在露台上與路過的男性談天，也是她們與外部接觸的方式。

此外，不論今昔，在宗教遊行時，戶外空間都扮演了重要的角色。在舉辦慶典的夜晚，人們聚集在一起，將整座城鎮都染上歡愉的氣息。普利亞地區的石造文化名聞遐邇。在加里波利，不論你的社會階層為何，住宅清一色都是由石材打造而成，只要走進當地家庭，你都能看到拱窿頂的天花板，相當具有在地風情。近年來加入了現代品味後，更增添了高級感。

另一種住宅形式是圍繞在死巷周邊的庶民住宅群。從主要道路轉進後方巷弄中，隨處可見個性十足的死巷，這是周圍居民所共同使用的戶外空間。無法擁有庭院的庶民階層，便像這樣由好幾個家庭集合起來，共同使用死巷的空間當作庭園，同時，這樣的構造讓外人難以進入，也提供安全保障。像這樣獨特的生活空間，在南義的西西里島及普利亞地區特別發達。

在加里波利古老形式的住宅裡，一樓都會有拱窿屋頂，向內延伸為長拱窿房。像這樣的住宅往往數個並排，環繞在死巷周圍，將死巷打造成社區交流的小廣場，居民會搬出椅子，坐在一起聊天到深夜。經過訪談，我們了解到這些居住在死巷旁的居民，大多數為漁夫，周圍的鄰居也多是家人或親戚，至今依然保存著高度的連結性，這點著實令人訝異。不過最近情況開始發生變化，在這樣的死巷中，也出現了夏季的短期出租住宅。

◎新假期和「漁業觀光」

漁業的盛況雖不如從前，但依然是當地相當熱絡的產業。這裡不以大型的漁業公司為主導，多是由家族來經營，利用自家小船出海捕撈。近年來出現了利用自家漁船招待觀光客的漁業觀光，備受矚目。這就如同自一九八〇年代之後急速擴張、為義大利農村重建貢獻良多的農業觀光之漁業版。

漁業觀光有各式各樣的形式，道地的漁業觀光要在早上五點乘船出海，讓觀光客一同體驗漁夫們灑網捕魚的工作現場，同時將捕獲的海產在船內直接料理、品嚐。有的行程會在海上拋下船錨，讓觀光客跳入蔚藍的大海來場海水浴；還有一些會在農園中，品嚐捕獲的海產料理，結合農業觀光。

這樣的產業成為一大商機後，為了防止外部資金的介入，政府規定必須以漁業為生、實際擁有漁船的業者才得以經營漁業觀光。這種保護產業的做法令人矚目，雖然才剛起步，但與農業觀光的相同之處在於，利用在地的自然資產進行新的文化觀光，讓人感受到極大的可能性。用海鮮製成的義大利麵稱作義大利漁夫麵（Pescatora），這個名字對日本人來說並不陌生，相信今後漁業觀光這一名詞以及其背後的思維方式也會傳至日本，真是令人期待。

因工作或求學而前往大城市的加里波利人，都會在夏季返鄉探望；移民海外的人們也會帶著親人一同回到自己出生的故鄉度過暑假；若再加上大批湧入的觀光客和旅人，夏天成為這裡一年中最熱鬧的時節。一直到十年前為止，夏季前來度假時，只要有蔚藍的大海、美麗的沙灘和舒適的住宿設施就滿足了。然而，近年的情況有所不同了，人們開始對海岸周邊的古老街區展現極大興趣，感受當地城市的歷史、文化及生活氛圍，成為假期中的重要行程，利用古老建築改建而成的新穎海產餐廳也成為人氣景點。

在這樣的風潮中，古老的港都也重新受到了肯定。以符合人本尺度（human scale）打造的舊市區古老建築，在改建為B&B民宿設施後重獲新生。此外，這裡離海不遠，當地居民和長期居住的度假旅客，都會在海濱的步道上與戀人、親友同樂，從傍晚一直待到深夜。夜裡再回到架有石造拱窿頂的客房中，享受慢活的生活氣氛。

亞得里亞海的港都——莫諾波利

◎阿瑪菲人建造的教堂

除了加里波利，位於亞得里亞海側的重要港都莫諾波利也是我們近年進行調查的對象。五世紀時，莫諾波利由倫巴底王國統治，之後成為拜占庭帝國的領土，十一世紀被納入諾曼人的版圖。這座海洋城市在歷史上與阿瑪菲、威尼斯關係匪淺，有著不可思議的緣分。

莫諾波利舊市區的古老教堂中，有一座由阿瑪菲人建造的阿瑪菲聖母堂（Santa Maria degli Amalfitani），其創建的由來如下：一〇五九年，阿瑪菲人在莫諾波利周邊海域遇上暴風雨差點沉船，接近此港口時，因受到聖母馬利亞的護佑使暴風雨停息，他們也成功獲救。為了表達感謝，阿瑪菲人便在此建造了教堂。十一世紀時，阿瑪菲人在東地中海上成功擴大了勢力範圍，莫諾波利與阿瑪菲發展出特殊的關係並不令人意外，在教堂的周邊也形成了阿瑪菲人的社區。

現在留存於地面上的教堂建築，年代推測約是在十二世紀，規模雖小，卻是美麗的仿羅馬風格。典型的迴廊式內部，以圓柱支撐的拱窿空間充滿律動感，一層層向內延伸。外觀上，後殿雖然樸實，卻也有典雅的裝飾。由此可知，一〇五九年阿瑪菲人建造的，應該是位於地下的禮拜空間。

在中世紀莫諾波利出現地下宗教聚會堂之前，原住民梅薩比人（Messapian）便已先在洞窟中居住了，這些以往原住民生活的洞窟，到了中世紀紛紛轉變為禮拜空間，並建造起地面教堂。阿瑪菲聖母堂的地下空間便是其中之一。莫諾波利舊市區的中央，從地勢較低的位置一直向南延伸，曾有運河狀的港口，這座教堂就面對此港，為了因應潮汐漲退，至今依然能看到貯水池的遺跡。

一直到中世紀的某個時期為止，莫諾波利的城市面積，只有舊市區東半部地勢較高的一部分而已。在諾曼人統治時，將運河填土造地，市區才得以向西側發展，之後更建造了環繞整個城市的巨大城牆，面積較之前大了一

阿瑪菲聖母堂　地面上為仿羅馬風格的建築。地下則是原住民梅薩比人居住的洞窟所改建成的禮拜空間。

倍。運河的出入口前設有港口，為莫諾波利的舊港，現在還能看到許多小船。要進入城鎮需穿過小小的海門，內側則多設有聖母馬利亞雕像。阿瑪菲聖母堂便位在以往運河的西側，也就是過去舊城的外側。運河對岸原來是類似外國人居留地的區域，不只有阿瑪菲人的社群，也有猶太人居住區。

◎威尼斯咖啡廳

以海洋城市的觀點來看，此地還有一個需要特別關注的地方，那便是位於舊市區西部內側的加里波底廣場，這裡原稱為貨運廣場或共和國廣場。十一世紀時，由統治者諾曼人填埋了流經此地的運河後，才形成作為城市中心的廣場。在廣場上，有一間美麗的「威尼斯咖啡廳」，至今仍是市民們相約碰面時的代表場所。咖啡廳的建築為哥德式，就像是直接從威尼斯搬遷過來一般，在莫諾波利散發異彩。

一四九五年，威尼斯共和國的艦隊進攻莫諾波利，從海上進行包圍、威嚇，其後威尼斯與莫諾波利建立起友好關係，開始了熱絡的交易。莫諾波利自威尼斯進口木材、船隻，並出口橄欖油、葡萄酒等到威尼斯。

威尼斯商人自十四世紀起開始大批湧入莫諾波利。現在的咖啡廳建築建於十四世紀末至十五世紀初，原本只是一層樓的平房，作為威尼斯人談生意和交換情報資訊的場所，也具有收取關稅的功能。這個平房面廣場而建，在這個威尼斯哥德式建築裡，能看到典型的雙層尖拱式樣，內部有著從低處開始延伸、富含變化的交叉穹窿空間。一直到一八〇〇年代為止，建築並沒有設置大門，而是以騎樓向廣場開放。

一九〇〇年右，這裡重新開張成為「威尼斯咖啡廳」之後，一直深受市民青睞。對於在歷史上與威尼斯交流頻繁的莫諾波利而言，這裡是能強烈感受到自身文化認同的重要場所。

◎重建港都

莫諾波利沒有蜚聲國際的著名建築，也沒有受到遊客歡迎的觀光景點。迷宮式的舊市區也在近代化的過程中，被發展迅猛的乾淨新市區拋在腦後，完全荒廢了。然而，開始進行調查後就會發現這裡的歷史相當有趣，複雜的城市空間也充滿驚喜，從港口城市研究的角度而言，這裡可有看頭了。

從二〇〇五年起，我們開始注意莫諾波利，並從夏天開始著手調查。雖然舊市區的荒廢令人印象深刻，但還是能發現一些改建自老建築物的時尚餐廳。此外也有外國人利用夏季來到此地做長期停留，讓人看到了些許重建的徵兆。

隔年夏天我與學生們再度前往莫諾波利，眼前的景致讓人大聲驚呼。不過才一年的時間，古老的建築已紛紛修建，成為時尚的餐廳、咖啡廳、酒莊，或是夏季的住宿設施等，宣告著舊市區正在復甦。這幾年我總有種不可思議的感覺，彷彿我們的調查研究，與古老港都的重建在同時並行一樣。

這一、兩年來，B＆B民宿設施接二連三開幕，帶來非常大的影響。以往我們總是不得不入住外側海濱旁的現代飯店，如今卻能住進改建自舊市區老屋住宅和充滿歷史感的B＆B民宿，而下榻的客房就成為我們實際測量和調查的對象。B＆B民宿給我們餐券，將我們送到「威尼斯咖啡廳」前享用早餐。這一年來，咖啡廳翻新了設於廣場上的露天座，還添置了沙發，彷彿成了戶外的接待室，營造出充滿地中海風情的空間。不論是廣場四周，還是沿著舊港城門進入市街，沿路都能發現增加了多間精緻的店鋪和餐廳。除了舒服的海濱，人們也可以在舊市街盡興暢遊了。

稍微往西移動，這裡建造了近代的港口，外海捕獲的旗魚在此上陸卸貨，也有漁船已開始推行漁業觀光。

二〇〇七年夏季，我們遇上了美國的大型地中海郵輪來到莫諾波利港口停靠，這艘船帶來大批美國觀光客，成為城市裡的一大盛事。據說自六月起，這已經是郵輪第三次來訪。上岸的觀光客多是搭乘大型巴士去體驗農業觀光，或是前往世界遺產等級的觀光勝地馬泰拉（Matera）。此外，這艘郵輪也嘗試安排自由行程，讓觀光客可以前往莫諾波利的舊市區觀光。拿著相機的美國人熱烈地說著英語，在莫諾波利迷宮般的市區穿梭徘徊，實在是相當有趣的光景，這同時也是南義的治安已獲得改善的有力證明。

◎乘著木筏的聖母馬利亞

對海洋城市莫諾波利而言，將聖母馬利亞從海上運到陸地的慶典，可以說是最能展現出城市與大海連繫的象徵性儀式了。因為海洋城市的人們難免得賭上性命出海討生活，所以信仰都相當虔誠，特別是對聖母馬利亞的宗教情感更是強烈。這點不論在威尼斯、阿瑪菲或熱那亞也都可以看到。在莫諾波利，聖母馬利亞的信仰根深蒂固，在市街所到之處、還有家家戶戶，都能看到聖母馬利亞像。

在堅定信仰的背後，莫諾波利流傳著一則有趣神話。據說在一一一七年十二月十六日的夜晚，「聖母子」的畫作乘著木筏漂流到了港口。當時，正因缺乏木材，沒有樑柱撐起大教堂的拱窿，卻靠著漂流而來的木筏，成功完成教堂屋頂。

這個以水上空間為舞台的慶典一直流傳至今，時刻提醒人們這個故事。做為固定儀式，神父與市民一同在岸邊迎接乘著木筏的「聖母子」畫作自海上進入港

乘坐於木筏上的聖母馬利亞　（上圖）「聖母子像」自海上抵達陸地，（下圖）在舊市區中遊行。稻益祐太拍攝。

口。慶典原是在十二月十六日晚間舉行，近年為了配合夏季的返鄉人潮，改在聖母升天日的前日，也就是八月十四日的晚間舉行。

我們很幸運地，受到調查中結識的好友邀請，得以參加這場水上慶典。新舊港口的岸邊擠滿了居民和來自附近城鎮的人與觀光客。水上也聚集大大小小　各式各樣的船隻，讓整個海濱熱鬧非凡。乘載著「聖母子」畫像的木筏受到岸邊民眾熱烈歡迎，在水上緩慢前往。最後，在港口突出的防波堤上施放煙火，此時眾人的情緒也達到最高點。「聖母子」在神父的迎接下登陸，接著乘上木筏造型的神轎，由行會的成員扛起，在市街中遊行，然後一路走向大教堂。

聖母馬利亞像乘著木筏從海上而來——這樣的傳說實在是再符合海洋城市不過了。在連接海洋與城鎮的海門中，也供奉著聖母子像，展現出這裡的聖母馬利亞信仰與海洋關係的密切。

1　B&B民宿：是一種私人經營、提供睡床及早餐「Bed & Breakfast」的小型家庭旅館。
2　行會（Confraternita）：供奉相同守護聖人的公會，也是信徒們的互助組織。

末章

追隨威尼斯人的足跡

伊拉克利翁　突出於海面的防波堤末端為要塞，現在還能看到面港而建的拱狀造船廠遺跡。作者拍攝。

殘留在希臘的殖民城市

◎改變「希臘觀光」的視角

義大利中世紀海洋城市的記憶，並非只留存在義大利半島上，在地中海世界各地，隨處都能感受到其深厚的精神。最後，就來造訪至今依然留存在希臘的威尼斯人輝煌的足跡。

即便曾與奧斯曼帝國發生激烈且漫長的紛爭，但直到一六六九年為止，威尼斯始終保有在克里特島的殖民地，至於伯羅奔尼撒半島的殖民地更是維持到十八世紀初期。兩地都建有美麗的城鎮，直至今日，那裡的城牆和港灣構造、住宅與街景等都保存至今，放眼即是。

前往希臘觀光時，人們通常會先造訪古代遺跡。例如：背後緊鄰山崖、飄盪神聖氣息的「德爾菲阿波羅聖

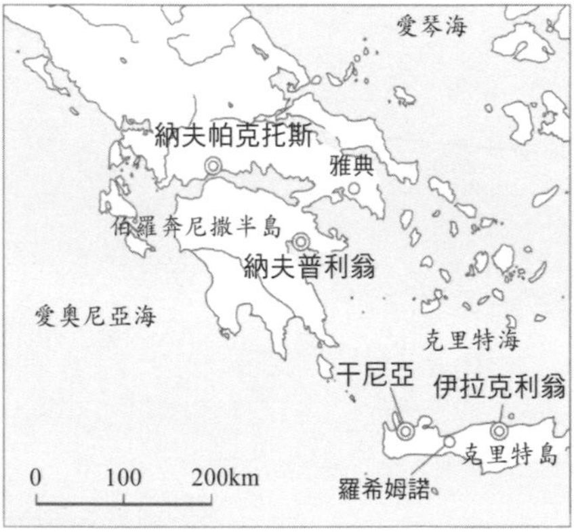

希臘的威尼斯城市

域」（Delphi Apollo Temenos）、醫學之神阿斯克勒庇俄斯（Asklepios）的聖域——氣派的「埃皮達魯斯劇場」（Epidauros）、代表民主制城邦國家的雅典、其市民聚集的「古希臘廣場」（Agora），還有「衛城」（Akropolis）等。然後順道會去看看拜占庭時代的阿索斯山（Athos）修道院、聖哉羅卡斯（Osios Loukas）修道院等教堂和宗教設施。至於之後的希臘歷史，人們已不太有印象，若是跟團前往，也只會前往米科諾斯島（Mykonos）、聖托里尼（Santorini）白色聚落等地。因受到土耳其長期的統治，人們對於希臘近世之後的歷史不太關注，也很少有人會關注現代的希臘城市的觀光。

不過若能換個觀看的角度，加進「威尼斯共和國建造的城市群」要素後，就能翻轉對希臘的既定看法，然後發現一座座充滿魅力的近代城市。

二〇〇六年夏季，我造訪了威尼斯過去在伯羅奔尼撒半島與克里特島上建造的殖民城市，深深為其精緻的城市空間而感動。這兩處都是船隻來往的重要航點，讓人清楚明白，威尼斯人是為了統治地中海而選擇了這兩座半島。同時，這兩個地方風光明媚，符合威尼斯人的喜好。

◎納夫帕克托斯的要塞城

首先要介紹的是在勒班陀戰役上一戰成名的納夫帕克托斯（Navpaktos）。這座位於雅典西北西方向約一百六十公里處、科林斯灣一角的小城市，在威尼斯時代被稱作勒班陀（Lepanto）。

一五七一年，以西班牙與威尼斯為中心，教宗和熱那亞等義大利各國，以及馬爾他騎士團等，整個基督教國家聯合艦隊攜手挑戰奧斯曼帝國的艦隊，並成功取得勝利，這便是著名的勒班陀戰役。雙方艦隊皆以槳帆船為主，在海上展開了激烈戰鬥。此役基督教國聯軍共有七千五百人戰死，奧斯曼帝國則有近二萬至三萬人戰死，可謂潰不成軍。從聯軍的陣亡將士中有許多船長級的將領可以看出，威尼斯人有多麼拼命。

納夫帕克托斯位於船隻往來的海峽上，不論在軍事上、商業交易上都相當重要，自古就是兵家必爭之地。此處在西元前五世紀時曾被雅典占領，成為雅典同盟的成員之一。伯羅奔尼撒戰役（前五世紀後半）時，曾多次成為重要的海戰戰場。

早在西元九〇〇年左右，這裡便被納入東方霸主拜占庭帝國的版圖內；一四〇七年由威尼斯人占領後，規劃成堅固的要塞城市，聳立於城市北側高地上的要塞城便是象徵建築。威尼斯人在古希臘時代建造的城牆上打造了新的城池，這是目前希臘國內保存最良好的要塞城之一。從這些建築可以了解，中世紀建造城池的技法並不採幾何形態，而是配合地形，打造出有機的形狀。雙重城門至今保留完好，現在人們能爬上城牆，如過往的士兵般行走於城牆上。在充滿綠意的斜坡下方，便是納夫帕克托斯的舊市區，往前是面海的河川入海口，為一形狀良好的舊港。再向前，則是一望無際的大海，也是昔日海戰的舞台。從要塞城的位置可以用三百六十度的廣角來欣賞壯觀景致，任誰看了都會讚嘆不已。

高地上的要塞城內部，多是樹木環繞的空地，其中一角設有小型教堂。教堂內為東正教特有的聖母子像的聖像畫，洋溢著虔誠的宗教氣息。

◎納夫帕克托斯港

離開要塞城後，接下來便要前往威尼斯人打造的舊港。以中世紀的港口而言，這是一座小而巧的優良港口。形狀宛如是環繞著水面的圓形劇場，連結大海的出入口十分狹小，並設有射擊孔，左右兩座建築具備要塞功能，層層防護，據說以往便是由此控管從海上進入城鎮的船隻。港口因為容易隨時代變遷而改變，很少能看到保存良好的古老結構，然而納夫帕克托斯卻完整承襲了中世紀的構造，是世上相當珍貴的城市空間。

威尼斯人建造的這座港口，至今依然讓現代的市民生活受惠良多。在時間彷彿放慢腳步的港口東側後方規劃為行人步道空間，沿途的露天咖啡廳少有觀光客，主要以當地的居民為主。在其後方還有土耳其時代留下的清真寺遺跡。

與因石造而人工化的義大利城市不同，希臘的城市處處能看到巨大的樹木、設置於樹蔭下的咖啡廳，充分展現出與大自然的緊密結合，再配上低矮的餐桌與慵懶的座椅，營造出有如戶外沙龍的氣息。這些城市傳承了威尼斯帶來的高品味城市文化，同時也融入了東方元素，蘊釀出獨特的氛圍。

納夫帕克托斯港　左右兩側建有突出的建築物，入海口十分狹小，藉以進行控管。作者拍攝。

跨越貫穿港口正後方的主要道路，爬上斜坡上的階梯後，便能看到至今依然保有傳統風情的舊市街。半木造的民宅正訴說著它受到的土耳其文化影響。從地面到三層樓建築的屋頂上方都爬滿了葡萄藤蔓，被綠意圍繞，這也是來自土耳其的生活智慧。我首次造訪納夫帕克托斯這座威尼斯殖民城市時，才發現原來在勒班陀戰役之外，還有這麼多導覽書上沒有記載的可觀之處，收穫頗豐。

◎納夫普利翁與布爾齊島

接下來要來拜訪伯羅奔尼撒半島上的納夫普利翁（Nafplion）。此地南面阿爾戈利斯灣（Argolikós Kólpos），後臨高聳的岩山，充滿開放感的視野，能感受到十足的地中海風情，如今已是人氣的度假勝地。

歷史悠久的古城在拜占庭帝國之後，陷入威尼斯與土耳其的攻防戰中。一三八八年至一五四〇年，威尼斯統治納夫普利翁，將整座城鎮及外海的布爾齊島（Boúrtzi）打造為要塞，用以對抗土耳其。

與納夫帕克托斯一樣，這裡也承襲了古代城市的元素，特別是前往位於南側高地的阿克羅納夫普里亞（Akronafplia）要塞城，便能清楚感受古色古香的氛圍。建於斷崖上的城牆下方，可以看到希臘化時代堆積的巨大石塊，上方是威尼斯人建造的塔樓構造，留下不規則的岩石隨意堆疊的痕跡。

過去，這座要塞設備完善，裡頭有有兵營、牢房、醫院等，外側圍繞的城牆則設有好幾

納夫普利翁　建於高地上的要塞城（上圖）與憲法廣場（中圖）。廣場後方的前清真寺建築如今已改建為藝廊。（下圖）威尼斯人打造的要塞島布爾齊島。

扇刻有聖馬可徽紋的城門。現在為便利前往位於高地的高級飯店，還裝置了電梯，供人放眼眺望下方的舊市區街景。

港口有幾艘樸素的觀光船通往布爾齊島，讓人得以前往島上一探究竟。威尼斯人在一四七一年將這座小島的港灣入海口打造成堅固的要塞，城牆上方的圍欄與屋頂合而為一，做成平坦狀以設置大砲。面向市街側的外牆則呈半圓弧形，雖是要塞卻也呈現出些許溫和的元素。近代以後，因為這裡散發中世紀浪漫風情的緣故，也曾有餐廳進駐展店。從聳立要塞的納夫普利翁靠海舊市區眺望後方的岩山，是令人屏息的美景。

◎與土耳其的爭奪戰和文化的混淆

威尼斯人圍繞著納夫普利翁衍生出的動盪歷史並不僅只於此。一五四〇年土耳其攻占了納夫普利翁，接著在十七世紀，這裡成為與以法國為中心的歐洲市場、進行最多商貿往來的重要市場，盛極一時。直到一六八六年，威尼斯才靠著莫洛希尼（Francesco Morosini）率領的艦隊成功奪回納夫普利翁。接著在三十年後，這裡再度被土耳其人占領。威尼斯人在此打造了一座理想的城市，創造過一個生氣蓬勃的時代。其中令人特別印象深刻的，是聳立於舊市區後方高處的巨大帕拉米蒂（Palamidi）要塞城。十七世紀後半，築城技術突飛猛進，此處以直線式的銳利幾何學構造與八角形的城廓打造出堅固的複合式要塞，若其中一角被敵方攻破，其他七角仍然能獨立進行守城。城門和要塞外牆上，至今都還能看到威尼斯共和國的標幟——聖馬可飛獅徽紋。走在街上，能看到威尼斯時代的教堂、關稅局等公共、軍事設施，也能看到土耳其時代的清真寺、學校遺跡、民宅與豪宅，還有被當地人稱為古典風格、建於十九世紀希臘獨立後的優雅建築，各個時代的建築都散落於市街中，相當有趣。

在希臘近代史上，納夫普利翁扮演了重要的角色，一八二二年時，威尼斯人靠著高超的築城技術建造帕拉米蒂城，並以此成功擊退了土耳其軍，之後這座城鎮便成為對抗土耳其的重要作戰據點。在這樣的背景下，一八二九年希臘獨立時，帕拉米蒂城堡也成為希臘的首都。不過由於政治上的各

帕拉米蒂城　1708 年的素描畫。

種混亂，不久後便將首都遷至雅典。

舊市區的中心有一長方形的憲法廣場，廣場的西南側改建自土耳其時代清真寺，是希臘的第一座國會議堂，雖然為時不長，但也訴說了納夫普利翁曾作為希臘首都的歷史。威尼斯人在一七一三年將造船廠（今為博物館）建在廣場西側，從這棟建築強調正面方位這點可以推知，此廣場在威尼斯時代便已呈現出今日的模樣。憲法廣場周圍，能看到許多和納夫帕克托斯類似的舒適露天咖啡廳，打造出戶外的社交空間。威尼斯人帶來的西式廣場傳統，至今依然留存於市街中。但是在城市裡，也隨處可見清真寺的遺跡。在充滿生活感的巷弄中，還有土耳其時代流傳下來的公共泉井設施，讓人能明顯體驗到文化的融合。

納夫普利翁的另一項有意思的地方，便是港口周邊的水岸咖啡廳和餐飲街。舒適的露天咖啡座，不論白天和黑夜都擠滿了人潮，雖然觀光客不少，但客層多半都還是當地市民或是周邊城鎮的居民。在建造了現代化港灣空間的東側，入夜後一直到深夜，是大批年輕人聚集的熱鬧地區。這座由威尼斯建起骨架的海洋城市，至今依然活用其充滿魅力的地理位置，呈現出生氣蓬勃的城市風情。

克里特島的海洋城市

◎威尼斯統治下的克里特島

首先要說明的是威尼斯對克里特島的統治。與海共生的威尼斯，其實並沒有統治過廣大領土或農業地區的經驗。第四次十字軍東征（一二〇二～一二〇四年）時，威尼斯在征服康士坦丁堡、和拜占庭帝國分裂後，便占領了克里特島。他們第一次取得如此廣大的領土，在維持上遇到不少困難。在伯羅奔尼撒半島，威尼斯與當地居民建立起良好關係，以保護者的角度得以輕鬆地進行統治。相比之下，威尼斯在克里特島雖與當地擁有廣大領地的封建領主保持良好關係，卻也有居民厭惡威尼斯的統治，在險峻的山地進行游擊戰，長期反抗，讓做為征服者的威尼斯認為必須實行直接統治才能穩定情勢。於是，威尼斯展開了移居政策，將大批的騎士與富裕市民送來克里特島。

雖然當地居民曾經不斷反抗，但在今天造訪曾受到威尼斯統治的克里特島，還是能在市街上感受到統治的穩定性，以及威尼斯打造出的高品質生活與精緻文化風情。

一般的希臘觀光，多是前往伊拉克利翁（Iráklion）附近的克諾索斯遺跡與考古學博物館，感受米諾斯文明之美。不過，在此推薦各位也能前往兩座威尼斯人所建、充滿地中海魅力的城市探索一番。東西橫長的克里特島，兩座城以山岳相隔，一為西側的干尼亞、一為東側的伊拉克利翁。

◎東邊的威尼斯——干尼亞

在巡訪伯羅奔尼撒半島後先回到雅典，再搭乘飛機前往位於克里特島西部的古城干尼亞。與伯羅奔尼撒半島其他後方緊鄰高聳山丘的城市不同，克里特島的城市多建於相對平坦的地形上，面海而開。干尼亞由港口附近精巧的舊市街與外側寬敞的新市街組成，人口僅六萬人，為克里特島上僅次於伊拉克利翁的第二大城，一九七一年前一直是克里特島的首都。

干尼亞歷史悠久，古老港口的東側有一小山丘，稱為要塞城區，那裡正是干尼亞的發源地，也是古代城市塞東尼亞（Cydonia）的所在地。兩座強大的城市克諾索斯（Knossos）與斐斯托斯（Phaistos）為了取得此地，干戈不斷。透過考古學的挖掘，得知這裡是米諾斯文明時代的居住地，之後此地因商業而繁榮，受到羅馬的統治。三二五年被納入拜占庭帝國的版圖。當時，塞東尼亞也和其他克里特島的城市一樣，紛紛處於衰退的狀態。八七三年阿拉伯人統治此地，改名干尼亞。至一二五二年威尼斯征服此地後，才再度找回過往的繁榮。其中除熱那亞曾一度取得干尼亞的統治權（一二六七～一二九〇年）外，一直到一六四五年都由威尼斯統治。

威尼斯人首先在古老的要塞城區建造城市，並蓋起主教座堂和總督府，一三二〇至一三六六年間，置有城牆環繞保護。以往，這座高地為威尼斯上流階層居住的區域，建設有許多典雅的住宅，近代因為戰火遭受到破壞，少有建築留存下來。

之後，威尼斯與土耳其的爭奪戰越演越烈，於是在一五三七年，將城市範圍自高地的要塞城區擴張到周邊低地，由威尼斯的軍事建築家桑米凱利設計出堅固的城牆，打造出在大砲普及的文藝復興時代中最典型的城池。城池魄力十足的身影，至今依然能在城市西側留存的遺跡上看到。延續至今的港口型態，一樣是在十六世紀完成的。為了防範來自外海的巨浪，建造了長長的防波堤。前端聳立著威尼斯人打造的燈塔（現存的建築為十九世紀建造），為難得能追溯至文藝復興時代的珍貴構造。干尼亞擁有優美的城市空間，又是繁榮的交易中心，因此得到「東邊的威尼斯」之美稱。

若登上突出於西北端海面控管船隻出入的城池，便能眺望古老港口的全景，發現由威尼斯人打造的完美弧線狀入海口，而且燈塔就在眼前。在這讓人心情飛揚的場所，能感受到來自地中海的海風，細細品味干尼亞美麗的港灣與舊市街景致。這座城池同時也是兵營，是為了配合長期的戰事所建，地下還設有巨大的貯水槽，目前這些設施都正在進行修復工程。

◎土耳其統治的痕跡

在干尼亞，不論是漫步在港口周邊或是進入狹窄的巷弄，都像走在迷宮裡充滿樂趣。首先，前往名為阿克堤．埃諾塞歐海鮮美食街（Akti Enoseos）的熱鬧港口水岸走走。以明亮色調打造的二層樓房一棟接著一棟，一樓盡是販賣海鮮和海產的酒館，一路延伸到防波堤。此外，這裡也能看見多處延續以往港口機能的倉庫等設施。

我在夜幕低垂時前往港口周邊的防波堤，雖然大海一片漆黑，即便如此，酒館和咖啡廳依然綻放出明亮的燈光，散發著熱鬧的氣息。店內的客人大多不是來自遠方的觀光客，而

干尼亞的港口　（左圖）多艘觀光船停靠在此，相當熱鬧。（右圖）入港便能看到清真寺建築。

是當地的市民或周邊地區的熟客。詢問之下才知道，最近十至十五年間翻修了水岸空間，讓人們再次聚集於此，成為人氣區域。活用水岸空間，可說是現代地中海城市特有的生活風格，在這裡也能看到威尼斯人留下的遺產，豐富了當代的生活。

一六四五年，由威尼斯人打造的這座堅固要塞發生了長達五十五日的激烈攻防戰，最後城市落入土耳其人的手中，也成為克里特島上第一個受到土耳其統治的城市。在干尼亞，同樣能看到許多清真寺等土耳其時代留存下來的建築，與威尼斯風格的建築並列而立。

繞了一圈弧形的防波堤後，來到反方向能看到圓頂狀的典型清真寺建築。現在雖作為展覽館，但站在圓頂空間內側，還是能想像它作為清真寺時的模樣。對照古老的照片，得知位在海岸最醒目的位置，曾聳立著尖尖的土耳其風格叫拜樓。當希臘人取回干尼亞時，便將叫拜樓與其他的清真寺高塔全數拆除了。再向港口的內部走，便來到最重要的景點——威尼斯時代建造的氣派造船廠。三角狀的立面、拱窿空間，一棟又一棟巨大的建築相連，是港口不可或缺的設施，其內部用來建造、修理船隻，也作為保存商品的倉庫。

◎富含變化的舊市街

接下來終於要前往舊市街的內部了。首先來到輕鬆就可抵達的主要道路，左右兩側都是帶有威尼斯風格窗櫺的宅邸，以及土耳其時代的圓頂式浴池。

克里特島中最大的威尼斯哥德式教堂——聖方濟教堂（十四世紀）便位於此，之後土耳其人將其改建為清真寺，目前則做為考古學博物館。

面廣場而建的聖方濟教堂相當醒目，再向前就要進入了迷宮的內部了。宛如迷宮般的舊市街在位於古老港口與西側留存的十六世紀城牆之間，整個空間富含變化，不論是狹窄的道

干尼亞的古老照片　伊斯蘭的清真寺與叫拜樓。

路或是曲折蜿蜒的路線，都和威尼斯如出一轍。建造於其中的小型住宅，在門上及樓上的窗戶的四方形框架中，都能看到威尼斯哥德式的優雅拱型裝飾。稍稍向內窺探，就能發現可愛的中庭，甚至還有如同威尼斯一般的外側階梯。兩者間共通的相似性令我興奮莫名。

我在想，威尼斯於哥德時代形成的建築風格形式，是不是就這樣直接移植到干尼亞了呢？不過話說回來，威尼斯的建築文化本身，就是在東方的影響下形成的獨特風格，就算與干尼亞間有相似之處，似乎也無需訝異。兩者擁有共同的遺傳因子是可以肯定的。

土耳其風格的住宅和威尼斯風格的數量不相上下，都融入在市街中。土耳其建築的基本特徵為木造，二樓稍微突出於路面。

迷宮中，發現了一棟有趣的建築。據說過去是清真寺，現在則是賣伴手禮的商店。內部為尖頭形的雙層穹窿空間，能看到氣派、面向麥加的壁龕（米哈拉布）遺跡。依照簡介上的說明，這裡在一六一五年威尼斯時代，曾建有供奉聖約翰的東正教聖堂，但完全沒有留下任何遺跡。到了之後的土耳其時代，這裡建造了清真寺，一直延續至今，不過原本的米哈拉布，大部分都被希臘人拆除，只保留了下方的遺跡。克里特島上頻仍的戰事和政權更迭，都反映在其建築之中。

干尼亞充滿魅力的舊市街在近年來觀光的熱潮下，古老的建築紛紛經過整修重建，改造為內部裝潢風格十足的餐廳、店鋪、飯店、咖啡廳等。不過放眼望去還有許多無人居住、彷彿隨時會崩塌的老屋，所以可以推知重建的風潮應該是最近才開始的。希望建設的腳步也能擴大到人們的居住空間，讓整座舊市街重生。

◎克里特島最大的城市——伊拉克利翁

伊拉克利翁在威尼斯時代被稱作康第亞（Candia），在經過二十五年以上漫長的攻防戰後，於一六六九年落入奧斯曼帝國手中，此前威尼斯人在此統治長達四百五十年之久。

米諾斯文明的代表性遺跡克諾索斯宮殿，以及收藏其出土文物的考古學博物館，都是大批觀光客爭相造訪之地，然而卻鮮少有人深入城市空間參訪。大城市伊拉克利翁在近代的戰火與戰後近代化的開發下，損失了大量的古老建築，它在我至今看過的城市中，也是最無法感受中世紀文藝復興氛圍的城市了。然而，這裡對威尼斯人而言卻相當重要，他們在此建造了氣派的城牆、要塞、港邊的造船廠、中央廣場的噴水池與拱廊為骨架的設施等空間，依然保留至今。因為眾多的古地圖和畫作史料等都保存良好，我相當期待復原重建後的景致。

伊拉克利翁在阿拉伯、拜占庭時代，利用入海口的地形打造港口，逐漸繁榮起來。威尼斯人統治這裡後延續此一形式。當時的城市只有現今舊市區的二分之一大，卻是威尼斯統治克里特島的核心地帶，以及與東方進行交易時最重要的中繼點。威尼斯共和國此後一直熱衷於康第亞的發展，人口也隨之增加。

十三世紀末，原本有拜占庭後期城市規模大小的伊拉克利翁開始急速發展，向城牆外側的郊區大幅擴張。到了十五世紀中期，新形成的郊外住宅區範圍比古老城牆內還大上兩倍；之後，威尼斯人將全體整合成一個市區，並在外圍建起城牆，防衛新舊二區。十六世紀中期，新舊二區已融為一體，讓以往拜占庭的城牆失去意義，於是遭到拆除。雖然康第亞偶爾會受到地震、傳染病的侵襲，但在此時依然是經濟、文化發展的繁盛期。

外側的城牆，是由建造義大利帕多瓦等地眾多要塞的桑米凱利在一五三八年來到克里特島時設計的。全長五公里的城牆壯大堅固，讓整座城市宛如一座要塞，並有七個碉堡守衛。特別是西側至南側的碉堡，外觀幾乎都完整保存了下來。內部目前正積極地進行復原工程，城牆也規劃為人們可以散步的步道。外側下方是舒暢的開放式空間，設有年輕人相當青睞的運動設施。在觀光上鮮少受到注目的文化城市遺跡，經由重建傳遞歷史的記憶，成為市民生活的舞台。

◎港口周邊的修復

接著，到港邊走走。現代的商業港已移至東側外圍，威尼斯時代建造的古老港口周邊，現在則是漁船停靠的碼頭。

威尼斯從拜占庭手上取得伊拉克利翁後將其改名康第亞，他們最重視的是此處的港口機能。海港後方緊鄰拜占庭建造的城牆，一旁的海濱則座落著威尼斯積極打造的造船廠。分為三階段建造的龐大造船廠設施，現在也依然是港口風景中的地標性景致。

將弧線形海港加上海上防禦堡壘，可以說是必然的趨勢。為控管出入港口的船隻，建設了堅固的海上保壘，在入口和外牆上都能看到聖馬可的標幟——飛獅徽紋。最近剛修復完成的堡壘，已改建為博物館對外開放。外牆上方能看到大砲專用的無數個射擊孔，其他像是貯水槽、火藥庫、砲彈儲藏庫等防衛用的設施都讓人目不轉睛。經過厚重的石造內部來到屋頂上，便能將港口周邊、舊市區等景致盡收眼底。屋頂不時也會舉行演唱會等活動。

威尼斯人在康第亞的城市建設史，以及留存至今的建築群等，如今再度受到重視，修復工程積極進行，書店也能看到許多描述城市及港口形成的書籍，訴說著人們對城市復原的期待之情。

伊拉克利翁至今仍是克里特島最重要的政經中心。有多條交通繁忙的道路連接古老的港邊。這裡在漁船停靠的港口旁並沒有像干尼亞一樣發展成供人享樂的慢活空間，也看不到咖啡廳、餐飲街的身影。不過稍往東走，水岸邊就能看到數間時尚的咖啡廳，往反方向的港口西側外部移動，則有數家餐酒館沿著岸壁比鄰而居，入夜之後依然熱鬧。

◎威尼斯時代的紀念性建築

比起海岸周邊，位於向北延伸的緩坡上的舊市街中心，反倒才能看到許多隱藏於伊拉克利翁的驚喜。真正擁有悠久歷史的區塊，都藏身在以往拜占庭城牆的內側。如今複雜的道路多規劃為行人步道，開放式的室外空間，不論是辦公大樓聚集的街區後方蜿蜒的寧靜街道、或是華麗的廣場，無處不是酒館、咖啡廳。在此還能看到利用樹蔭打造而成的時尚酒館。在禁止車輛進入的舒適城市空間，同時也能感受到大都會的氣息，相當迷人。

穿過這些時尚店鋪，來到舊市街的中心地帶，映入眼簾的是威尼斯時代建造的氣派紀念性建築。熱鬧的三角形廣場上，一家家酒館競相擺出露天座。廣場中央則是建於十七世紀的莫羅西尼噴水池（Morosini Fountain）。這個噴水池以四個疊成階梯狀的同心圓盤化作基台，展現出曲線美，中央高處則有四隻獅子由口中噴水。不知道這些獅子是否也是威尼斯的象徵？由獅頭支撐的石造乘水盤也會噴水，營造出城市中的綠洲風情。

一旁面對廣場的位置，則是文藝復興樣式的半圓拱型柱廊組成的聖馬可大教堂，內部依然能感受到十四世紀哥德式風格的氣息。這裡其實是威尼斯時代的主教座堂，之後土耳其人將其改建為清真寺，現在經過修復，成為舉辦展覽會、演唱會的活動空間。

威尼斯人的建築　拱廊建物與聖馬可的圖書館十分神似。作者拍攝。

再稍往前走，便能看到威尼斯人在伊拉克利翁所留下最美麗的作品——稱作拱廊（Loggia）的歷史性建築（十七世紀）。活躍於文藝復興時代的代表性建築家雅各布·桑索維諾設計的聖馬可廣場圖書館與這座拱廊十分神似，公共空間皆由雙層的連續拱廊組成。一樓為多立克柱式，二樓為愛奧尼柱式，皆和聖馬可圖書館如出一轍。以往這裡設有換匯的窗口，是商人們談生意聚集之地，現在一路向內延伸，都是市政廳的範圍。

走訪威尼斯位於伯羅奔尼撒半島和克里特島的前殖民城市，可以發現海洋城市的精神，至今仍然隨處可見。對移居到這些希臘城市的威尼斯人而言，充滿開放感的氣候風土和繁榮的經濟，絕對都是能享受豐富生活樂趣的城市。唯一的差別存於，將宛如天然要塞般位於潟湖上的島嶼，打造成充滿開放感的母國城市相比，這裡則是以防衛外敵而建造的堅固城寨。

後記

從「興亡的歷史」這個視角來看，威尼斯、阿瑪菲、比薩、熱那亞這四座義大利的海洋城市，都是相當有意思的研究對象。一般而言，他們都在中世紀透過與東方的貿易榮極一時，隨後衰退、並退出了歷史的舞台。其中只有威尼斯發展出新的經濟基礎，並利用巧妙的政治文化策略克服危機，然後在度過了輝煌的十八世紀後，步下歷史舞台。

實際上，他們僅只是從歷史教科書中消失罷了，每座城市依然都將中世紀時的繁華當作自己的文化遺產，踏實地走過每一個時代，成為如今備受世人矚目的城市。以貿易為生的海洋城市，即使經過一次衰敗，也不會忘記過去輝煌的記憶和歷史的形象，並持續將其充滿個性的城市風格傳遞到國內外各地。我希望透過本書，寫出這些城市持續繁榮的生存方式，以及奮力去實現理想的義大利海洋城市之姿。

本書的主角們不是大國和帝國，而是一座座城市，正確來說，是以獨立城市組成的國家，這是一段在世界史中應該被關注的一個時期。在中世紀孕育而成的獨立自主的城市精神，至今仍保留在義大利國內，成為該國的一大魅力。就算義大利的政治、經濟總是處於不穩定的狀態，這些城市還是強而有力地支撐著整個國家。如今在歐盟的體制下，各個城市都能直接與歐洲整體、甚至全世界連結，發揮其影響力，這彷彿又回到了中世紀的海洋城市時代一樣。

說到義大利的城市，一般想到的多是羅馬、米蘭、都靈、拿坡里、佛羅倫斯，接著才會提到威尼斯的名字。然而，本書的主角們，都不是主流的城市，除了威尼斯之外，大多是一般人連歷史、文化特徵都相當陌生的小城市。本書希望讀者能夠藉由了解這些推動世界歷史的海洋城市，感受到嶄新的義大利及海洋城市的印象。

地中海是本書的舞台。中世紀之後，這裡在歐洲基督教世界與西亞、北非的伊斯蘭世界的相互競爭和交流中，創造歷史，形成城市。一般來說，在學術上，兩者的研究多是分頭進行，但在聚焦於義大利海洋城市時，我盡可能地呈現出兩者動態的互動關係，讓這兩者得以作為一個整體來研究，而這也是地中海研究的精髓。

此外，因為義大利的城市建築多是以石材、磚瓦建成，幸運地讓中世紀以來的建築得以傳承至今。本書最大的特色在於，藉由仔細觀察，解讀古老的建築，重新建構出城市的歷史。最後希望各位讀者也能前往當地，實際行走在市街中，一面觀察、一面去感受義大利海洋城市的歷史與魅力。

二〇〇八年六月　　陣內秀信

◎南義

- 陣内秀信《南イタリアへ！—地中海都市と文化の旅》講談社現代新書，1999 年
- 陣内秀信《シチリア—（南）の再発見》淡交社，2002 年
- 陣内秀信・柳瀬有志編《地中海の聖なる島サルデーニャ》山川出版社，2004 年
- 陣内秀信編《南イタリア都市の居住空間—アマルフィ、レッチェ、シャッカ、サルデーニャ》中央公論美術出版，2005 年
- 高山博《中世地中海世界とシチリア王国》東京大学出版会，1993 年
- 高山博《神秘の中世王国—ヨーロッパ、ビザンツ、イスラム文化の十字路》東京大学出版会，1995 年
- 高山博《中世シチリア王国》講談社現代新書，1999 年
- 野口昌夫《南イタリア小都市紀行—地中海に輝くミクロポリス》（建築探訪）丸善，1991 年
- 山辺規子《ノルマン騎士の地中海興亡史》白水社，1996 年
- 《ナポリ・シチリア—そっ連と、バーリ、レッチェ、バレルも、ミラクーザ》（イタリア旅行教会公式ガイド 5）NTT 出版，1997 年
- 小森谷賢二・小森谷慶子《ナポリと南イタリアを歩く》新潮社，1999 年
- A.Costantini e M.Paone, *Guida di Gallipoli: la città il territorio l'ambiente*, Congedo Editore, Galatina, 1992.
- V.Saponato, *Monopoli tra storia e immagini dalle origini ai nostri giorni*, Schena Editore, Brindisi, 1993.

◎希臘

- 周藤芳幸編《ギリシア》（世界史の旅）山川出版社，2003 年
- G.Desypris, *Chania*, Editions M.Toubis S.A., Atene, 1997
- E.Spathari, *Nauplion-Palamidi*, Edizioni Esperos, Atene, 2000.
- C.Tzobanaki, *Marine Trilogy of Khandax*, Typokreta, Crete, 1998.

Venezia, 1973.
- *Venezia e i turchi: scontri e confronti di due civiltà,* Electa, Milano, 1985.
- *Venezia e l'Islam 828-1797*（展覧会図録）, Marsilio, Venezia, 2007.

◎阿瑪菲

- 栗田和彦《アマルフィ海法研究試論》関西大学出版部，2003 年
- 陣内秀信・陣内研究室・報告書増補改訂版〈中世海洋城市アマルフィの空間構造—南イタリアのフィールド調査 1998-2003 —〉法政大学大学院エコ地域デザイン研究所，2004 年
- G.Gargano, *La città davanti al mare*, Centro di cultura e storia amalfitana, Amalfi, 1992.
- D.Richter, *Alla ricerca del sud: tre secoli di viaggi ad Amalfi nell'immaginario europeo*, La nuova Italia Editricem Firenze, 1989.
- *Città di mare del Mediterranceo medievale: tipologie*,（Atti del convegno）, Centro di cultura e storia amalftana, Amalfi, 2005.
- *Regata delle amtocje repubbliche marinare: Amalfi, Genova, Pisa, Venezia: I cinquant'anni della manifestazione*（展覧会図録）, Centro di cultura e storia amalfitana, Amalfi, 2005.

◎比薩

- 報告書〈地中海世界の水の文化—海と川から見る都市空間—〉法政大学大学院エコ地域デザイン研究所，2006 年
- L.Nuti, *I Lungarni di Pisa*, Pacini editore, Pisa, 1981.
- E.Tolaini, *Pisa*, Editori Laterza, Roma-Bari, 1992.
- D.Matteoni, *Livorno*, Editori Laterza, Roma-Bari, 1985.

◎熱那亞

- 亀永洋子《中世ジェノヴァ商人の「家」—アルベルゴ、都市、商業活動》刀水書房，2001 年
- 亀永洋子〈キオスに集う人々—中世ジェノヴァ人公証人登録簿の検討から〉歴史学研究会編《港町と海域世界》（シリーズ港町の世界史 1）青木書店，2005 年
- P.Campodonico, *Galata museo del mare: un viaggio da Colombo ai transatlantici*, Portolan, Ganova, 2006.
- L.G.Bianchi e E.Poleggi, *Una città Portuale del medioevo: Genova nei secoli X-XVI*, Sagrep editrice, Genova, 1987.
- E.Poleggi e P.Cevini, *Genova*, Editori Laterza, Bari, 1981.
- *Porto Venere: il furuto del passato*, Pre Loco Porto Venere, 1996.

木書店
- 児玉善仁《ヴェネツィアの放浪教師—中世都市と学校の誕生》平凡社，1993 年
- L. コルフェライ，中山悦子訳《図説・ヴェネツィア—「水の都」歴史散歩》河出書房新社，1996 年
- 斎藤寛海〈ヴェネツィアの外来者〉歴史学研究会編《港町のトポグラフィ》（シリーズ港町の世界史 2）青木書店，2006 年
- 塩野七生《海の都の物語—ヴェネツィア共和国一千年》中央公論社，1980 年
- 陣内秀信《ヴェネツィア—都市のコンテクストを読む》鹿島出版会，1986 年
- 陣内秀信《ヴェネツィア—水上の迷宮都市》講談社現代新書，1992 年
- 陣内秀信《ヴェネツィア—光と陰の迷宮案内》日本放送出版協会，1996 年（《迷宮都市ヴェネツィアを歩く》角川 one テーマ 21 に再収，2004 年）
- A. ゾルジ，金原由紀子他訳《ヴェネツィア歴史図鑑—都市・共和国・帝国：607 〜 1797 年—》東林書林，2005 年
- 鳥越輝昭《ヴェネツィアの光と影—ヨーロッパ意識史のこころみ》大修館書店，1994 年
- 永井三明《ヴェネツィア貴族の世界—社会と意識》刀水書房，1994 年
- F. ブローデル，岩崎力訳《都市ヴェネツィア—歴史紀行》岩波書店，1990 年
- 藤内哲也《近世ヴェネツィアの権力と社会ー「平穏なる共和国」の虚像と実像》昭和堂，2005 年
- C. ベック，仙北谷茅戸訳《ヴェネツィア史》白水社，2000 年
- W.H. マクニール，清水廣一郎訳《ヴェネツィア—東西ヨーロッパのかなめ、1081-1797—》岩波書店，1979 年
- 和栗珠里〈《ポスト・カンブレー期》ヴェネツィアの寡頭支配層とパトロネジ〉《西洋史学》第 214 号，2004 年
- ガリマール社・同朋舎出版編《ヴェネツィア》（旅する 21 世紀ブック望遠郷）同朋舎出版，1994 年
- D.Calabi e P.Morachiello, *Rialto: le fabbriche e il ponte*, Einaudi, Torino, 1987.
- G.Cassini, *Piante e vedute prospettiche di Venezia* (1479-1855), La Stamparia di Venezia Editrice, Venezia, 1982.
- E.C.oncina, U.Camerino e F.Calab, *La città degli ebrei: il ghetto di Venezia:arhitettura e urbanistica*, Albrozzo editore, Venezia, 1991.
- D.Howard, *Venice & The East: The Imapct of the Islamic World on Venetian Architecture 1100-1500*, Yale University Press, New Haven & London, 2000.
- G.Perocco e A.Salvatori, *Civiltà di Venezia I*, Stamparia di Venezia Editrive,

理》第三書館，1990 年
• 八尾師誠編《銭湯へ行こう・イスラム編―お風呂のルーツを求めて》TOTO 出版，1993 年
• 羽田正・三浦徹編《イスラム都市研究―歴史と展望》東京大学出版会，1991 年
• 堀井優〈十六世紀前半のオスマン帝国とヴェネツィア―アフドナーメ分析を通して―〉《史学雑誌》第 103 編第 1 号，1994 年
• 堀井優〈レヴァントとヨーロッパ―中世アレクサンドリアの空間構成〉歴史学研究会編《港町のトポグラフィ》（シリーズ港町の世界史 2）青木書房，2006 年
• 深見奈緒子《世界のイスラーム建築》講談社現代新書，2005 年
• J. フリーリ，鈴木董監修・長縄忠訳《イスタンブール―三つの顔をもつ帝都》NTT 出版，2005 年
• 三浦徹《イスラームの都市世界》（世界史リブレット 16）山川出版社，1997 年
• 山本達也《トルコの民家―連結する空間》（建築探訪）丸善，1991 年

◎義大利整體

• 斎藤寛海《中世後期イタリアの商業と都市》知泉書館，2002 年
• 清水廣一郎《イタリア中世都市国家研究》岩波書店，1975 年
• 清水廣一郎《イタリア中世の都市社会》岩波書店，1990 年
• 清水廣一郎・北原敦編《概説イタリア史》有斐閣，1988 年
• 陣内秀信《都市のルネサンス―イタリア建築の現在》中公新書，1978 年（《イタリア年と建築を読む》講談社＋ α 文庫に再収，2001 年）
• 陣内秀信《都市を読む―イタリア》（執筆協力：大坂彰）法政大学出版局，1988 年
• 陣内秀信《歩いてみつけたイタリア都市のバロック感覚》小学館，2000 年
• 星野秀利，斎藤寛海訳《中世後期フィレンツェ毛織物工業史》名古屋大学出版会，1995 年
• D. ウェーリー，森田鉄郎訳《イタリアの都市国家》平凡社，1971 年
• 森田鉄郎編《イタリア史》（世界各国史 15）山川出版社，1976 年
• M.A.Bragadin, *Le repubbliche marinare*, Arnoldo Mondadori Editore, Milano, 1974

◎威尼斯

• 饗庭孝男・陣内秀信・山口昌男《ヴェネツィア―栄光の都市国家》東京書籍，1993 年
• 飯田巳貴〈地中海から北海へ―近世のヴェネツィア絹織物産業とオスマン市場〉歴史学研究会編《港町と海域世界》（シリーズ港町の世界史 1）青

參考文獻

以容易入手的日文單行本為主，唯日本研究較少的領域，則介紹歐美的著作。

◎地中海整體

- 伊東俊太郎《近代科学の源流》中央公論社，1978 年
- 今谷明《ビザンツ歴史紀行》書籍工房早山，2006 年
- 樺山紘一《ルネサンスと地中海》（世界の歴史 16）中央公論社，1996 年
- 陣内秀信《都市の地中海─光と海のトポスを訪ねて》NTT 出版，1995 年
- 陣内秀信・福井憲彦《地中海都市周遊》中公新書，2000 年
- 陣内秀信《地中海都市のライフスタイル・NHK 人間講座》日本放送出版協会，2001 年
- 陣内秀信《地中海世界の都市と住居》（世界史リブレット 73）山川出版社，2007 年
- C.H. はスキンズ，別宮貞徳・朝倉文市訳《十二世紀ルネサンス》みすず書房，1989 年
- H. ピレンヌ，中村宏・佐々木克巳訳《ヨーロッパ世界の誕生─マホメットとシャルルマーニュ》創文社，1960 年
- F. ブロ─デル，浜名優美訳《地中海》全 5 巻，藤原書店，1991-95 年
- L. ベネーボロ，佐野敬彦・林寛治訳《図説都市の世界史》全 4 巻，相模書房，1983 年
- 弓削達《地中海世界》講談社現代新書，1973 年
- 歴史学研究会編《ネットワークのなかの地中海》青木書店，1999 年

◎伊斯蘭

- 浅見泰司編《トルコ・イスラーム都市の空間文化》山川出版社，2003 年
- 木島安史《カイトの邸宅─アラビアンナイトの世界》（建築巡礼）丸善，1990 年
- 陣内秀信・新井勇治編《イスラーム世界の都市空間》法政大学出版局，2002 年
- 陣内秀信・谷水潤編《トルコ都市巡礼》プロセスアーキテクチュア，1990 年
- 鈴木董《図説・イスタンブル歴史散歩》河出書房新社，1993 年
- 鈴木董《オスマン帝国─イスラム世界の「柔らかい専制」》講談社現代新書，1992 年
- B.S. ハキーム，佐藤次高監訳《イスラーム都市─アラブのまちづくりの原

◎透天住宅 Domus

拉丁文住宅之意。指的是龐貝城中看到的古羅馬時期透天花園住宅。以中庭（Atrium）為中心，一樓多為接待客人、家人生活的空間。中庭後方設有圍柱中庭（Peristylium）。在阿瑪菲，中世紀十二、十三世紀時，也將上流階層的宅邸稱作 Domus，多為垂直向上的多樓層建築。

◎古羅馬營寨 Castrum

古羅馬時代建設的軍營，展現出宛如計劃性城市構造的棋盤式空間。佛羅倫斯等起源自羅馬殖民地的城市，多是以此營寨為核心發展出城市街區。在阿瑪菲 castrum 指的則是中古初期形成的城市最早核心成為要塞的居住地。

◎自治城市 Comune

中世紀的義大利中北部，有許多自治城市，由有勢力的市民、社區及行會代表主導運作，並統治城市與其周邊的農村地帶。現在的義大利也依然維持其自治的傳統，每座自治城市的自主性都相當高。

◎威尼斯的公德會 Scuola

威尼斯自十三世紀開始出現的宗教團體，世俗的人們群聚，為供奉同一位聖人而自發性成立的社團。共有六個以慈善、福址、互助為目的設立的大公德會（Scuola Grande）；由相同職業的職人公會組成的信用組織公會則稱作小公德會（Scuola Piccola）。他們都擁有氣派的會館，並作為藝術的投資者，也會捐款給儀典節慶。

◎裝修改建 renovation

活用既有的建築空間之特徵、價值，進行大規模的整修工程，追求設計感與舒適性、安全性，並增加附加價值，帶有「重新」的意涵。藉此改變建築原有的用途、機能，追求更好的性能，則稱作轉化。

◎米哈拉布 Mihrab

清真寺中為指出麥加方位，在建築正面後方牆壁（基卜拉牆）上設置的象徵性凹壁。半圓形的凹洞為中心，並以大理石、磁磚做出美麗的裝飾。

◎土耳其浴場 Hamam

中東全域都能看到的傳統公共澡堂。土耳其文為 Hamam。重視心靈與身體一同洗淨，相當符合在禮拜前要先淨身的伊斯蘭教，也因此浴場文化大為普及。可以說反倒是伊斯蘭世界繼承了羅馬的浴場文化，在此不只是入浴，也是社交、娛樂的場所。

◎蘇克市場 Souq

阿拉伯文的市場之意，波斯文中稱 bazaar，土耳其文稱 Kapalıçarşı。在商人具有重要地位的伊斯蘭世界，城市中聚集了商店、工房的市場相當發達。交易城市威尼斯的里奧托市場，也能看到與伊斯蘭市場相當類似的光景。

◎塔樓 Casa Torre

中世紀義大利城市中，望族間的紛爭、教宗黨與保皇黨的對立不斷出現，社會常陷入不穩定的狀態。為了增加防禦機能，同時展示自身的力量，建設了眾多高聳又堅固的塔樓住宅。托斯卡納的山城聖吉米尼亞諾便是著名的高塔城市，至今依然能看到一棟棟的高塔。佛羅倫斯也一樣，雖然在共和制確立後，私人的高塔上段多依政策被削除，但還是能看到許多少了上段的塔狀建築。比薩、熱那亞也留下了許多以連續拱狀窗戶裝飾的美麗塔樓住宅。

◎豪宅宮殿 Palazzo

義大利城市中，貴族、上流階層的宅邸。多半設有華麗的立面，並面街道或廣場而建，展現其象徵性；內部則是中廣為中心打造舒適的空間，後方也多設有庭園。同時也設有馬房、佣人房等附屬設施，整座建築中居住了眾多人員。文藝復興後更是發達。國王、君主的宮殿也稱作 Palazzo，作為自治象徵的市政廳也是 Palazzo，依狀況會有不同的翻譯。

◎古典時代圍柱式中庭 Peristylium

古羅馬宅邸中設置的柱廊中庭，融入大自然元素的庭園。較 Atrium 中庭晚一點，約在西元前二世紀左右登場，柱廊打造的矩形開放空間，卻也保留了強烈的個人風格。

◎古希臘廣場 Agora

古希臘、希臘化時代城市生活中不可或缺的廣場，是生活的中心。周邊盡是行政、商業、宗教、社會性活動的各式建築群。後方為小巧的店舖、事務所，前面為列柱的商店設施一間間面廣場而建，打造出帶有美麗秩序感的廣場空間。古羅馬城市也能看到具有相同機能的廣場，稱作 Forum。

◎義大利文的廣場 Piazza

義大利文的廣場，中世紀時則多使用拉丁文「寬街」（Platea）指稱。義大利城市中，一般來說象徵自治的市政廳前都會設置最為重要的廣場，附近為市區空間，稍遠處則為大教堂的廣場。另一方面，在封建制度興盛的南義，則以主教座堂教堂廣場最為重要。在威尼斯，僅有聖馬可廣場稱作 Piazza，象徵政治與宗教中心的總督府與聖馬可大教堂並列在側，具有特殊的意義。此外也計劃性地進行擴張、改建，利用遠近法效果打造出端正的廣場空間。此外，Piazzetta 則是義大利文小廣場之意，在威尼斯指的則是面海的入口聖馬可小廣場。

威尼斯方言中的廣場 Campo

義大利文 Campo 指田園、原野，在威尼斯指的是廣場（聖馬可廣場除外）、作為教區中心的場所。這也說明了這些廣場在中世紀早期其實都是草木茂盛的菜園等開放式空間。這些廣場都是自然形成，因此形狀也是各式各樣呈不規則的有趣形狀。中世紀後期開始逐漸進行鋪設，少了綠意，多了人工空間，成為真正的廣場，近二十年來又開始增加種樹，出現了綠蔭。

◎半圓形後殿 Apse

基督教教堂內向外突出的半圓形部份，是集中眾人視線的重要空間，多以馬賽克或濕壁畫等宗教性圖像裝飾，增加其象徵性。一般而言，中世紀的教堂多是面東朝拜，後殿也面東而建。

◎ 挑建物 Barbacani

建築二樓或以上的樓層建造，突出於道路上方、木造的懸臂樑，是威尼斯傳統建築手法。以細窄間隔排列的單邊樑臂支撐，不但能增加建築內部的面積，也為街道營造出獨特的景觀。多出現在土地需密集利用的市中心商業地帶的巷弄中。

◎天井 Patio

西班牙、拉丁各國的建築中庭。周邊的幾個面向也會設置柱廊，也有收集雨水的蓄水空間。多會種植樹木、或放置盆栽。與中庭融合的一樓房間特別重要，中庭也成為生活空間的延長，像是戶外沙龍一般擁有多樣的用途。與源自於希臘世界的古羅馬圍柱中庭（Peristyle）、阿拉伯的傳統中庭式住宅類似，在伊斯蘭統治西班牙時廣為普及。

◎庭院 Corte

義大利的住宅庭院，不見得置於住宅中央。若周圍建有牆面，那前庭、後庭也可算在內。這是地中海世界自古代便相當發達的建築模式，配合氣候風土，高密度打造而成的城市中，為保護自家的隱私而發展成的庭院樣式。文藝復興的後的貴族豪宅中也設有氣派的庭院，不過威尼斯在中世紀便受到東方世界的影響，和外台階連結打造出美麗的庭院，是主流的建築風格。在殘留有古代文化影響的地區，更能廣泛看到此庭院的存在。

◎古羅馬中庭 Atrium

Atrium 主要有兩種意涵。一為以龐貝城為代表的古代、中世紀住宅中設置的中庭，相對於列柱中庭是將大自然融入庭園中打造的自然空間，Atrium 則以人工鋪設打造出半室內的氣息。阿瑪菲有許多十二、十三世紀建造的貴族宅邸都設有 Atrium 中庭，但之後的建築並沒有繼續延續此一風格。另一個意涵指的則是早期基督教時代（亦屬羅馬時代）教堂建築正面前方設置的前庭，通常為方形，四周以迴廊環繞，中央則是禮拜前淨身用的泉水水池。即便不是基督教徒，也可入內。

◎伊斯蘭建築 Islamic Architecture

七世紀之後普及至東方、北非、西班牙南部、亞洲等伊斯蘭圈的建築風格。吸收了希臘化時代、羅馬、早期基督教、拜占庭、薩珊王朝（波斯第三帝國）等建築元素，形成了獨特的建築樣式。富含裝飾性的多樣化拱狀造型、依立體幾何學打造的圓頂、鐘乳石狀的天花板裝飾、彩釉磁磚、灰泥裝飾等牆面裝飾為其特徵。用來禮拜的清真寺，則多是在之前率先建設的既有建築文化上重新發展，依地區不同，其空間構造也各有不同。古羅馬的浴場、噴水池、庭園等文化，在中世紀也都是由伊斯蘭世界傳承、延續下去。中世紀義大利的海洋城市受到伊斯蘭世界的強烈影響，並發展出高度的文化，從建築樣式、空間結構上都能明確看到兩者的關連。阿瑪菲也留存有阿拉伯式的浴場遺跡。

◎正立面 façade

建築的正面。來自於法文的 façade。是作為公共空間的街道、廣場，或是威尼斯面運河的建築們的面門。

◎拱窿、拱頂 vault

以石材、磚瓦打造的拱狀曲面天花的總稱。基本可分為斷面為半圓形的隧道式拱頂（barrel vault）、兩座隧道式拱頂交錯而成的交差穹窿等（crossed groin vault）。以石造文化著稱的阿瑪菲周邊、南義普利亞大區等地，能看到為數眾多的多樣拱型天花板。阿瑪菲還有穹窿頂（dome）（正方形的平面外緣架起半球體圓頂，正方形的各邊撐起垂直面的造型）、頂部為尖拱交叉穹窿（pointed groin vault）、四方形房間各邊向中央上方立起曲面的帳篷式拱頂（camp vault）等。抬頭向上，能看到拱狀空間的稜線裝飾呈星星形狀的星型拱頂（ribbed star vault），則是普利亞大區的主流造型。透過拱型天花板的造型，可推測其建築建造的時期。

◎柱廊 colonnade

連續柱列之半戶外式的開放式廊道。擁有開放氣候、風土的地中海世界，自古代以來，不論是住宅或宗教設施的中庭，還是公共設施的街道、廣場上都能看到這樣的空間。

◎文藝復興風格 Renaissance

為讓古代古典的文化、藝術「重生」的文藝復興運動，十五世紀以義大利為中心開始發酵，在十六世紀擴散至全歐洲。文藝復興風格的建築以古羅馬建築為範本，重視建築各部位的調和、左右對稱，強調全體的統一性，捨棄了哥德式的尖拱，採用半圓拱，配合垂直性也強調水平線。同時反應出當時以人為中心的思維模式，不只是宗教建築，城市的住宅（豪宅宮殿）、田園別墅等世俗建築也多採用此一風格，更期望打造一個理想的城市，於各地都建造了計劃性的廣場、街道。威尼斯聖馬可廣場的改建、熱那亞加里巴蒂街的建設都是代表性的實例。

◎巴洛克風格 Baroque

一五八〇年左右誕生於羅馬，之後一直到一七三〇年左右普及至歐洲各地的藝術風格。詞源來自於葡萄牙文及西班牙文的的 Barroco（不規則的珍珠之意）。為對抗新興的基督新教，期望以此恢復基督教的力量。為了要抓住大眾的心，相對於莊重端正、充滿秩序感的文藝復興風格古典式建築，巴洛克風格重視帶有動感的韻律、華麗絢爛的造型、戲劇化的明暗效果。凹凸的曲面、橢圓、彎曲的輪廓等不規則的形式都是其特徵，石灰泥浮雕、彩色大理石等重視裝飾式設計，帶有傳遞人們情感的傾向。在義大利海洋城市中，坐擁漫長繁榮期的威尼斯、熱那亞，其中眾多的教堂、豪宅，都是相當優良的巴洛克風格作品。

◎古典主義 Classicism、新古典主義 Neo-Classicism

一般多指以希臘、羅馬的古典藝術為指標所進行的藝術傾向，以義大利為中心向各地擴散的文藝復興風格作品便是其代表性的實例。此外，作為強調裝飾性的巴洛克及洛可可風格的反動，十八世紀中期至十九世紀前半興起的藝術傾向，則稱為新古典主義。古典主義及新古典主義的建築，多以來自於古希臘神殿的法式（Order）為造型原理。若看到外有多數高聳柱式排列的建築，多半是古典主義的建築。

建築史・城市史用語解說

◎拜占庭風格 Byzantine

拜占庭帝國（Byzantine Empire，395-1453）的風格。歷史學上多使用德文的Byzanz，美術、建築等領域則多使用英文的Byzantine。融合了希臘化時代、古羅馬時代以來的古代文化、早期基督教文化傳統，再加入了東方的元素，拜占庭建築中央多為圓頂，採集中式的構造，圓頂及牆面多以馬賽克磁磚裝飾。義大利受到拜占庭帝國的影響，威尼斯、拉溫納、西西里島的巴勒摩及其周邊蒙里阿雷（Monreale）、切法盧（Cefaù）等地都能看到多數類似樣式的美麗建築，阿瑪菲也處處可見帶有拜占庭風格的建築元素。

◎仿羅馬風格 Romanesque

十世紀末至十二世紀遍及整個西歐的藝術風格。「羅曼」（Roman）一詞是法文，原為「羅馬的」之意。屬於文藝復興前的中世紀藝術之一。十九世紀初期，人們認為此一時期的建築風格更接近古羅馬時代，因而稱之為「仿羅馬式」。最大的特徵便是採取與古羅馬時代相同的半圓拱。仿羅馬式建築的發源地法國，當然能看到許多石造的氣派拱狀天花造型建築，而另一處發源地北義倫巴底大區，則是以木桁架天花為主，較遲才引入拱頂。地中海世界則是率先融入了拜占庭、伊斯蘭風格元素，發展出獨特的樣式，地域性的因素相當大。仿羅馬風格流行時，剛好是法國修道院活動盛行之際，有許多修道院的建築都採取仿羅馬式設計；城市歷史悠久的義大利，在比薩、熱那亞（融合了哥德式風格），都能看到許多大教堂為仿羅馬風格。

◎哥德風格 Gothic

古代與文藝復興之間的中世紀時期代表性的藝術樣式。文藝復興時期以古典藝術為指標，對哥德風格採取否定的態度。哥德式風格源自十二世紀前半的巴黎附近、號稱「法國之島」（Île-de –France）的地區，之後立即普及至歐洲各地，一直持續至十五世紀末、十六世紀初。各地大教堂都能看到的尖拱、交叉穹窿、飛扶壁、彩繪玻璃等都是其特徵，打造出強調垂直性的莊嚴內部空間。不過，習慣古典式比例的義大利，就不像法國、德國那般強調垂直性。在威尼斯，貴族宅邸的建築多將東方的拜占庭、伊斯蘭的纖細風格融入哥德式建築中，出入口多是與水濱氣息相當契合的裝飾性連續拱門造型。

西元	義大利海洋城市	日本及世界
1865年	遷都佛羅倫斯	
1866年	威尼斯納入義大利	
		1868年，明治維新
1870年	普法戰爭，法軍撤出教宗領地，羅馬納入義大利	
1871年	遷都羅馬	
1895年	威尼斯開始舉行雙年展（美術展）	
18世紀末～19世紀初	造訪阿瑪菲的豪華旅遊人數增加	
1914年	第一次世紀大戰爆發（～1918年）	
1915年	義大利參戰一戰	
		1917年，俄國革命
1918年	一戰休戰協定	
		1919年，巴黎和會
1925年	墨索里尼演講，法西斯獨裁宣言	
		1931年，滿州事變
1932年	威尼斯影展開幕	
1934年	墨索里尼、希特勒首次會談	
1937年	義德日《反共產國際協定》，退出聯合國	
1939年	第二次世界大戰（～1945年）	
1940年	義大利參戰二戰	日德義三國同盟
1943年	墨索里尼失勢，反抗運動開始	
1944年	解放羅馬、佛羅倫斯	
1945年	解放義大利，墨索里尼遭處刑	日本接受《波茨坦宣言》
1946年	國民投票決定廢止君主制，義大利共和國誕生	
1947年	《巴黎和平條約》簽訂	
1948年	首次全民投票	
1949年	參與創建北大西洋公約組織	
1955年	四大海洋城市歷史性帆船大賽開始	
1957年	歐洲經濟共同體於羅馬簽訂	
		1979年，蘇聯軍入侵阿富汗
1980年	威尼斯嘉年華復辦	
1992年	熱那亞舉行「克里斯多福．哥倫布：船與海」博覽會	
		1993年，歐盟成立

西元	義大利海洋城市	日本及世界
		1588年，英國打敗西班牙無敵艦隊
1591年	威尼斯石造里奧托橋完工	
		1600年，關原之戰
1606年	教宗保祿五世驅逐威尼斯	
1651年	威尼斯於希臘沿岸多次擊敗土耳其	
1669年	威尼斯自土耳其手中奪回伊拉克利翁	
1684年	威尼斯與奧地利一同對抗土耳其。熱那亞遭受路易十四世的大砲攻擊	
1686年	威尼斯奪回納夫普利翁	
1699年	威尼斯與土耳其簽訂《卡爾洛維茨和約》	
		1701年，西班牙王位繼承戰爭（～1714）
1715年	土耳其奪取威尼斯統治的摩里亞	
1768年	熱那亞被迫售出科西嘉島予法國	
		1776年，《美國獨立宣言》
		1789年，法國大革命
1796年	拿破崙一世開始義大利遠征	
1797年	熱那亞成為利古里亞共和國。《坎波福爾米奧條約》簽訂，威尼斯依拿破崙之命與奧地利合併	
1799年	奧地利與俄羅斯的聯軍成功將法國趕出義大利	
1800年	拿破崙再次遠征義大利。馬倫哥戰役	
1805年	熱那亞被納入拿破崙帝國	
1808年	法軍占領羅馬	
1809年	拿破崙將教宗領地及羅馬納入法國版圖。教宗庇護七世驅逐拿破崙	
1814年	維也納會議。拿破崙退位，撤至厄爾巴島。熱那亞納入薩伏依王朝版圖	
1815年	拿破崙百日天下。王政復辟。義大利整體被納入奧地利的統治下	
		1840年，鴉片戰爭（～1842年）
1852年	卡米洛·奔索擔任薩丁尼亞王國宰相	
1860年	薩丁尼亞王國、托斯卡尼、帕爾馬、摩德納合併。加里波底千人遠征至西西里。威尼斯完成連結大陸的鐵道陸橋	
1861年	薩丁尼亞王國成為統一的義大利王國	美國南北戰爭（～1865年）

西元	義大利海洋城市	日本及世界
1453年	康士坦丁堡淪陷	
1454年	米蘭、威尼斯、佛羅倫斯、拿坡里與教宗簽訂《洛迪和約》	
		1467年，應仁之亂
1475年	熱那亞的黑海殖民地費奧多西亞（古名卡法）落入土耳其手中	
		1479年，卡斯提爾王國與亞拉岡王國合併，西班牙王國誕生
1495年	威尼斯進攻莫諾波利，之後兩者建立起友好關係，積極展開交易活動	
1497年	達文西繪製《最後的晚餐》	
1492年	哥倫布發現新大陸	
1498年	達伽馬開拓好望角航路	
1509年	教宗儒略二世與德帝、法王、西王等結成康布雷同盟，對抗威尼斯	
1511年	教宗儒略二世與威尼斯等結成對法神聖同盟	
		1513年，西班牙人巴爾柏發現太平洋
1516年	威尼斯命猶太人居住於聚集區內	
		1517年，馬丁路德宗教改革
1519年	查理五世成為神聖羅馬帝國皇帝。此一時期，查理五世下訂要求熱那亞建造槳帆船。與西班牙同盟保持獨立	
1527年	查理五世進攻羅馬	
1529年	康布雷談和。安德里亞·多利亞承認熱那亞為獨立國	
		1532年，皮薩羅征服印加帝國
1537年	威尼斯首次出版《古蘭經》	
1544年	世界歷史最悠久的比薩大學植物園創建	
		1549年，沙勿略抵達鹿兒島，基督教傳入日本
1551年	熱那亞的「新街」（加里巴蒂街）完成	
1571年	威尼斯自土耳其手上奪回賽普勒斯。威尼斯、西班牙、羅馬教宗於勒班陀戰役取勝	
1585年	威尼斯總督帕斯卡爾·西科納謁見天正少年使節團	

西元	義大利海洋城市	日本及世界
13世紀初	自康士坦丁堡運來的聖安德烈遺骸安置於阿瑪菲教堂中	
1202年	第四次十字軍東征（～1204）。威尼斯總督恩里科·丹多洛改變方向進軍康士坦丁堡，建立拉丁帝國	
		1206年，成吉思汗統一蒙古高原
1241年	比薩在吉廖島打敗熱那亞	
1252年	威尼斯征服克里特島的干尼亞，除中途一度遭熱那亞奪走治權（1267～1290），威尼斯統治克里特島至1645年	
1257年	熱那亞選出古列爾莫·鮑加內拉作為總督，開啟民選領袖制度	
1258年	比薩打敗熱那亞	
1261年	熱那亞透過與拜占庭皇帝簽訂的《寧菲奧條約》，確保黑海與克里米亞的商業壟斷權，之後並在康士坦丁堡的嘎拉塔地區取得居留地	
1264年	阿瑪菲開始建設大教堂的「天堂迴廊」	
		1281年，蒙古入侵
1284年	比薩在梅洛利亞海戰上敗給熱那亞	
1295年	馬可波羅自東方回國	
1297年	威尼斯的大議會規定僅限制200家戶參加（大評議會之封閉）	
1298年	熱那亞於海戰中戰勝威尼斯，馬可波羅遭俘，在熱那亞的獄中口述了《東方見聞錄》	
1309年	教廷移至亞維儂（～1377）	
		1337年，英法百年戰爭（～1453年）
1343年	阿瑪菲發生大規模海底地層滑動	
1380年	熱那亞於寇甲戰役敗給威尼斯	
1388年	威尼斯統治納夫普利翁（～1540）	
1399年	米蘭公國維斯孔蒂家族取得比薩統治權	
		1405年，明朝鄭和出發遠征西洋
1406年	比薩遭佛羅倫斯併吞。威尼斯積極進軍義大利本土，擴大領地	
1407年	威尼斯擊敗土耳其艦隊	
1425年	佛羅倫斯與威尼斯結成反維斯孔蒂家族同盟	

西元	義大利海洋城市	日本及世界
849年	拿坡里、阿瑪菲、加埃塔等艦隊在奧斯蒂亞外海擊敗伊斯蘭艦隊	
992年	拜占庭皇帝賦予威尼斯商人貿易上特權	
1041年	諾曼騎士團開始征服義大利作戰	
1054年	基督教東西分裂	
1063年	比薩支援諾曼人進攻巴勒摩	
		1066年，英國諾曼第王朝開始
1070年代	諾曼人統治阿瑪菲。比薩成為獨立的自治城市	
		1077年，卡諾莎之行
1080～1085年	威尼斯戰勝諾曼人	
1082年	拜占庭皇帝賦予威尼斯商人特權，威尼斯幾乎壟斷拜占庭屬地的商業	
		1087年，源義家平定「後三年之役」
1096年	熱那亞與周邊地區形成自治城市。第一次十字軍東征（～1099）。比薩的大主教達勾貝特率領120艘槳帆船艦隊，支援諾曼人征服安提阿公國，並被任命為耶路撒冷總大主教。阿瑪菲與比薩結成同盟	
1097年	熱那亞派出10艘槳帆船，占領土耳其的安提阿。指揮官古列爾莫·安布里科在奪回耶路撒冷戰役上建功，取得安提阿的居留地	
1113年	熱那亞占領韋內雷港。比薩參加十字軍東征	1113年左右，柬埔寨開始建造吳哥窟
1131年	阿瑪菲遭西西里王國吞併	
1135年	比薩艦隊攻擊阿瑪菲	
1137年	比薩艦隊再次攻擊阿瑪菲	
1147年	第二次十字軍東征（～1149）	
		1159年，平治之亂
1162年	熱那亞的腓特烈一世（紅鬚王）受封取得摩納哥至寇我島海岸線上的所有城市。比薩取得韋內雷港至奇維塔韋基亞的第勒尼安海	
1165年	腓特烈一世將整座薩丁尼亞島賜予比薩	
1179年	阿瑪菲建造海門	
		1185年，壇之浦戰役，平家滅亡
1189年	第三次十字軍東征（～1192）	

年表

西元	義大利海洋城市	日本及世界
前753年	傳說羅馬建國	
前7世紀中期	伊突利亞文明全盛時期	
前509年	羅馬共和體制樹立	前551年左右，孔子誕生
前6世紀	熱那亞建造第一座營寨	
前44年	凱撒遭暗殺	
前27年	屋大維獲元老院賜予「奧古斯都」之稱號	
西元後313年	康士坦丁大帝發佈《米蘭敕令》，認可基督教	
401年	亞拉里克率領西哥德人入侵義大利	
452年	匈王阿提拉威脅北義	
493年	東哥德王狄奧多里克大帝於義大利建立東哥德王國（～555年）	
5世紀～6世紀初	坎帕尼亞大區居民因東哥德的入侵而逃至阿瑪菲	
564年	拜占庭帝國統治全義大利	
568～569年	倫巴底人入侵義大利並建國	
		570年左右，穆罕默德誕生
595年	阿瑪菲出現正式公文（教宗額我略一世、亦名葛立果一世教宗）	
		645年，大化革新
697年	威尼斯人選出總督，形成自治機構	
		710年，遷都平城京 794年，遷都平安京
800年	法蘭克王國的查理大帝在教宗李奧三世的加冕下成為西羅馬皇帝	
		804年，空海、最澄等人隨遣唐使船出發
810年	查理大帝之子丕平進攻馬拉莫科，威尼斯開始尋找新的首都	
829年	《福音》作者聖馬可的遺骸自亞歷山大港運至威尼斯	
839年	阿瑪菲自拿坡里公國獨立，成為握有自治權的共和國。之後特定的貴族逐漸掌權，於10世紀後半形成世襲制的公國	

興亡的世界史 09

義大利・海洋城市的精神

中世紀城市如何展開空間美學和歷史

イタリア海洋都市の精神

作者　陣內秀信
日文版編輯委員　青柳正規、陣內秀信、杉山正明、福井憲彥
譯者　李雨青

總編輯　富察
責任編輯　穆通安、洪源鴻
特約編輯　林巍翰
企劃　蔡慧華

封面設計　莊謹銘
排版設計　宸遠彩藝
彩頁地圖繪製　青刊社地圖工作室（黃清琦）

社長　郭重興
發行人兼出版總監　曾大福

出版發行　八旗文化／遠足文化事業股份有限公司
地址　新北市新店區民權路108之2號9樓
電話　○二～二二一八～一四一七
傳真　○二～八六六七～一○六五
客服專線　○八○○～二二一～○二九
信箱　gusa0601@gmail.com
臉書　facebook.com/gusapublishing
部落格　gusapublishing.blogspot.com

法律顧問　華洋法律事務所／蘇文生律師
印刷　成陽印刷股份有限公司

出版日期　二○一九年四月（初版一刷）
　　　　　二○二一年八月（初版五刷）

定價　五五○元整

義大利・海洋城市的精神：
中世紀城市如何展開空間美學和歷史
陣內秀信著／李雨青譯／
初版／新北市／八旗文化出版／
遠足文化發行／二○一九年四月
譯自：イタリア海洋都市の精神
ISBN 978-957-8654-54-9（精裝）

一、義大利史　二、都市建築　三、建築史

745.1
108002152